复杂艰险地区大型桥梁智能建造与防灾减灾系列丛书

高烈度地震近场区悬索桥建造及防灾减灾关键技术研究

主　编　刘　斌
副主编　但路昭　马　健

西南交通大学出版社
·成都·

图书在版编目（CIP）数据

高烈度地震近场区悬索桥建造及防灾减灾关键技术研究 / 刘斌主编. -- 成都：西南交通大学出版社，2024. 12. -- ISBN 978-7-5774-0290-1

Ⅰ. U448.252.5

中国国家版本馆 CIP 数据核字第 20240SU014 号

Gaoliedu Dizhen Jinchangqu Xuansuoqiao Jianzao ji Fangzai Jianzai Guanjian Jishu Yanjiu
高烈度地震近场区悬索桥建造及防灾减灾关键技术研究

主编　刘　斌

策划编辑	李芳芳　李华宇
责任编辑	姜锡伟
助理编辑	赵思琪
责任校对	左凌涛
封面设计	GT 工作室
出版发行	西南交通大学出版社 （四川省成都市金牛区二环路北一段 111 号 西南交通大学创新大厦 21 楼）
邮政编码	610031
营销部电话	028-87600564　028-87600533
网址	https://www.xnjdcbs.com
印刷	四川煤田地质制图印务有限责任公司
成品尺寸	185 mm × 260 mm
印张	14.5
字数	309 千
版次	2024 年 12 月第 1 版
印次	2024 年 12 月第 1 次
定价	78.00 元
书号	ISBN 978-7-5774-0290-1

图书如有印装质量问题　本社负责退换

版权所有　盗版必究　举报电话：028-87600562

编写委员会

主　　编：刘　斌

副 主 编：但路昭　马　健

参编人员：李志厚　房　锐　汪　磊　陈永亮　钟　豪
　　　　　张　皓　刘翠红　邹惠琼　袁少洋　田　明
　　　　　钱云华　陈　伟　蒋文鹏　徐伟然　唐茂林
　　　　　叶华文　冯治皓　张海良　何旭初　张存华
　　　　　邱大彦

前 言
PREFACE

"十三五"期间,云南高速公路建设取得了迅猛发展,相继启动了县域高速公路"能通全通"与"互联互通"工程,着力加速弥补高速公路建设短板,并成功建成了多座位于高原山区的大跨径桥梁。其中,涛源金沙江大桥作为 G4216 华坪至丽江高速公路大理连接线工程(丽江段)的关键组成部分,其建设环境极具挑战性,包括高地震烈度、高强风速以及基岩深埋等特点,使之成为云南山区环境中建设的典型悬索桥之一。

涛源金沙江大桥与"全新世"活动断裂带——程海—宾川断裂带最近的距离在 100~150 m 之间。该桥地震近场效应显著;其桥位地处高山深谷地貌,风况复杂且多变,风环境恶劣。主桥结构轻盈而柔软,阻尼较小,因此对风的作用极为敏感。大理岸侧多为崩坡积和湖积土层,基岩埋藏深度大,这对大理岸锚碇结构的规模提出了较大需求。同时,桥梁临水而建,锚碇基础底面高程受库区水位影响较大,稳定性欠佳。针对这些不利的工程条件,项目团队深入开展了多项研究,包括高烈度近场强震区悬索桥的地震响应及抗震性能、高山深谷地形下悬索桥的抗风性能、高烈度近场强震区深厚覆盖层下悬索桥锚碇设计的关键技术,以及桥梁缆索的耐高温防护体系开发与应用等,并提出了针对性的解决方案。这些内容总结形成了本书。

本书共分为 7 章,内容涵盖了从基础理论到工程实践的全方位探索。第 1 章为绪论,从研究意义出发,回溯了国内外在高烈度地震近场区悬索桥建造及防灾减灾领域的研究历程,明确了本书的主要研究内容,为后续各章节奠定了坚实的理论基础。第 2 章聚焦于涛源金沙江大桥工程,详细阐述了其设计与施工概况,从工程背景与总体设计思路到上部结构与下部结构的详细介绍,再到施工工艺的深入剖析,为读者呈现了一个全面且具体的实践案例。第 3 章深入探究了高烈度近场强震区悬索桥的地震响应及抗震性能,借助地震动参数研究、有限元分析模型的建立、反应谱分析、非线性时程分析等多种方法,系统评价了悬索桥的抗震能力,并提出了相应的抗震性能优化建议。第 4 章转向高山深谷地形下悬索桥的抗风性能研究,通过风洞试验与全桥气动弹性模型分析,揭示了复杂地形对桥址风参数的影响,以及悬索桥在强风作用下的动态响应特性,为抗风设计提供了坚实的科学依据。第 5 章针对近场强震区深厚覆盖层下的悬索桥锚碇设计,探讨了锚碇结构的选型、有限元模型的建立、沉降与变位监测技术,为确保锚碇在极端条件下的稳定与安全提供了有力的技术支持。第 6 章创新性地开发了桥梁缆索耐高温防护体系,涵盖耐高温材料的选择、锚固材料的优化、主缆与吊索耐高温性能的试验研究,以及防护体系在实际工程中的应用，形成了一套完整的耐高温解决方案。第 7 章为结论，概括了全书的研究成果，为相关领域的研究与实践提供了新的思路与方向。

  本书的编写工作得以顺利开展，离不开多方的大力支持与通力协作，特别是云南省交通规划设计研究院股份有限公司、云南大永高速公路有限公司、西南交通大学、上海浦江缆索股份有限公司以及众多业内专家的倾力相助。这些宝贵的支持与贡献，确保了本书的顺利完稿。在此，谨向所有为本书编写给予支持与帮助的单位及个人致以最诚挚的谢意！

  鉴于作者学识所限，加之成书时间仓促，本书内容如有疏漏之处，恳请读者不吝赐教，指正为盼。

作 者

2024 年 10 月

目 录
CONTENTS

第1章 绪 论 ··· 001
  1.1 研究意义 ··· 001
  1.2 国内外研究现状 ··· 012
  1.3 主要研究内容 ·· 024

第2章 涛源金沙江大桥设计与施工概况 ······························ 026
  2.1 工程概况 ··· 026
  2.2 总体设计 ··· 030
  2.3 上部结构 ··· 032
  2.4 下部结构 ··· 034
  2.5 施工工艺 ··· 037

第3章 高烈度近场强震区悬索桥地震响应及抗震性能研究 ········ 039
  3.1 高烈度近场强震区地震动参数研究 ·························· 039
  3.2 有限元分析模型 ··· 040
  3.3 反应谱分析 ··· 044
  3.4 非线性时程分析 ··· 061
  3.5 抗震性能分析 ·· 091
  3.6 小 结 ·· 098

第4章 高山深谷地形下悬索桥抗风性能研究 ························ 100
  4.1 桥址风参数地形模型风洞试验 ································ 100
  4.2 节段模型风洞试验及全桥风振响应分析 ···················· 111
  4.3 全桥气动弹性模型风洞试验 ··································· 124
  4.4 小 结 ·· 144

第 5 章 高烈度近场强震区深厚覆盖层下的悬索桥锚碇设计
关键技术研究 ······ 146

    5.1 锚碇结构 ······ 146

    5.2 锚碇结构有限元模型 ······ 155

    5.3 锚碇沉降与变位监测研究 ······ 161

    5.4 小　结 ······ 187

第 6 章 桥梁缆索耐高温防护体系开发及应用 ······ 189

    6.1 耐高温材料的选择和性能研究 ······ 189

    6.2 耐高温锚固材料的选择 ······ 193

    6.3 主缆耐高温材料性能试验研究 ······ 198

    6.4 吊索耐高温性能试验研究 ······ 202

    6.5 耐高温缆索防护体系应用 ······ 210

    6.6 小　结 ······ 215

第 7 章 结　论 ······ 217

参考文献 ······ 219

第 1 章 绪 论

1.1 研究意义

1.1.1 高烈度近场强震区悬索桥地震响应及抗震性能

地震是一种对人类的生命和财产造成极大危害和损失的自然灾害。通常所说的地震主要指构造地震，其发生频率最高，约占地震总量的 90%，且释放的能量和破坏性最大，因此当前抗震研究的主要对象即为构造地震。地震的成因是地球某一位置的应力和变形发生急剧变化，导致能量突然释放，并通过面波或体波等方式传递至地面，引发地面震动。强震具有突发性和灾难性的特征，虽然其作用时间极为短暂，但往往导致基础设施严重损毁、人员伤亡惨重以及难以估量的经济损失，给人类文明带来巨大破坏[1-4]。桥梁作为交通运输系统中的关键环节，若在地震中遭受严重破坏而无法正常使用，将导致地面交通网络陷入瘫痪，不仅阻碍人们的正常出行，限制经济运行，造成巨额经济损失，还会严重干扰灾后救援工作的开展。

我国悬索桥的历史悠久。公元前 250 年左右，李冰主持修建的竹索桥跨径就已达到了 320 m。1665 年，徐霞客的《铁索桥记》中介绍了贵州境内修建的跨径约为 122 m 的铁索桥。1667 年，法国传教士出版的《中国奇迹览胜》，书中介绍了建于公元 65 年的云南兰津铁索桥。

1938 年，湖南建成一座跨径为 80 m 的公路悬索桥，这是我国首座近代公路悬索桥。中华人民共和国成立后的 30 多年间，我国先后修建了 70 多座悬索桥，但跨径普遍较小，结构形式也相对简单。1995 年通车的汕头海湾大桥，主跨采用预应力混凝土加劲梁，跨径达到 425 m，是我国首座大跨径的现代悬索桥。1996 年通车的西陵长江大桥，主跨跨径为 900 m，是我国首座自主设计的全焊接式钢箱加劲梁悬索桥。1997 年通车的重庆丰都长江大桥，是我国首座钢桁梁悬索桥；同年开通的广东虎门大桥主航道桥，主跨跨径为 888 m，是我国首座高速公路上的六车道悬索桥。1999 年通车的江苏江阴长江公路大桥，主跨跨径为 1 385 m，目前位列世界大跨径悬索桥第五位。2009 年通车的西堠门大桥，连接舟山与宁波，主跨跨径为 1 650 m，目前位居世界大跨径悬索桥第二位。

国外悬索桥的修建比中国晚了一千多年。1741 年，英国建造了国内第一座铁链悬索桥，跨径为 21.34 m。19 世纪，英国修建了多座铁链悬索桥，其中最具代表性的是威尔士的梅奈海峡（Menai Strait）大桥，跨径达 174 m。法国从 1823 年开始大量修建悬索桥，1823—1870 年间共修建了 500 多座悬索桥，其中最具代表性的为弗赖堡（Freibourg）桥，该桥跨径为 265 m，于 1834 年建成通车，直到 19 世纪末仍是欧洲最大跨径的悬索桥。进入 20 世纪，欧洲悬索桥的建设在总结前人经验的基础上继续发展。1959 年，法国建成了跨径为 608 m 的坦卡维尔悬索桥，首次采用加劲桁梁连续施工的方法。1964 年，英国建成了主跨跨径为 1 006 m 的福斯（Forth）桥；1966 年，又建成了主跨跨径为 988 m 的塞文（Severn）桥，其主梁首次采用了全焊接流线型钢箱梁。1970 年，丹麦建成了主跨跨径为 600 m 的小贝尔特（Little Belt）桥。1973 年，土耳其建成了跨径为 1 074 m 的博斯普鲁斯（Bosporus）桥。1981 年，英国建成了当时世界上跨径最大的桥梁——主跨跨径为 1 410 m 的亨伯（Humber）特大跨径悬索桥。欧洲悬索桥的特点是主梁采用扁平钢箱梁，桥塔采用混凝土结构，造价比钢桁梁悬索桥更低。

日本自修建本州四国联络线以来，悬索桥建造技术突飞猛进，实现了后来居上。在该工程中，日本共建造了因岛大桥、下津井濑户大桥等 11 座大跨径悬索桥，并于 1998 年成功建成了当时世界第一大跨径的明石海峡大桥，其跨径达到 1 991 m。日本的悬索桥加劲梁多采用钢桁梁结构，适用于公铁两用，桥塔则普遍采用钢塔设计。

从国内外桥梁建设的历程来看，大跨径桥梁，尤其是跨径超过 1 000 m 的桥梁建设，悬索桥是首选桥型，主要原因如下：

（1）悬索桥的主要承重构件包括主缆、索塔、锚碇。缆索所用材料为冷拔高强钢丝，具有高抗拉强度、大供应长度以及均匀可靠的受力特性。悬索桥的恒载完全由缆索承担，加劲梁处于从属地位。在大跨径悬索桥设计中，必须考虑几何非线性的影响，这样可以大幅减小加劲梁所受的弯矩，从而降低加劲梁截面的高度。因此，大跨径悬索桥可以充分利用材料，降低用钢量。

（2）悬索桥可以凭借主缆进行架设施工，因此加劲梁可以在预制现场进行阶段预制，然后运送到桥址处进行拼装施工。这种施工方式不仅速度快，而且所需设备较为简单，施工过程安全可靠。

（3）大跨径悬索桥设计与施工经验丰富。对于跨径超过 1 000 m 的桥梁，目前只有悬索桥建设拥有丰富的经验。截至目前，世界上已经建成的跨径超过 1 000 m 的悬索桥有十余座。若采用传统材料，悬索桥的最大跨径可达 3 500～4 000 m；若采用新型材料，最大跨径则可达 7 000～8 000 m。

悬索桥是一种兼具古老传统与现代技术的桥型。这种桥型以缆索作为核心承重构件，能够将桥面竖向重力转化为缆索拉力，其构造简洁、受力明确，能够充分发挥材料的性能优势，现已成为跨径超过 1 000 m 时的优选桥型之一。挠度理论、空中纺线法（AS 法）以及预制索股法（PWS 法）的成熟与推广，推动了大跨径悬索桥在全球范围内的广泛应用。

随着 20 世纪地震工程学的发展，悬索桥的抗震问题逐渐受到重视。在 20 世纪 80 年代，日本在兴建本州四国联络线时，修建了大量大跨径悬索桥，如关门海峡大桥（主跨

跨径为 712 m)、南备赞濑户大桥（主跨跨径为 1 100 m)、明石海峡大桥（主跨跨径为 1 991 m）等十余座大跨径及超大跨径的悬索桥。为此，日本针对悬索桥形式及其地震反应的影响展开了诸多研究，并将研究成果汇编成《本州四国联络桥抗震设计指南》。进入 21 世纪后，随着新材料、新技术的推广与成熟，悬索桥得到更为广泛的应用。

历次大地震总会引起大量桥梁病害，但震后灾害调查表明，悬索桥震害较少，且地震中悬索桥的实际响应资料也较为少见。这主要有两个方面的原因：一是悬索桥是一种长周期的柔性结构（地震动的卓越周期一般在 0.1~1.0 s 之间），悬索桥主缆是几何可变体系，主缆通过自身弹性变形和几何线形的改变来平衡外力荷载，在地震荷载作用下是由位移控制设计而不是内力控制；二是斜拉桥、悬索桥和拱桥等大跨径桥梁一般是一个城市的生命线工程或者主干道的节点工程，其重要性使得世界各国对大跨径桥梁结构的抗震性能均有专门要求，以确保结构的安全性。此外，20 世纪多次大地震（如 1923 年日本关东大地震、1933 年美国长滩地震）后，基于这些地震中桥梁的震害情况，人们总结经验，提出新的设计思想，推出桥梁抗震设计规范，从而不断提高桥梁的抗震安全性。

由于悬索桥的柔性结构设计特点，荷载引起的几何非线性效应尤其显著，包括初应力效应和结构大位移效应。无论是在恒载还是时变荷载作用下，悬索桥的结构分析均需考虑几何非线性效应，尤其是针对跨径超过 1 000 m 的特大跨径悬索桥，如何在抗震分析中有效考虑这些几何非线性效应，并高效、准确地评估其影响，是大跨径悬索桥抗震设计中的重要课题。正是由于悬索桥诸多的非线性因素，悬索桥的抗震工作复杂多变的。近年来，通过科学研究和工程实践，自锚式悬索桥的抗震结构被分为延性抗震和耗能减震，相关理论取得了显著进展。结构的地震响应取决于地震动和自身动力特性，因此抗震分析也随着对这两方面认识的深入而不断发展。结构地震响应的研究经历了三个发展阶段：从线性弹性分析到非线性弹塑性分析，从确定性分析到可靠度分析，从等效静力分析到动力分析及能量分析。分析方法也从最初的静力法和反应谱法，逐步发展到动力理论及随机振动理论。

因此，寻求一种合理且安全可靠的悬索桥抗震设计方法，以确保其在地震中能够保持安全正常的使用状态，对抗震救援和灾后重建工作具有重要意义。

1.1.2 高山深谷地形下悬索桥抗风性能

悬索桥是一种以主缆、锚碇和桥塔为主要受力构件，辅以加劲梁、吊索及鞍座等辅助受力构件，共同构成的适用于特大跨径的缆索承重体系桥梁。在悬索桥建成时，桥塔和主缆作为主要承重构件，承担桥梁各构件的自重；而成桥后，桥梁各结构协同作用，共同承受外部荷载[1]。现代悬索桥的发展在 20 世纪 30 年代至 20 世纪 90 年代间共经历了四次高峰。

20 世纪 30 年代，美国凭借成熟的技术和充裕的资金，率先开启悬索桥建设，引领了悬索桥发展的第一次高峰。1931 年，乔治·华盛顿大桥（George Washington Bridge）建成，主跨跨径达 1 067 m，首次突破千米级；1936 年，建成旧金山—奥克兰海湾大桥

（San Francisco-Oakland Bay Bridge），主跨跨径为 704 m；1937 年，金门海峡大桥（Golden Gate Bridge）修建完成，其 1 280 m 的主跨跨径使其成为当时世界桥梁跨径之最。

然而，20 世纪 40 年代，旧塔科马桥（Tacoma Narrows Bridge）的风毁事故导致全球大跨径悬索桥的修建陷入停滞。旧塔科马桥于 1940 年在美国修建完成，主跨跨径为 853 m。由于资金限制，主设计师莱昂·莫伊塞夫将柔性理论应用到了极致，未使用钢桁架结构梁，而是采用下承式钢板梁作为其加劲梁。然而，柔性理论的极致应用以及加劲梁抗风稳定性不足，导致旧塔科马桥在建成当年遭遇较低风速（约 19 m/s）时发生剧烈晃动，且晃动幅度不断增大，最终导致桥梁整体坍塌。旧塔科马桥风毁事故发生后，由于对大跨径悬索桥的风毁机理认识不足，出于安全考虑，世界各国在相当长一段时期内未再建造大跨径悬索桥。为查明旧塔科马桥风毁原因，避免类似事故重演，美国成立了专门机构负责调查，并开展风洞试验，对其风致破坏机理进行了深入研究。在风毁原因基本查明后，美国于 1950 年重建塔科马桥，全面调整了加劲梁形式、高跨比和宽跨比等参数，并通过桥面开孔等措施进一步提升其气动稳定性。随后，美国对以往建造的悬索桥进行了抗风性能的详细计算和风洞试验评估，并采取了相应的加固措施。自此，风洞试验成为悬索桥设计中不可或缺的重要环节。

通过引入抗风理论并加入风洞试验，大跨径悬索桥设计在 20 世纪 50 年代得以复苏，并在 60 年代迎来第二次建设高峰，80 年代进入第三次高峰。20 世纪 90 年代后，全球范围内掀起了悬索桥建设的第四次高峰。

我国现代悬索桥的理论研究与修建技术起步较晚，但在近 20 年间实现了快速发展与广泛应用。现代悬索桥以高强度钢丝作为主要承拉结构，具备跨越能力大、受力合理等显著优势，尤其在复杂地形的峡谷和跨海区域表现出色[2]。截至目前，我国已建成多座主跨跨径超过 1 000 m 的悬索桥，如主跨跨径为 1 650 m 的西堠门大桥，主跨跨径为 1 700 m 的杨泗港大桥，以及主跨跨径为 1 688 m 的南沙大桥。目前，在建的张靖皋长江大桥主跨跨径达到 2 300 m，建成后将成为世界最大跨径。由此可见，我国在超大悬索桥梁的修建技术方面已跻身世界先进水平。

随着我国桥梁建设不断向西部山区峡谷地区推进，大跨径桥梁在桥梁工程中的占比日益增大。山区峡谷气候复杂多变，强对流天气频发，每年多次出现下击暴流现象。该现象的风速在短时间内急剧变化，使得经典的平稳分析理论不再适用，且风速非平稳强弱程度的定量划分指标目前尚未明确。此外，下击暴流发生时会产生大量下降气流，并以极快速度从高空迅速下沉，在近地表层积聚巨大能量，对高层建筑结构、输电线塔及大跨径桥梁的结构安全构成严重威胁。因此，研究悬索桥的抗风设计与分析具有极其重要的意义。

1.1.3 高烈度近场强震区深厚覆盖层下的悬索桥锚碇设计

随着国民经济的持续增长和交通事业的蓬勃发展，建设大跨径桥梁以跨越高山峡谷、宽阔海湾和水深流急的江河已成为首选方案。大跨径桥梁主要采用斜拉桥、拱桥、连续梁或连续刚构桥以及悬索桥等结构体系。其中，悬索桥作为特大跨径桥梁的主要形式，因其梁高不随跨径增大而显著增加，被认为是桥梁工程中跨越能力最强的结构形式。

悬索桥（又称"吊桥"）的上部结构由钢缆、桥塔、加劲梁和吊索组成，下部结构则包括支撑桥塔的桥墩和锚固钢缆的锚碇。作为悬索桥的关键承重构件，索塔不仅承担着桥梁的恒载和活载（包括桥面系、加劲梁、吊索、主缆、主鞍等重量），还要传递加劲梁支承在塔身上的反力至下部的塔墩和基础。索塔的形式和高度主要根据受力要求、景观设计以及总体结构布置，尤其是主缆的垂跨比等要素确定。从纵向结构受力形式来看，索塔可分为水平位移较小的刚性塔、水平位移较大的柔性塔以及下端为铰接的摇柱塔（单柱形式）；从横向结构受力形式则可分为钢构式、桁架式及混合式塔。在已建成的大跨径悬索桥中，多数桥塔采用钢结构。随着预应力混凝土技术的进步，经济实用的混凝土桥塔也得到了广泛应用。

锚碇作为主缆的锚固体，通常由锚碇基础、锚体、锚固系统及附属设施等构成，其主要功能是将主缆的拉力传递至地基基础。常见的锚碇形式包括重力式锚碇和隧洞式锚碇。重力式锚碇依靠其自身巨大的重量来抵抗主缆的垂直分力，而水平分力则通过锚碇与地基之间的摩阻力或嵌固阻力来平衡；隧洞式锚碇则是将主缆中的拉力直接传递至周围的基岩。主缆作为悬索桥的主要承重构件，不仅承受自身恒载，还通过索夹和吊索承受活载及加劲梁的恒载。此外，主缆还需承担部分横向风载，并将其直接传递至桥塔顶部。主缆分为钢丝绳钢缆和平行线钢缆，后者因具有较高的弹性模量、较低的孔隙率和良好的抗锈性能，广泛应用于大跨径悬索桥中。

吊索，又称吊杆，是将桥面活载和加劲梁的恒载传递到主缆的构件，其布置形式包括垂直式和倾斜式等。吊索通常采用带绳芯的钢丝绳制作，可以单根、双根或四根一组。加劲梁的主要功能是提供桥面并防止桥面发生过大的挠度变形和扭曲变形，同时它也是承受风荷载及其他横向水平力的主要构件。长大悬索桥的加劲梁均为钢结构，通常采用桁架梁形式或箱梁形式。在成桥状态下，悬索桥的主缆和主塔共同承受结构自重，并将荷载传递至锚碇和基础。加劲梁的受力与施工方法密切相关，成桥后，结构共同承受外荷载，受力按刚度分配。

主缆作为悬索桥的主要承重结构，属于几何可变体，主要承受张力。其不仅可通过自身弹性变形，还可通过改变几何形状来影响体系平衡，表现出大位移非线性的力学特征，这是悬索桥区别于其他桥梁结构的重要特征之一。主塔是悬索桥抵抗竖向荷载的主要承重构件，在恒载作用下以轴向受压为主，在活载作用下则以压弯为主。加劲梁作为悬索桥的二次结构，主要功能是保证车辆行驶并提供结构刚度，主要承受弯曲内力。根据悬索桥的施工方法，加劲梁的弯曲内力主要来源于二期恒载和活载。吊索作为连接加劲梁和主缆的纽带，是将加劲梁自重及外荷载传递至主缆的传力构件，主要承受轴向拉力。吊索恒载初始张力的大小，不仅决定了主缆在成桥状态的真实索形，还影响加劲梁的恒载弯矩，是研究悬索桥成桥内力状态的关键。锚碇作为锚固主缆的结构，将主缆中的拉力传递至地基，通常采用重力式锚碇和隧道式锚碇。

我国悬索桥起步较晚，但近年来发展迅速。主跨跨径为415 m的西藏达孜桥、主跨跨径为450 m的丰都长江大桥、主跨跨径为452 m的汕头海湾大桥、主跨跨径为888 m的虎门大桥、主跨跨径为900 m的西陵峡长江大桥、主跨跨径为960 m的宜昌长江公路大桥、主跨跨径为1 377 m的青马大桥等相继建成，这些桥梁的成功建设标志着我国已跻身掌握现代大跨径悬索桥建筑技术的国家行列。目前，在三跨连续全漂浮体系的加劲梁的悬索桥中，厦门海沧大桥（主跨跨径230 m+648 m+230 m）位居世界第三、亚洲第一；江阴长江公路大桥（主跨跨径为1 385 m）位居世界第五。此外，已建成的江苏润扬长江公路大桥（图1-1），主跨跨径为1 490 m，目前跨径位居世界第三。

图1-1 润扬长江公路大桥

近年来，中国现代悬索桥发展迅速，建成了许多大跨径悬索桥，具体见表1-1。

表 1-1　中国部分已建成的大跨径悬索桥

序号	桥　名	跨径/m	建成时间	垂跨比	主梁类型
1	汕头海湾大桥	154+452+154	1995 年	1/10	混凝土箱梁
2	西陵长江大桥	900	1996 年	1/10.5	钢箱梁
3	丰都长江大桥	450	1997 年	1/11	钢桁梁
4	香港青马大桥	355+1 377+300	1998 年	1/11	钢箱梁
5	江阴长江公路大桥	369+1 385+309	1999 年	1/10.5	钢箱梁
6	厦门海沧大桥	230+648+280	1999 年	1/10.5	钢箱梁
7	润扬长江大桥	1 490	2005 年	1/10	钢箱梁
8	万州长江二桥	580	2004 年	1/10.5	钢桁梁
9	重庆忠县长江大桥	540	2001 年	1/10.5	钢桁梁

锚碇是悬索桥主要的承力结构物。锚碇将主缆拉力传递给地基基础，承受着较大的主缆拉力，是支承主缆、保证全桥主体结构受力稳定的关键部位。作为悬索桥四大组成部分之一，锚碇主要指的是主缆的锚固系统，其包括锚块、鞍部、缆索防护构造、散索鞍支承及其他附属构造的锚体和基础。锚碇不仅承受主缆拉力的竖向分力，还要应对主缆拉力的水平分力。其基本功能是通过锚固系统将主缆索拉力传递至锚块，再经由包括锚块在内的锚体将主缆拉力传递至基础，从而实现主缆拉力的平衡，发挥锚固作用。

连镇铁路五峰山长江大桥主桥为主跨长 1 092 m 的公铁两用钢桁梁悬索桥，北锚碇采用 100.7 m×72.1 m×56 m 的矩形沉井基础。武汉鹦鹉洲长江大桥全长 3.42 km，是世界上跨径最大的三塔四跨悬索桥，大桥北锚碇采用沉井基础，沉井截面为圆环形，中间圆孔内设置十字形隔墙，其沉井下沉施工前，在沉井边缘外侧 10 m 设置地下防护墙，墙深 55 m，厚 0.8 m，与沉井同圆心，地下连续墙在沉井下沉施工之前完成；鹦鹉洲长江大桥南锚碇基坑深度约 30 m，采用圆形地连墙结构，直径达 68 m。白洋长江公路大桥长 2.211 km，为双塔钢桁梁悬索桥，主跨长 1 000 m，白洋岸锚碇为重力式嵌岩锚，锚块平面尺寸为 40 m（顺桥向）×90.5 m（横桥向）。

一些具有典型意义的已建成的中外悬索桥锚碇资料见表 1-2。

表 1-2 已建成中外悬索桥锚碇资料

序号	桥名	跨径/m	锚碇形式	锚固形式
1	汕头海湾大桥	154+452+154	重力式	前锚式
2	西陵长江大桥	900	重力式	前锚式
3	虎门珠江大桥	302+888+349	重力式	前锚式
4	江阴长江公路大桥	369+1 385+309	重力式	前锚式
5	厦门海沧大桥	230+648+280	重力式	前锚式
6	宜昌长江公路大桥	960	重力式	前锚式
7	维拉扎诺海峡大桥	370+1 298+370	重力式	前锚式
8	塞文桥	305+988+305	重力式	前锚式
9	乔治·华盛顿桥	186+1 067+186	隧道重力式	前锚式

无论是重力式锚碇还是隧道式锚碇，主缆在进入锚固室或隧道之前，均需先通过散索鞍座或喇叭形散索套，将原本捆紧的主缆截面散开，分解为单股钢丝索股单元，再逐股进行锚固。主缆散索后所需的锚固空间大小，与空中纺线法平行索股主缆和预制索股法平行索股主缆有关，前者的空间需求较小，后者则较大。散索鞍座通常位于主缆锚固体前方，其作用在于引导主缆转向并分散索股。若主缆在进入散索室或隧道前无须转向，则可用喇叭形散索套替代。喇叭形散索套的内表面设计适应主缆从捆紧状态逐渐过渡到分散状态，其位置由设置在散索套一端（即喇叭形小口端）的摩阻套箍固定。

主缆索股的拉力通过锚固系统传递至锚体，再由锚体经基础或直接传递至地基，依靠地基与基础间的摩阻力以及锚体前侧的土体抗力来平衡主缆拉力的水平分力。重力式锚碇的基础类型包括直接基础型及沉井、沉箱、地下连续墙等人工基础型。按照锚固方式，重力式锚碇可分为前锚式与后锚式。为提升重力式锚碇的抗滑动安全性能，在条件允许的情况下，可在基坑开挖时将其基底设计为斜坡、台阶或锯齿状。此外，还可在重力式锚碇上适当增加压重（优选天然土砂，也可采用贫混凝土块浇筑），并在其上修建引桥的个别桥墩。

隧道式锚碇则将主缆拉力通过锚碇体传递给周围的岩体。隧道式锚碇一般在节理较少、岩体性能较好的地方使用。隧道式锚碇通过锚固系统将主缆拉力传递给混凝土锚块（即锚塞体），再通过锚塞体与隧洞坚硬岩体之间的黏聚力传递给周边围岩或是通过锚碇板以压力形式直接传递给隧洞岩体，从而实现主缆拉力的平衡。因此，当锚碇处的地形、地质等自然条件较好时，隧道式锚碇结构应是首选方案。如：美国的乔治·华盛顿大桥、旧金山奥克兰海湾大桥、英国的福斯大桥、日本的下津井濑户大桥，以及我国的丰都长江大桥等均采用了隧道式锚碇。悬索桥的隧道式锚碇基础大多建造在良好的基岩中。

隧道式锚碇相较于重力式锚碇，其最大优势在于可大幅降低工程造价。然而，由于桥址处的地形和地质条件限制，采用隧道式锚碇的悬索桥相对较少。关键环节如下：

（1）隧道式锚碇的洞室既不同于一般的隧道工程，也不同于隧道辅助坑道斜井。隧道式锚碇洞内坡度陡，洞内截面变化频繁，空间小。因此，应仔细研究开挖、出渣、衬砌等施工方案，减少对岩体的扰动，减少工序的干扰。

（2）钢拉杆的就位是否准确，关系到索股能否均匀受力。因此，应先在洞内设置锚杆以保证拉杆支架位置准确，其次要采取措施保证在锚体填充中拉杆的位置不发生变化。

（3）散索鞍就位有多种方式，最简便的是散索鞍处的拱圈不衬砌，采取直接吊装就位、组装，待主缆索股架设完毕后衬砌拱圈。

重力式锚碇结构适用于几乎所有场合。在地质条件较好的情况下，锚体可直接设置在较浅的地基上；若地质条件较差，则可通过开挖基坑，设置不同形式的基础，将锚碇置于较深的持力层上。对于水域环境，可通过填筑人工岛、设置围堰或采用气压沉箱法等方式修筑基础。在地形、地质条件良好且有利于全桥整体布置的情况下，可采用隧道锚；而岩锚则适用于地质条件极佳、岩体完整且强度高的场合，但由于其对地质条件要求极高，故在大跨径悬索桥中应用较少。根据楼庄鸿[3]对国内外跨径超过 400 m 的悬索桥锚碇资料的调查统计，采用隧道式锚碇或一端隧道式一端重力式锚碇的桥梁较少，国内仅有重庆鹅公岩长江大桥、万州长江二桥、湘西矮寨大桥、忠县长江大桥等少数几座。

我国在深厚覆盖层地区已建和待建的跨江、跨湖通道多达数十条，悬索桥方案是这些通道的重要备选方案之一。以 2012 年建成的泰州长江公路大桥为例，该桥位于长江下游，两岸均为长江中下游冲积平原，土质松软，覆盖层深厚，基岩埋深一般为 180～190 m，其覆盖层厚度在当时国内外桥梁建设中均属罕见。此外，由于锚碇设置在长江大堤之外，还需考虑基础开挖对堤坝的扰动影响。在深厚覆盖层地区，锚碇基础的埋设深度通常达到数十米，需进行超深基坑开挖，这导致锚碇基础工程规模庞大、建设技术复杂、安全风险高。目前，国内外锚碇基础形式和施工方法多种多样，但无论采用何种基础形式，锚碇基础方案的确定最终取决于设计的合理性、施工的可行性、工程的经济性以及对周边环境的影响。只有立足施工队伍的技术设备条件，采用科学手段，合理设计锚碇，在保证基坑安全稳定和考虑散索套影响的前提下，才能优化锚碇基坑开挖形式。根据具体地质条件，寻找机械开挖、人工开挖和爆破施工的最小作业量结合点，从而大幅减少基础施工中的挖方作业量，加快施工进度，切实从造价控制和工期管理两方面提升工程整体效益。

从现有文献资料来看，由于深厚覆盖层地区锚碇数量较少，累积的资料数据有限，对锚碇内力与变形的研究尚不充分。为此，结合现场工程地质条件，运用数值方法对涛源金沙江大桥大理岸锚碇施工进行全过程数值模拟，分析锚碇的受力位移及周边地表沉降变化特征，以期为类似工程的设计与施工提供参考。

1.1.4 桥梁缆索耐高温防护体系开发及应用

特大型桥梁横跨江河湖海、深山峡谷，是交通运输生命线的咽喉工程。随着这些桥梁从内陆走向外海、从平原走向峻岭，未来特大型桥梁建设面临的建设条件更为复杂、多灾害作用问题更加突出、跨越能力要求更高三大突出技术问题。21世纪以来，随着经济的飞速发展，全球桥梁建设的成绩取得了显著的飞跃。针对桥梁灾害问题，迫切需要有针对性地开展相关技术研究，尤其是火灾，给人们的生命和财产带来的损失是巨大的。据全球范围内桥梁火灾爆炸事故发生数据，每年因火灾垮塌的桥梁数量是因地震垮塌的2.7倍。交通火灾每行车 1×10^7 km 发生 0.5~1.5 次，其中罐车火灾占比约为 1%。

近年来，桥梁火灾事故时常发生，造成桥梁火灾主要有桥梁运营阶段油罐车及其他车辆着火；施工阶段电焊作业引起拉索火灾；索上灯饰线路等着火；自然灾害（如雷击）等几类。2008年美国纽约交通运输局对1 746座桥梁的损坏原因进行了分析，其中有52座是由火灾造成的，由地震造成的仅19座。桥梁发生火灾事故不仅威胁人们的生命安全，给人们财产造成损失，而且可能造成交通瘫痪，尤其是一些作为交通咽喉的大型悬索桥、斜拉桥，一旦出现火灾事故，其损失更是无法估计。

近几年国内外出现的典型悬索桥相关火灾案例如下：

（1）2008年12月26日，鹤洞大桥南侧边跨的2、4、6、10、12号拉索和西塔南侧中跨的4、6号拉索上的灯饰突然着火，导致部分拉索的保护层被局部损坏，如图1-2所示。

图 1-2　鹤洞大桥装饰灯引起火灾

（2）2014年10月29日，厦蓉高速汝郴段赤石特大桥，由于斜拉索塔顶电焊作业，焊渣落至塔顶下方斜拉索外表面的白色高密度聚乙烯（HDPE）外护套管而引发斜拉索火灾。最终火灾导致9根斜拉索断开，断索处的一侧桥面严重下沉，大桥受损严重，造成巨额经济损失，工期延误两年，如图1-3所示。

图 1-3 赤石特大桥电焊施工引发火灾

（3）2015 年 12 月 3 日晚，韩国西海大桥因雷击发生火灾，导致桥梁 3 根拉索断裂，其中包括一根承重达 600 t 的拉索。这一事故严重影响了桥梁整体结构以及相邻拉索的受力状态，导致索力发生显著变化。桥梁修复工程持续了 20 余天，其间大桥实行全封闭管制，禁止车辆通行，如图 1-4 所示。

图 1-4 韩国西海大桥因雷击发生火灾

桥梁缆索作为全桥最为关键的结构之一，承担着桥面的重力负荷，其安全性直接关系到桥梁的运营以及桥上行人、车辆的安全。近年来，火灾已成为桥梁缆索面临的最为常见的灾害类型之一。由于缆索通常距离行车道较近，一旦桥面发生火灾，缆索极易受到波及。近年来，随着火灾事故的频发及其造成的严重后果，桥梁管理者对缆索的防火安全问题给予了高度重视。为确保缆索承重桥梁结构的防火安全性，减少生命和财产损失，研发一种适用于缆索的耐高温防护体系显得尤为必要。这一举措不仅对桥梁事业的发展具有重要的经济和社会意义，同时也为未来缆索承重桥梁结构的耐火设计及工程实践提供了更为广泛的选择。

1.2 国内外研究现状

1.2.1 悬索桥地震响应及抗震性能研究

悬索桥凭借其优越的跨越能力，轻型的外观，已逐渐成为高烈度地震地区的首选桥型。迄今为止，大跨悬索桥在地震荷载作用下未发生严重破坏的实例。在日本，一些跨径不大的悬索桥因地震作用发生了局部损伤，例如主跨跨径为 90 m 的 Atakawa 桥的一个主塔在关东大地震中发生断裂；Gosho 桥的加劲梁上弦在福冈地震中发生屈曲，锚碇发生 20 cm 的位移。因地震作用而发生局部损伤的悬索桥不胜枚举。然而，尽管没有存在因为地震作用而发生严重破坏的悬索桥的实例，并不意味着现有的大跨径悬索桥的抗震设计是完全合理的。一些学者认为，之所以尚未出现因地震作用引起严重破坏的悬索桥实例，主要是因为现有的大跨径悬索桥尚未受到高烈度地震荷载作用。尽管目前国内外学者在桥梁抗震研究领域已经开展了大量工作，但仍有许多未知的领域需要我们去探索。

目前，国内外大部分桥梁的抗震规范只适用于中等跨径的普通桥梁，但是对于大跨径桥梁却没有具体的抗震设计规范可循。大跨径桥梁的抗震设计，既要考虑地震运动的随机性、大跨径结构自身的长周期特性，又要考虑结构的非线性、行波效应、多点激励等问题，因此地震反应分析就变得非常复杂。大跨径桥梁由于跨径比较大，各个支撑点可能处于不同特性的地上，各个支撑点接收到的地震波特性有可能不同，因此对于大跨径桥梁，必须考虑多点激励的影响。另外由于桥梁跨径加大，地震波到达各个支撑点的时间不同，各个支撑点接收到的地震波存在相位差，因此要考虑地震行波效应的影响。Abdel-Ghaffar 等[4-5]对金门大桥进行了时域和频域内的地震反应分析，结果发现，行波效应对金门大桥地震反应的影响非常显著。Dumanoglu 等[6]对 Fatih、Humber、Bogazici 三座大跨径悬索桥进行了地震反应分析，结果表明，行波效应会增大悬索桥某些部位的地震反应。胡世德等[7]对江阴长江公路大桥进行了地震反应研究，研究发现，多点激励对结构的影响较小，但是行波效应造成桥梁结构的地震反应变大。

大跨径桥梁地震反应比较复杂，需要考虑行波效应、多点激励、几何非线性、桩-土-结构的相互作用等因素的影响。高阶振型对地震反应的影响比较明显，且没有统一的抗震设计规范，因此大跨径桥梁的抗震设计就比较复杂。叶爱君等[8]总结国内外已有的科研成果和桥梁抗震设计经验，以两水平的抗震设计方法、能力设计思想为基础，给出了大跨径桥梁抗震设计的实用方法。该实用方法认为，大跨径桥梁的抗震设计包含两个阶段：第一阶段是抗震概念设计，就是在方案设计阶段选择比较理想的抗震结构体系；第二阶段是在技术设计阶段进行延性抗震设计，根据能力设计的思想进行大跨径桥梁的抗震性能分析、验算，必要时还要进行减、隔震设计。良好的抗震概念设计是大跨径桥梁抗震性能的决定性因素，抗震概念设计就是在桥梁方案的设计阶段，考虑结构的功能要求、桥梁结构的抗震性能，选择良好的抗震结构体系。在抗震概念设计阶段，可以对桥梁结构的动力特性进行简单的计算分析，采用反应谱法对结构的地震反应进行初步估算，并且对抗震薄弱的部位进行配筋或者通过构造设计提高其抗震性能,然后综合评价结构抗震性能的优劣。延性抗震设计包括两部分:对有可能出现塑性铰的部位进行配筋设计;对全桥模型进行抗震性能分析,确保桥梁结构的抗震安全性。

大跨径悬索桥的动力特性显著,其超长周期远超常规桥梁,且频谱特性密布。目前,对于悬索桥设计,仍采用基于一致激励的反应谱法。然而近年来,各国学者对悬索桥抗震理论研究取得了一些新进展,一些新的理论和经验与以往认识有些不同。

钱炜[9]对柔性悬索桥进行了静力分析及抗震性能研究,研究得出竖向地震波作用对柔性悬索桥结构的影响较大,进行悬索桥抗震分析计算时,必须考虑竖向地震作用的影响。李硕娇等[10]对两座不同类型、不同场地类型的大跨径悬索桥进行了多条地震波下的几何非线性地震反应分析,研究表明地震波中的长周期部分对悬索桥的地震响应有很大影响。王亚飞[11]对纵向漂浮的自锚式悬索桥进行了反应谱分析和时程分析,对比得出对于纵向周期比较长的自锚式悬索桥,其反应谱结果比时程分析结果大,主要是因为实测地震动的放大系数小于规范规定值,所以在对周期较长的悬索桥进行抗震计算时,需重新调整规范反应谱的放大系数。孙永涛[12]对多点激励下的大跨径悬索桥进行了地震响应分析,得到在相同设防标准下不同悬索桥的不同反应,所以在进行大跨径悬索桥抗震设计时,要考虑多点激励的影响。杨孟刚等[13]对大跨径独塔自锚式悬索桥地震反应进行了分析,研究结果表明,在纵向+竖向地震波作用下,塔顶和加劲梁纵向位移较大,竖向地震波对悬索桥的纵向位移影响较小。洪浩[14]在对大跨径悬索桥抗震分析时,得出在桥址地质状况良好的地区,可以忽略行波效应对结构地震响应的影响。李照宇[15]在高烈度区铁路悬索桥地震分析研究中指出,地震荷载工况组合中考虑竖向地震荷载作用后,对主跨跨中竖向位移和桥塔塔底轴力影响较大,因此在铁路悬索桥设计时,要考虑竖向地震荷载的影响。张新军等[16]对大跨径悬索桥合理抗震结构体系的研究表明,三跨悬吊连续布置是大跨径悬索桥最合理的结构形式,较大的主缆矢跨比能够明显地改善悬索桥的抗震性能,主缆矢跨比以 1/10 较合理。

当前,针对大跨径桥梁的抗震性能问题,国内外仍未找到一种极为有效的解决方案。地震的发生具有高度的不确定性和空间变异性,加之大跨径桥梁本身具备显著的非线性及长周期性特征,使得其地震反应问题尤为错综复杂。

现阶段,国外现行的规范主要集中于跨径较小的常规桥梁方面,而对于大跨径桥梁,则缺乏具体且明确的条文规定。同样地,我国现行的相关规范也主要适用于中小跨径的常规桥梁。我国于 2006 年实行的《铁路工程抗震设计规范》(GB 50111—2006)没有明确写明适用桥梁的跨径,但是规定"对特殊抗震要求的建筑物和新型结构应进行专门研究"。我国于 2008 年实行的《公路桥梁抗震设计细则》(JTG/T B02-01—2008)对斜拉桥、悬索桥、单跨跨径超过 150 m 的特大跨径桥梁只给出了一个简单的抗震原则,具体的抗震设计方法仍需要单独研究。在大跨径桥梁抗震响应分析领域,国内学者同样进行了诸多富有成效的研究。例如,我国学者针对江苏江阴长江公路大桥进行了详尽的地震分析,结果显示,在竖向激励作用下,悬索桥的响应显著增强。同时,考虑到桥梁下部结构复杂的受力特性，导致结构内力响应有所减小，而位移响应则相应增大。陈仁福等[17]等建立了非一致激励的时间历程响应分析方法、稳态和瞬态随机响应分析方法以及趋于实用的非一致激励反应谱法，通过对悬索桥结构进行研究，总结了随机场模型参数的调整对悬索桥响应的影响。秦权等[18]讨论非经典阻尼对悬索桥地震反应的影响，对青马大桥和虎门大桥进行了地震响应分析，结果表明，悬索桥地震响应结果对非经典阻尼比较敏感，用经典阻尼解法无法得到可靠的解。

1.2.2 悬索桥抗风性能研究

1. 悬索桥静风稳定性研究

大跨径悬索桥的抗风稳定性研究主要包括桥梁静风失稳、桥梁动力失稳两个方面。对于大跨径悬索桥来说，两者几乎同样重要。研究初期，学者们普遍认为桥梁结构的动力失稳会先于静力失稳发生，故而对桥梁的静风失稳问题关注较少。直到 1879 年，由 Thomas Bouch 设计的苏格兰海湾大桥（Tay Railway Bridge）在静风作用下发生了坍塌，这一事件立即引发了学者们对桥梁静风响应的广泛重视。

1997 年，同济大学风洞实验室观察到斜拉桥全桥气弹模型风致静力弯扭耦合失稳[19]。西堠门大桥的风洞试验使学者们认识到，在某些风攻角下，加劲梁静风失稳可能先于加劲梁颤振发生。因此，桥梁的静风稳定分析在桥梁抗风分析中占据着不可或缺的重要地位。早期静风稳定计算多采用简易线性方法。1994 年，Boonyapinyo 等[20]首次将结构几何非线性以及静风荷载非线性纳入考虑范围，将静风失稳研究由线性向非线性过渡；1995 年，廖海黎[21]进行三维分析，通过特征值求解法反推桥梁静风失稳临界风速；1996 年，Simiu 等[22]类比机翼进行大跨悬索桥静风稳定的分析；1997 年，方明山等[23]将增量迭代方法与空间杆系结构相结合，分析了悬索桥第二类稳定问题；2002 年，程进等[24]编制了考虑结构几何非线性、荷载非线性、材料非线性影响的大悬索桥非线性静力稳定分析程序。目前已有研究表明，静风作用可能成为超大跨径悬索桥设计与修建的控制因素。时至今日，学者们对桥梁静风稳定分析研究仍在进行。

2. 悬索桥颤振研究

悬索桥的颤振是一种空气动力学失稳现象。颤振发生时，悬索桥的加劲梁会产生扭转与竖向弯曲相耦合的发散振动。随着振幅逐渐增大，桥梁结构会在强度等方面相继出现问题，最终引发桥梁的破坏。

这种振动主要影响的是悬索桥的加劲梁。当加劲梁的断面采用非流线形设计时，气流流经该断面会产生显著的漩涡，进而形成复杂的空气作用力。由于悬索桥的加劲梁相对柔软，当气动力作用于其上时，会激发加劲梁的振动。此时，气动力不仅具有静力效应，还兼具动力效应。较大的加劲梁位移会显著影响气动力，并与振幅较大的加劲梁振动相互作用，形成一个具有反馈机制的动力系统。在这个过程中，气动力表现为自激力。在特定条件下，当系统吸收的能量超过其自身运动及阻尼所消耗的能量时，系统能量将不断累积，导致加劲梁的振幅逐渐增大，振动发散。这种由空气动力学因素导致的悬索桥失稳现象，被称为悬索桥颤振。

针对悬索桥颤振现象，国内外科学家与工程师进行了一系列详细的研究。在旧塔科马桥风毁之后，空气动力学家 Bleich 尝试用 Theodorsen（泰奥多森）平板气动力公式解释旧塔科马桥风毁的原因，并据此计算得到颤振临界风速，但该风速远大于旧塔科马桥发生风毁时的实际风速，这说明平板颤振理论并不能直接应用于钝体断面。为此，Bleich[25]进行了一系列的修正并进行逐次逼近计算，得到了较为合理的颤振临界风速，建立起一种悬索桥颤振分析方法。为方便实际工程使用，Kloppel 等[26]利用 Bleich 提出的方法，开发了相应的计算程序，并绘制了诺谟图。借助此图，可直接求得颤振临界风速，图中还直观地展示了各参数对颤振临界风速的影响，因此，该图兼具高度的实用价值与可研究性，至今仍被沿用。Selberg[27]在 Bleich 分析理论的基础上推导了更为实用的悬索桥颤振临界风速计算公式。但 Bleich 的分析理论忽视了流动的分离，当悬索桥加劲梁断面为非流线型设计时，漩涡的分离与再附会形成十分复杂的流态。此时，空气对结构的气动力多为非定常气动力，而 Bleich 的方法不能描述这种非定常气动力，这是其理论分析存在的弊端。1967 年，Scanlanr[28]提出了一个方法，即通过专门设计的节段模型风洞试验来测定小振幅条件下的气动力参数，即颤振导数，并基于这一系列测定的颤振导数，构建了线性非定常气动力模型。随后，Sarkar 等[29]给出了更为完善的用颤振导数表示的非定常气动力表达式。近期的研究进一步揭示了一种极限环颤振现象：在风速低于颤振临界风速的某一特定范围内，加劲梁的振动幅值会趋于稳定。目前，针对这一现象的深入研究仍在进行中。

3. 悬索桥抖振研究

悬索桥的抖振主要是由于桥位处边界层自然风的紊流特性引起的随机强迫振动与自激振动耦合的桥梁振动。目前，对于抖振的分析主要采用频域分析方法和时域分析方法。

频域分析方法具有简单高效的特点。常用的频域计算分析方法主要分为三类：第一类是 Davenport[30]根据其提出的气动导纳概念，建立的细长结构抖振响应分析方法；第二类是 Scanlan[31]在 20 世纪 70 年代提出的颤抖振分析理论，该理论同时考虑了自激力和抖振力的影响；第三类是陈伟[32]结合前两种方法，用 Scanlan 提出的方法计算自激力，用 Davenport 提出的方法计算抖振力，并借鉴地震反应谱计算思路，提出更适合工程使用的抖振反应谱计算理论。

时域分析方法解决了频域分析方法仅能对结构进行线性分析的弊端，可将结构及风载的非线性特性纳入计算分析范围。国外，Kovacs[33]首次采用谐波合成法（WAWS）模拟了风荷载并将其应用到挪威海尔格兰（Helgeland）桥的抖振响应分析上；Boonyapinyo[34]采用多维自回归滑动平均模型（ARMA）模拟了风荷载时程，进行了明石海峡大桥的抖振时域分析。国内，蒋永林[35]、丁泉顺[36]等改进了脉动风场的模拟方法；曾宪武等[37]对比了几种脉动风的模拟方法，提出了线性滤波法更优的结论。目前，针对抖振的研究主要依靠有限元分析和风洞试验来进行[38]。

尽管抖振与涡激共振相似，都表现出限幅特性，但它不会像颤振那样导致桥梁结构发散振动，进而产生破坏性的后果。在成桥阶段，抖振会影响交通的舒适性，同时，抖振产生的交变力还可能缩减桥梁构件的疲劳寿命。因此，在设计大跨桥梁时，应充分考虑抖振的影响，并采取相应措施来减轻其不利影响。

1.2.3　悬索桥锚碇设计关键技术研究

从20世纪30年代开始，大跨径悬索桥的锚碇主要修建在地质条件较好的岩石地基上，一般不考虑锚碇基础的沉降、滑移等变形状况。然而，随着悬索桥跨径的不断增大，各国学者认识到锚碇基础对整个桥梁的稳定性与安全性的重要影响，开始研究如何控制锚碇的稳定性以及变位问题，主要包括重力式锚碇变位、重力式锚碇稳定性、重力式锚碇受力性能三个方面。

1. 重力式锚碇变位

锚碇的变位问题主要包括水平位移、沉降、转动三个方面。由于可以将锚碇视为刚体，在确定锚碇各角点沉降之后，锚碇的转动也就相应地可以确定下来。因此，一般只需研究锚碇的水平位移和沉降两个方面。早期的悬索桥锚碇主要建造在岩石地基上，变位问题不是很重要，对锚碇的变位研究非常少。而对于建造在深厚覆盖层地基上的悬索桥大型锚碇基础，其天然地质环境决定了其变位问题较为突出。悬索桥依靠锚碇固定于两岸，若锚碇发生变位，将严重影响桥体安全。因此研究重力式锚碇成桥后的瞬时变位与正常工作状态下的长期变位具有重要意义。然而目前尚未有系统计算锚碇水平位移的理论解析方法，以往的锚碇基础沉降计算基本上是参照《公路桥涵地基与基础设计规范》（JTG D63—2007）中基础设计的分层总和法。

目前对重力式锚碇主要的计算模型有：① 刚体模型：假定基础为刚性模型，主要发生整体的沉降和转动；② 弹性地基梁模型：将基础当作地基上的有限长梁，以此计算结构的变形；③ 有限元模型：建立有限元模型能够比较好地模拟出实际工况，关键在于模型参数的正确性。

在主缆拉力的作用下，重力式锚碇的变位特征主要体现为沿主缆拉力方向的水平位移，同时伴随着锚碇结构前端下沉与后端隆起的现象。随着主缆拉力的逐步增大，重力式锚碇的位移量也相应增加，这一过程大致可分为"直线位移—转折—加速位移"三个阶段。现有资料显示，当重力式锚碇承受巨大的主缆拉力时，其并非发生刚体转动，而是与基础产生较为明显的相对位移，并伴有局部变形。尽管刚体模型与弹性地基梁模型两种方法已较为成熟且易于计算，但它们与实际情况存在较大差异，难以很好地满足工程实际需求。有限元模型中则存在一个循环往复的过程，即"假设—计算—观测—修正—再计算"，且有限元法能够较好地模拟工程实际情况。然而，有限元法的建模与计算过程均较为复杂，仍有待深入研究。因此，如何实现有限元模拟过程，无论是对工程实践还是对有限元理论的发展，都具有极其重要的意义。

（1）水平位移。

由于理论计算方法的不足，在悬索桥的设计过程中，预测锚碇的水平位移主要依赖于数值模拟方法。例如，江阴长江公路大桥北锚碇、日本首都高速公路 12 号线悬索桥的锚碇设计[39]，均采用了有限元法预测锚碇变位。为了提高预测值的精度，在日本首都高速公路 12 号线悬索桥锚碇设计时，周围地层计算参数通过对施工过程中锚碇变位实测数据进行反演获得。此外，日本明石海峡大桥在设计过程中，对锚碇设计使用期内的变位采用考虑基础地基徐变影响的线性黏弹性有限元分析法进行推算，该计算分阶段进行，包括基础完成时、锚体完成时、上部结构完成时以及使用 100 年后四个阶段。从计算结果来看，使用期间的变位相对于刚成桥时的变位还是比较大的，但最终变位仍远远小于设计标准的容许值[40]。

鉴于数值模拟结果的可靠性主要依赖于模型参数的选取，许多学者采用室内或现场模型试验预测锚碇的变位。李永盛[41]通过室内相似模型试验，探究了江阴长江公路大桥北锚碇在主缆拉力作用下的变位规律。夏才初等[42]采用现场模型试验，分析了广东虎门大桥东锚碇及其周围岩体的变形机制。李家平等[43]研究了锚碇变位的相关规律，指出在主缆力作用下，锚碇不仅会产生向前的水平位移，还会伴随刚体转动，且随着主缆力的增大，锚碇变位呈非线性增长趋势。孙钧等[44]开展了北锚碇周围土层力学性能非常规试验、相似模型试验，以及三维有限元力学分析，深入揭示了锚碇结构的内在变形机制，并提出了锚碇相邻地层的加固优化方案。任丽芳等[45]运用 ADINA 三维有限元分析软件，模拟计算了北锚碇地下连续墙基坑开挖过程中的水平位移及基坑中心隆起，并与实测结果进行了对比，同时分析了相关影响因素。结合施工结果，他们讨论了计算分析的可靠性。研究表明，锚碇在运营期间会产生水平位移，且水平位移与锚碇拉力之间呈现非线性关系。此外，加固下部地基、采用更优的基坑围护结构以及回填锚碇周围土体，均对提高锚碇稳定性具有积极作用。

（2）沉降。

对于锚碇的沉降分析，除了采用数值模拟和模型试验方法估算锚碇沉降外，还存在一些沉降计算理论方法和实测研究。我国的《公路桥涵地基与基础设计规范》（JTG D63—2007）采用了类似浅基础沉降计算的分层总和法，但在确定基底附加应力时，仍沿用了荷载作用在弹性半空间表面的布辛涅斯克（Boussinesq）解。王锋君[46]介绍了韦拉扎诺悬索桥锚碇沉降计算采用的增量深度法，该方法通过"固结—卸荷—加载"的应力循环来模拟"基坑开挖—锚碇浇筑"的连续变化过程。基底土层内的应力由波密斯特（Burminster）弹性层状体系理论来加以估算，使用该方法计算出的韦拉扎诺悬索桥锚碇预期沉降为 135 ~ 152 mm，而实测的沉降量小于或等于预期沉降量，且沉降量的 88% ~ 90%是在施工过程中就已经完成。刘效尧[47]对已建成的桩基础锚碇工程实例进行分析，证明了大直径群桩比小直径群桩及斜桩刚度大，抵抗水平荷载能力强，并用有限元法对马鞍山公路大桥管柱基础锚碇的变位及土体应力进行了分析，表明其变位及土体应力符合要求。王东栋等[48]利用有限元软件对泰州长江大桥施工后沉降进行了数值计算和分析，结果表明，施工完成后锚碇的沉降占最终沉降量的20%左右。吉林等[49]根据江阴长江大桥北锚碇沉井基础施工及营运阶段变位观测资料研究发现，特大型沉井分区封底对沉井沉降特征具有重要影响，先封底区域在整个沉井封底过程中的累计沉降量小，后封底区域累计沉降量大；不同施工阶段，锚碇沉井基础变位呈现出不同的特征，出现"前倾—后倾—再前倾"的过程，不均匀沉降及转动是最根本的变位形式。

（3）长期变位。

除了瞬间变位以外，还有一种由于孔隙水的移动、土颗粒错动产生的长期变位。一般对于高压缩性土，施工期间完成的沉降量占总沉降量的5%～20%。也就是说，结构物大部分沉降量要在运营期间完成。如前文所述，日本明石海峡大桥在设计过程中采用了线性黏弹性有限元分析法，该法考虑了基础地基的徐变影响，以推算使用期内的变位。从计算结果来看，桥梁在使用后期的变位相较于刚建成时的变位，呈现出较为明显的增大趋势。因此，针对软土地区重力式锚碇的长期变位问题进行研究，对确保整个悬索桥的安全具有重要意义。

研究锚碇长期变位问题，需要对锚碇周围介质的长期变位参数有足够的了解。赵永辉等[50-51]针对润扬长江大桥北锚区域的岩土体，通过模拟其实际受力情况，采用岩石双轴流变试验机进行了单轴压缩蠕变试验，并选用广义的开尔文（Kelvin）模型进行了参数拟合分析，掌握了软岩蠕变的基本规律，获得了相邻岩土介质相关流变力学参数。实际上，大量研究说明，介质的参数是随时间而变化的。例如，维亚洛夫[52]认为在流动过程中介质的结构会发生变化，由此改变了介质的黏滞系数；Troncoso[53]等采用剪切波速试验，发现尾矿坝材料的剪切模量与时间具有幂函数关系。

（4）变位限值。

理论研究与工程实践表明，设置于软土地层中锚碇在受到巨大主缆拉力后，不可避免地会产生水平位移和垂直位移。除了在锚碇上采取措施使其具有较强的抵抗变位能力外，还要研究锚碇变位对全桥受力的影响，从而提出合适的变位限值，以在设计和施工中使变位能控制在这个限值内。

通过对实际工程的研究，得到了关于基础沉降及变位的一些结论经验指标。日本本四联络桥公团以中孔跨径在1 000～1 500 m范围内的钢塔悬索桥为研究对象，规定长大悬索桥锚碇结构水平方向位移的容许值$[x]=0.017L$（cm），其中L是主跨跨径。以江阴长江公路大桥锚碇结构散索点水平方向位移和竖向方向位移对塔柱底部应力的影响为研究对象，其研究结果表明，当北锚碇的散索点水平方向位移小于10 cm、沉降位移小于20 cm时，两者互不牵制，并且索塔塔底应力不应超过容许应力的5%，故最终确定其限位值$[d_x]=10$ cm、$[d_y]=20$ cm。周世忠[54]对江阴长江公路大桥锚碇变位限制进行了系统分析，研究表明，锚碇的水平位移及沉降对悬索桥产生了相反的影响。因此，针对软土地区重力式锚碇的长期变位问题进行研究，对确保整个悬索桥的安全具有重要意义。

2. 重力式锚碇稳定性

锚碇基础的破坏形式一般分为滑移破坏和倾覆破坏两种模式。赵启林等[55]将锚碇的抗滑移与抗倾覆稳定性计算方法分为两类：其一为刚性基础法，其中倾覆弯矩由基础前侧土抗力和地基反力产生的偏心力共同承担，而抗滑力则仅考虑地基的摩阻力，不计入基础前侧土抗力；其二为有限长梁法，该方法将基础视为有限长度的梁，通过简化水平抗力、地基剪切力、基底反力及地基剪切力，并结合边界条件求解微分方程，得出转角、弯矩及剪力等参数，进而进行抗滑移与抗倾覆安全性的计算。

沈华春[56]认为，对于重力式锚碇中的扩大式基础，在实际进行锚碇稳定性分析时，出于简化计算和安全考虑，一般是按刚体模式，利用力的平衡来计算。竖向荷载全部由基底反力平衡，水平荷载全部由基底摩阻力平衡，倾覆力矩由锚碇自身重力力矩平衡。锚碇前侧被动抗力影响一般不予考虑，作为安全储备。实际观测结果表明，基底摩阻力、周边摩阻力以及前侧被动抗力都起到了保持锚碇稳定性的作用。在实际工程实践中，可以结合理论计算与数值模拟一起来研究锚碇的抗滑移与抗倾覆稳定性。设计的时候使用理论分析的方法，而最终的验算复核可以使用数值模拟的方法进行对比。

（1）抗滑移稳定性研究。

抗滑力是抗滑稳定性分析的一个控制因素，抗滑力的大小取决于地基内部软弱结构面或地基与锚碇混凝土之间胶结面的抗剪强度。要确定基底抗滑力，需研究基底压力的分布形式以及接触面摩擦系数两个方面。首先要对接触面剪切机理有明确的认识，试验研究发现，接触面粗糙度、法向应力、法向刚度、土体密实度以及土体含水量均对接触面抗剪强度影响很大。

锚碇基底压力是形成抗滑力的前提条件，也是引起锚碇沉降的主要原因。理论分析时，基底压力一般采取静力平衡分析方法，假定基底压力平均分布或线性分布。然而实际上，基底压力分布非常复杂，和基础形状、埋置深度、荷载水平、地基土性以及施工工况等很多因素有关。

游晓敏等[57]在研究土体与锚碇接触问题时，将锚碇、土体分别视为刚性和柔性，同时将剪应力与相对滑移当作理想刚塑性本构模型。研究表明，随着拉力的持续增大，土体与锚碇之间的破坏面出现在接触面上，其发展过程依次为弹性阶段、弹塑性阶段及塑性阶段。在弹性及弹塑性阶段，土体与锚碇的变形保持一致，且接触面上的剪应力呈"马鞍形"分布。游晓敏通过对比分析模型试验与理论计算结果，指出接触面的剪切滑移自边缘向内部发展。在考虑垂直压力的影响后，土体切向变形的最大值出现位置具有不确定性。赖允瑾等[58]研究了悬索桥齿坎重力式锚碇的齿坎效应工作机制，将锚碇视为刚体模型，认为锚碇结构重心位置决定齿坎抗滑效应产生的方式和效果，并以赣州赣江大桥作为工程为例，发现齿坎的存在改变了基底应力分布，减少了锚碇的水平位移，大幅度提高了极限抗滑力，并最终改变锚碇的破坏模式。吴相超等[59]、俞亚南等[60]研究发现大多数情况下剪切破坏发生在软弱一侧的软土中,在接触面附近形成一个剪切错动层,并且由土体抗剪强度理论计算的抗滑力和实测的抗滑力完全吻合。Gnenaro 等[61]基于摩尔-库仑准则,提出了一种弹塑性本构模型以描述结构-土的界面,并通过砂-金属板的界面试验验证了该本构模型。Tvergaard[62]通过室内试验,分析了两个相邻弹塑性材料的界面破坏模式,研究了界面粗糙度对结构界面抗剪切性能的影响。苏静波等[63]利用有限元法分析得到基底岩土体摩擦强度指标增大,锚碇抗滑稳定性安全系数也随之增大且呈线性变化,而且接触面的内摩擦角比黏聚力对抗滑移稳定安全系数的影响更大。Alonso 等[64]通过直剪试验发现,接触面的抗剪强度随着法向应力增加而线性增加。李文胜等[65]以江西赣州赣江大桥西锚碇为研究对象,采用大型有限元 Marc 程序对西锚碇基础和地基进行了二维有限元数值模拟分析,得到了锚碇在运营阶段荷载作用下周围介质的水平位移和竖向位移分布规律,以及锚碇基础底部应力分布规律、齿坎接触面的应力分布规律和周围地层的塑性区发展趋势。Sowers[66]研究发现刚性基础和无黏性土之间的接触压力是中间大,周边小;而刚性基础和黏性土之间的接触压力是中间小,周边大。但 Yu 等[56]认为基底荷载分布规律对水平滑动的影响不明显,可按均布荷载考虑。

(2)抗倾覆稳定性。

沈华春[56]提出,通常只要满足滑移的安全性要求,抗倾覆要求便能得以满足。赵启林等[55]在考虑结构与锚碇基础相互作用时指出,设计锚碇时面临的主要问题是分析锚碇基础在水平力作用下的抗倾覆稳定性,由于抗倾覆稳定性分析涉及基础与地基的相互作用,其力学机制较为复杂,故有必要进行进一步研究和力学仿真。

李永盛[41]通过室内模型试验,研究了实际结构的变形机制与破坏失稳模式。研究表明,锚碇的转动方向与锚索力方向一致,导致前侧土层附加应力急剧增加,后趾处土层率先进入塑性屈服,并形成圆弧漏斗状滑移面。倾覆破坏是其主要失稳特征之一。同时,该研究探讨了在主缆拉力作用下重力式锚碇的变形与破坏失稳机制,并提出了相应的地基加固措施。陈有亮[68]通过试验发现倾覆失稳是锚碇结构的主要破坏特征,其基本破坏过程为锚碇结构在承受主缆拉力后,产生与主缆拉力作用方向相一致的转动。郭松峰等[69]利用FLAC3D对龙江特大桥的锚碇进行了稳定性计算,数值分析结果表明,锚碇支墩的偏移量均在允许变形量内,无须对土层进行加固处理,锚碇也不会发生倾覆翻转。苏静波等[63]利用有限元软件 MARC 对润扬大桥北锚碇基础抗滑移、抗倾覆稳定进行了计算分析,结果表明,抗滑移和抗倾覆稳定性安全系数与基础前、后墙及土体交界面上的土压力有关,润扬大桥北锚碇基础的稳定性满足设计要求。邓友生等[70]分析了软岩地基上锚碇基础土体蠕变特征,以及基坑支护、齿坎效应对重力锚碇稳定性的影响。崔岗等[71]利用规范方法、有限元法分别对虎门二桥坭洲水道桥的锚碇基础稳定性进行了分析,对比不同的计算方法对应的基础稳定性系数,认为有限元法比规范方法更接近实际工程。尹小涛等[72]指出,重力式锚碇结构与地基的协调变形联合承载机制主要体现在摩擦效应、夹持效应和回填效应的综合作用上。与土基相比，岩基具有较高的强度和较好的摩擦性能，其变形量有限。夹持量及夹持岩体的剪切破坏特征对重力式锚碇承载力的贡献至关重要。基于此，他们建议对基底应力、支墩基底深部位移和结构角点位移进行监测：基底应力可反映结构与地基的工作状态，深部位移可反映抗滑移稳定性，而角位移则能反映抗倾覆稳定性。余军思等[73]针对一座主跨跨径为538 m的简支钢桁梁悬索桥，介绍了该桥锚碇的设计情况，并采用传统经验公式对锚碇进行了抗滑移、抗倾覆的整体稳定计算。此外，采用大型通用有限元软件对锚碇进行了实体仿真模拟分析，并对整体稳定计算结果进行了对比。

3. 重力式锚碇受力性能

根据现有资料，锚碇的强度一般都在允许范围之内。在实际工程中，设计锚碇以及校核其安全性的时候需要详细分析锚碇应力，尤其是针对应力集中处的锚碇应力。主要分析方法包括有限元法和解析法。按照早期锚碇设计观点，重力式锚碇依靠自身重量抵抗大缆的垂直分力，因此采用实体混凝土以提供足够重力。然而，这种做法导致材料用量大、造价高，且未能充分利用材料强度。随着悬索桥的广泛建设以及对重力式锚碇工作机理的深入研究，近年来出现了基于锚碇受力特点采用结构混凝土的设计方法。在分析锚碇基础强度时，有针对性地采用解析方法，并通过假设将锚碇的不同部位视为不同构件进行分析[74-75]。例如，1997年建成通车的丹麦大贝尔特（Great Belt）桥将锚碇分解为几个单元，包含一个三角形构架和一个竖直的墩柱身以支承引桥桥跨。此外，以深梁式厚板来考虑固定架受拉杆，锚块可以假想成刚体，这样就可以利用力的平衡条件来分析内力。对沉井的侧壁等可以用刚体平衡方程等方法来计算其内力[76]。而起吊梁和内隔墙等的应力大小可以使用有限元法来进行详细分析[77]。

吴国光等[78]利用有限元软件ANSYS对矮寨大桥重力式锚碇进行了有限元分析，研究表明，锚碇大部分区域的应力均能满足要求，但是在前、后锚面局部范围内有主拉应力超标现象出现。邵国建等[79]利用有限元分析软件Marc对润扬大桥悬索桥北锚碇体浇筑到运行的全过程进行了仿真数值计算，计算结果表明在不同的施工阶段，锚碇基础不同部位的接触应力的变化特征也不同，其中，北锚碇基础接触应力在施工至运营全过程中总体满足设计要求。卞华等[80]、王浩等[81]分别对润扬长江大桥北锚碇和北盘江大桥锚碇的结构应力进行了三维有限元数值模拟，明确了锚碇各部分的应力分布，为锚碇配筋设计提供了参考依据。Morgan等[82]、陈志坚等[83]通过理论分析和现场实测，研究了重力式锚碇的受力特征及锚碇基底压应力分布特点。王浩等[84]建立了北盘江特大桥锚碇结构数值模型，对锚碇进行了整体受力分析，同时结合现场测试结果对该桥锚碇结构可靠性进行了综合分析。

1.2.4 桥梁缆索耐高温防护体系开发及应用

随着交通运输事业的蓬勃发展，大跨缆索承重桥梁（斜拉桥、悬索桥和拱桥）的需求急剧增长，数量与日俱增。大跨缆索承重桥梁一般采用高强度钢丝作为吊索或斜拉索等受力构件。其中，吊索在高温下的抗拉强度和刚度大幅度降低（温度600 ℃时将基本丧失全部的强度和刚度），其耐高温性能相对较差。近几年，国内外发生了多起缆索承重桥梁结构火灾事故，斜拉索或吊索高温下断裂，导致交通中断或施工工期延长。由于桥梁结构难以按照现行的建筑防火类规范进行设计，且对缆索结构抗火性能的研究缺乏深入和系统的研究。张昊宇等[85]进行了1 770 MPa和1 860 MPa的D5低松弛预应力钢丝的抗火试验；范进等[86]对1 570 MPa的高强钢丝进行了高温后的张拉试验。李猛[87]对鹤洞大桥失火拉索进行了现场检测、室内试验和有限元分析等。此外，国内外对桥梁缆索耐高温防护体系的研究也很少，尤其是对缆索火烧损伤情况下的持荷时间以及缆索包裹耐火材料后的耐火性能的研究更少。为保证缆索承重桥梁结构的火灾安全，减少生命和财产损失，针对常用的桥梁吊索开发和研究耐高温防护体系具有十分重要的意义，可为缆索承重桥梁耐火设计和实践提供基础。

（1）缆索系统耐高温技术。

目前，对于桥梁用缆索耐高温的研究较少，尤其是对火致缆索损伤情况下的拉索持荷时间以及缆索使用耐高温材料后的耐火性能的研究更少。相关资料显示，对桥梁缆索的耐高温研究主要聚焦于原材料的高温力学性能退化分析，以及理论计算与数值模拟，但缺乏相应的实验验证。同时，有关锚固结构耐高温性能的研究也相对不足。郑文忠等[88]对16个1 770级P5低松弛预应力钢丝试件进行了高温拉伸试验，试验表明，随着温度的升高，高温后的弹性模量和强度力学指标不断退化。宁波[89]等研究了斜拉桥在热力耦合作用下的力学行为，并分析了斜拉桥拉索在油罐车火灾场景下的极限承载力，结果表明，对于钢索而言，如果直接暴露在剧烈的火灾中，如油罐火灾或者液化石油气火灾中，钢索的有效强度很快丧失，很可能波及其他冷却的钢索。陈齐风等[90]进行了斜拉桥斜拉索热分析温度场模拟方法研究，计算模拟出斜拉大索随时间变化的温度场，得到斜拉索弹性模量的损伤程度，并确定了选用导热系数<1 W/（m·℃）的耐火层将显著降低斜拉索火灾下的温度。闫金花等[91]结合某斜拉桥火灾检测的实例，提出建立斜拉桥防火体系的重要性。

（2）缆索系统耐高温防护应用。

对青岛火车北站屋盖用拉索进行了喷涂防火涂料后，进行火灾下的受力性能研究，试验要求在500℃高温下达到1.5 h耐火极限。但该试验要求相对较低，没有采用标准升温曲线或烃类火灾升温曲线，且试验仅仅针对索体，没有对锚具及锚固料的耐高温性能进行全面试验。

国外有关桥梁缆索耐高温防护的应用也较少，埃及罗德法拉轴线桥对斜拉索锚头的锚固区进行了简单防护，使用的是硅酸铝陶瓷纤维毯，如图1-5所示。

图 1-5 埃及罗德法拉轴线桥斜拉索防火保护

（3）传统缆索结构材料耐高温性能。

传统的主缆系统主要由钢丝、索夹、锚具等组成。拉索可以分为平行钢丝拉索、钢绞线拉索、钢丝绳拉索等，其主要成分为钢丝/钢丝绳/钢绞线、HDPE、锚具、锚固材料等。这些构件在一定温度下均会失效，表现出不耐高温的特性。缆索采用的主要受力部件为预应力钢丝，冷拔后经过高速旋转的矫直辊筒矫直，并经过回火（350～400 ℃）处理，消除了钢丝冷拔中产生的残余应力，从而显著提升了钢丝的常温强度。当温度升高到 300 ℃ 以上时，热处理所造成的金属晶体框架的畸变逐渐被解除，温度升高到 400 ℃ 后，热处理的效果会基本消失，钢丝的弹性模量也随之改变，导致缆索的承载力大大降低，对整个桥梁的结构稳定性造成极大的影响。

锚具是缆索重要的受力部件之一，锚头的机械性和锚固结构的可靠性决定了锚具的安全性，普通钢材耐高温性能较差。一般火场的温度为 800～1 100 ℃（几种燃料火灾的燃烧温度见表 1-3）。当钢构件温度为 400 ℃ 时，其强度降到室温强度的一半；钢构件温度为 600 ℃ 时，基本上丧失了强度和刚度。在火灾情况下会造成锚头退火，严重影响锚具的锚固性能，威胁到缆索的安全使用。悬索桥吊索多为销铰连接，梁端的锚具裸露在桥面之上，且中跨部分上端锚具和索夹距离桥面较近，更容易受到火灾高温的影响。

表 1-3 几种燃料火灾的燃烧温度

燃料	直线燃烧速度/（cm/h）	热值/（kJ/kg）	火焰平均温度/℃
原油	12～15	43 962	1 100
汽油	30	46 892	1 200
煤油	24	41 449～46 473	700～1 030
重油	10	41 868～46 055	1 000
木材	—	7 118～14 654	1 000～1 177

索体一般由高强度钢丝和高密度聚乙烯护层构成。高密度聚乙烯的弱点是耐高温性差，在加热阶段高分子化合物由于受热而温度上升，机械强度降低，继而软化变成黏稠的胶状物质。缆索系统通过锚具和锚固材料与结构连接，常规的锚固材料为锌铜合金和环氧铁砂冷铸料，锌铜合金的熔点约为420℃。在实际情况中，锌铜合金在300℃左右开始软化，锌铜合金与钢丝的黏聚力出现下降，钢丝出现明显滑移，锚固失效；环氧冷铸料在210℃即开始燃烧并碳化，实际不到100℃就会出现明显滑移，锚固体系开始破坏。

1.3 主要研究内容

1.3.1 高烈度近场强震区悬索桥地震响应及抗震性能

涛源金沙江大桥作为华坪—丽江高速公路的控制性工程之一，若在地震中遭到破坏，其可能引发的生命财产损失及间接经济损失将极为惨重。因此，进行正确的抗震分析，对确保大桥抗震安全性具有十分重要的意义。

以涛源金沙江大桥为工程背景，对悬索桥地震响应及抗震性能的研究如下：

（1）基于全桥推荐桥位的推荐方案，建立全桥合理空间动力计算模型，分析结构动力特性。

（2）根据建立的线性和非线性全桥模型，采用反应谱方法和非线性时程方法进行地震反应分析，研究两种体系结构在两种设防水准（E1地震作用、E2地震作用）地震输入下的地震反应。

（3）为综合控制悬索桥在地震及使用荷载下的主梁梁端位移，本研究采用阻尼器、弹性索、中央扣以及阻尼器与中央扣组合四种方案，计算了各方案主桥的地震响应，并针对阻尼器和弹性索提出了参数取值建议。

（4）根据全桥地震反应谱分析以及非线性时程分析的结果，给出关键截面的最小配筋率，并对结构在两种地震水平下的抗震性能进行了验算。

1.3.2 高山深谷地形下悬索桥抗风性能

涛源金沙江大桥桥位处为高山深谷地貌类型，风况复杂多变，突发大风时有发生，风环境较为恶劣。此外，涛源金沙江大桥结构轻而柔、阻尼较小，对风的作用十分敏感，抗风性能将是控制该桥设计和建造的关键因素之一。

为了确保涛源金沙江大桥在施工和运营期间的抗风安全性，有必要对该桥施工图设计方案的抗风性能展开研究，主要研究内容有：

（1）通过地形模型风洞试验方法，测得涛源金沙江大桥主桥桥面高度处的来流风攻角分布范围为-9.8°~+3.2°，应依据该风攻角范围确定相应的颤振检验风速。

（2）采用有限元分析、常规比例节段模型风洞试验及全桥三维风致响应分析等方法，对涛源金沙江大桥施工图设计阶段的主桥抗风性能进行了深入研究。

（3）基于全桥气动弹性模型风洞试验研究的结果，对涛源金沙江大桥主桥在成桥运营状态和主要施工结构状态下处于均匀流场及大气边界层紊流场中不同风攻角下的颤振稳定性、静风稳定性以及风振响应性能进行了全面的研究。

1.3.3 高烈度近场强震区深厚覆盖层下的悬索桥锚碇设计

锚碇是悬索桥主要的承力结构物。锚碇将主缆拉力传递给地基基础，承受着较大的主缆拉力，是支承主缆、保证全桥主体结构受力稳定的关键部位。

以涛源金沙江大桥为工程背景，对悬索桥的大理岸锚碇进行了以下研究：

（1）锚碇基础的位置在其建造过程中是动态变化的，因此有必要在施工现场对高烈度近场强震区深厚覆盖层下锚碇结构进行系统监测研究，主要针对锚碇重力式基础的 4 个角点的沉降和水平变形进行监测。

（2）为研究悬索桥重力式锚碇的整体受力性能，采用 Abaqus 有限元程序对涛源金沙江大桥大理岸锚碇设计方案建立有限元模型，综合考虑基坑开挖、基础及锚体浇筑、主缆架设等施工工序及荷载条件等因素，并对不同工况进行详细分析。

（3）将锚碇扩大基础的四角点变位进行分析，将监测实测值与有限元计算值进行对比以验证锚碇数值计算结果的可靠性。利用已建立的深厚覆盖层地质模型与涛源金沙江大桥大理岸锚碇的力学模型进行地基承载力、抗滑动稳定性、抗倾覆稳定性和沉降的分析研究，对锚碇和土体的变位、应力进行全过程三维数值计算分析。

（4）通过对重力式锚碇结构基底的受力分析，考察锚碇失稳破坏和变位规律，分析锚碇与土体各接触面的作用力（包括基底的法向应力和剪切应力）对锚碇保持稳定性和限制变位所发挥的作用。

1.3.4 桥梁缆索耐高温防护体系开发及应用

对涛源金沙江大桥缆索系统耐高温防护体系产品进行研究和验证试验。

以涛源金沙江大桥为工程背景，研究的主要内容有：

（1）对耐高温材料的选择及性能进行研究，对耐高温锚固料和耐高温防护包带的性能进行第三方检测和相关试验，验证耐高温材料是否满足耐高温拉索的设计要求。

（2）通过主缆耐高温材料缠包工艺研究，验证主缆耐高温防护结构及施工工艺满足现场缠包施工的要求。

（3）对吊索耐高温防护施工工艺进行研究，制作一个等比例吊索耐高温防护结构模型，验证吊索耐高温防护现场施工满足设计和施工工期要求。

（4）对耐高温锚固料制锚工艺进行研究，对涛源金沙江大桥叉耳式锚具进行不同形式的制锚工艺试验研究，验证锚具结构和制锚工艺满足耐高温锚固料的浇铸要求，同时通过静载、疲劳和疲劳后静载，验证采用新型耐高温锚固料及其制锚工艺的吊索(吊杆)各项技术性能满足相关规范的要求。

第 2 章 涛源金沙江大桥设计与施工概况

涛源金沙江大桥位于丽江市永胜县涛源镇寨子村东南侧，横跨金沙江，是 G4216 华坪—丽江高速公路（简称"华丽高速公路"）大理连接线的控制性工程，对加强枢纽城市与其周边城镇的交通联系，完善交通枢纽的集疏运网络，以及促进综合运输体系建设和现代物流发展具有重要意义。

2.1 工程概况

C4216 华坪—丽江高速公路大理连接线工程（以下简称"本项目"）丽江段 SJ1 标段（以下简称"本标段"）是连接四川攀枝花与云南大理的重要通道，是连接两个公路枢纽城市的快速干线公路，同时也是连接两省的骨架公路，对四川与云南公路网的布局、地区的经济社会发展、促进边疆稳定、民族团结、巩固国防具有十分重要的作用。涛源金沙江大桥桥址如图 2-1 所示。

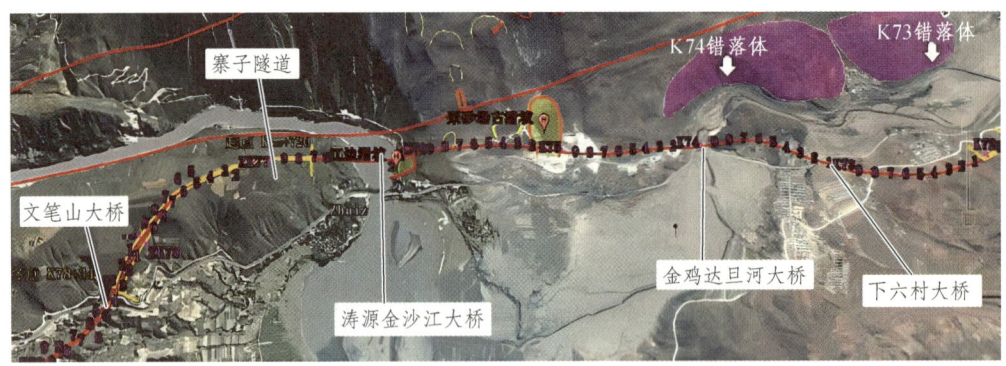

图 2-1 涛源金沙江大桥桥址

本项目向北可连接正在规划的华丽高速公路，南入大理市连接楚大（楚雄—大理）、大保（大理—保山）、大丽（大理—丽江）高速公路，是连通滇西现有的所有高速，通达效果最好、连通功能最强的联络线，对促进地区经济发展具有重要作用。云南省的大理市、丽江市和四川省的攀枝花市，共同构成了沿金沙江经济带上的重要核心三角区域。已建的大丽高速、拟建的丽江至攀枝花高速和本项目，共同构成核心三角的三条边，它们作为交通运输主动脉，保障了沿金沙江经济带的快速发展，促进了整个西南片区及滇川两省的协同发展。

涛源金沙江大桥为跨越金沙江所设，是整条路线的控制性工程之一。桥位处地势起伏较大，为典型的"U"形河谷地段，河谷内为金沙江鲁地拉水电站蓄水库淹没区，江面宽度约400 m。其中，永胜岸为陡坡，接隧道；大理岸地势较缓，接路基。平面整座桥梁均位于直线上，纵面位于坡度为1.0%的单向纵坡上，除大理岸引桥后退岸位于缓和曲线内，横坡变化外，其余位置横坡均为双向2%。桥梁全长1 095 m（含桥台及路基），主桥跨径为（160+636+140）m的单跨简支钢箱梁地锚式悬索桥，大理岸锚碇区引桥为（45+50+40）m钢箱梁桥（大理岸锚碇区引桥至大理岸索塔之间为一段路基），永胜岸引桥为（30+35+30）m+（40+40+30）m钢箱梁桥。涛源金沙江大桥总体布置如图2-2所示，桥梁全景如图2-3所示。

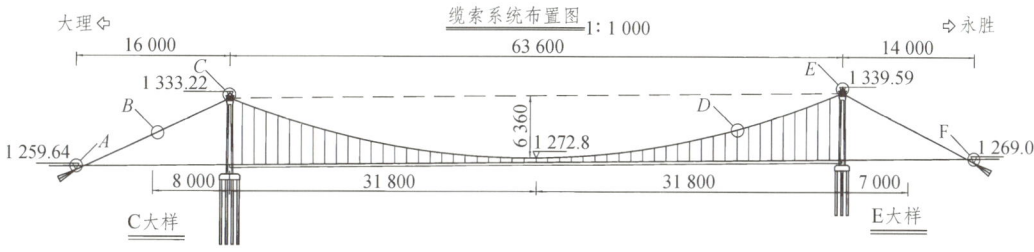

图2-2 涛源金沙江大桥总体布置（单位：mm）

图2-3 涛源金沙江全景

涛源金沙江大桥及相关引桥跨越金沙江，是华丽高速公路大理连接线（丽江段）的控制性工程，靠近全新世活动断裂程海—宾川断裂带，地震近场效应强烈，受其影响较大。此外，区域工程地质条件复杂，上覆多为崩坡积和湖积土层，厚度较大，下伏基岩埋深大，库岸再造等不良地质地段的影响巨大，岸坡承载性能与长期稳定性问题突出，具体体现在以下几个方面：

（1）邻近活动断裂带。

程海—宾川断裂带（图2-4）走向近南北，向西倾斜，北始于金官盆地以北，向南经永胜、程海、期纳、宾川至弥渡切过红河断裂，全长近200 km，从东向西由几条相互平行的断裂带组成，宽度从数十米至数百米，最宽处近5 km。该断裂带是一条规模巨大，震旦系—白垩系都有活动性断裂带。据记载，该断裂带区域内发生过多次5.0级以上的地震，最近一次是在2001年10月27日13时，程海断裂带上的永胜县涛源乡与期纳镇交界处发生6.0级地震，并在宾川—金沙江段诱发了大量的山体滑坡、崩塌、滚石等灾害。

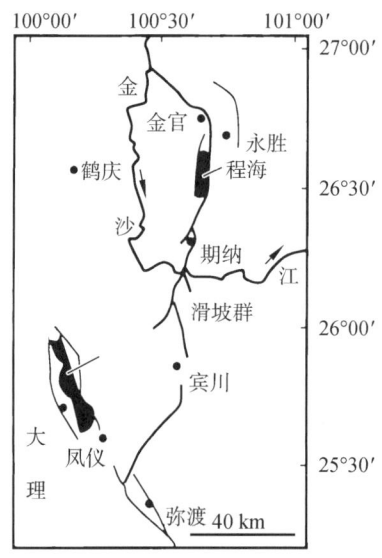

图2-4　程海—宾川断裂带

程海—宾川中部的金沙江段发育两条主干断层F1、F2。其中，F1断层距离桥位较远，约1.3 km，且活动性不明显，对高速公路的建设和运营影响较小；F2断层位于寨子村上方金沙江两处大角度转弯所夹江段位置，断层基本位于江底或江边附近，其活动性在全新世以来较为明显，在期纳—宾川盆地可见第四系更新统沉降土层错断痕迹，为正断兼左旋走滑性质，其活动性与程海—宾川大断裂的中段活动性一致。第四系以来，在宾川盆地内垂直位移速率为1.4～2.0 mm/a，左旋走滑速率为2.5～3.0 mm/a。华丽高速公路路线桥位均处于F2正断层的上盘，其中，涛源金沙江大桥桥位距离右侧活动性F2断层较近，近场效应强烈。另外，地质调查表明，F2断层附近发育多个断崖、错落体、古滑坡等不利地质体，具体如图2-5所示。

在此高烈度地震近场区开展桥梁建设，受活动断裂带的影响较大。因此，对高烈度地震近场区进行桥梁建造及防灾减灾关键技术的研究是有必要的，以此保障桥梁建设期和运营期的安全。

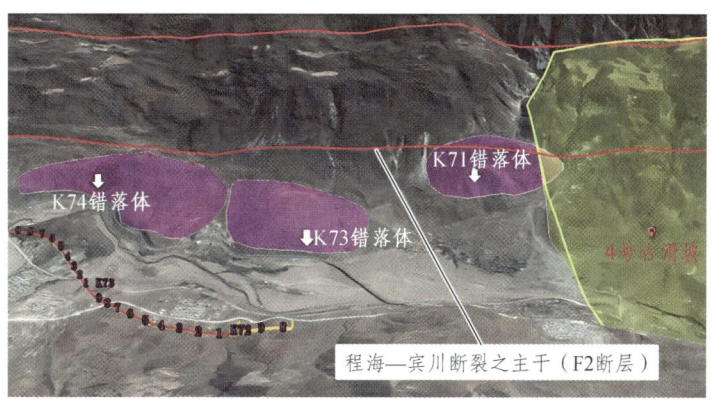

图 2-5 F2 活动断层附近的不利地质体

（2）库岸边坡稳定性。

涛源金沙江大桥桥址位于金沙江鲁地拉水电站库区，库区水面宽度约 400 m，最高蓄水位为 1 223 m，最低蓄水位为 1 212 m，水深介于 80～120 m。库区降水量季节分配极不均匀，6—9 月的降雨集中，降雨量可达到 768 mm，年均蒸发量约 1 800 mm。长期的地质演化过程中，库岸多发育碎块石土层，且厚度较大，局部达到 120 m。库水位的升降和高强度的降雨对库岸巨厚堆积体的侵蚀和冲刷作用强烈，致使多处库岸边坡处于极限稳定状态。根据现场调查，金沙江鲁地拉水电站蓄水仅两年，涛源金沙江大桥大理岸桥墩公路下边坡已有部分塌岸现象，具体如图 2-6 所示。

图 2-6 塌 岸

在降雨和库水位升降联合作用下，加之桥基础、锚碇建设等工程扰动，目前处于稳定状态的库岸巨厚堆积体可能发生局部的坍塌和整体失稳，进而降低桥基的稳定性，严重威胁高速公路的建设和运营安全。

（3）桥基岩土体承载性能。

涛源金沙江大桥桥址位于构造侵蚀堆积地形地貌区，区内主要发育第四系全新统崩坡积粉质黏土、碎石土，第四系更新统冲洪积粉质黏土、粉细砂土，以及泥盆系灰岩，覆盖土层的厚度较大，大多呈稍～中密状，如图 2-7、图 2-8 所示。涛源金沙江大桥大理岸基础主要位于崩坡堆积的碎块石土层中，该土层发育厚度较大，达 40～80 m，多呈松散~稍密状,局部还存在块石架空现象。碎块石土层的成分、密实度差异较大,且受地下水水位变动的影响较大。涛源金沙江大桥永胜岸受构造影响强烈,节理裂隙、岩溶发育,裂隙、溶隙宽度 10~70 cm 不等,岩体完整性差,溶隙、裂隙中多为黏性土、粉细砂等充填。

图 2-7 典型崩坡积岩土体

图 2-8 典型冲洪积岩土体

由以上分析可知,涛源金沙江大桥基础区域覆盖层具有厚度较大、结构较松散破碎、性质复杂、力学性质较差等特点,因此,有必要针对深厚覆盖层下的锚碇结构形式及其受力特性、锚碇结构短期与长期变位,以及锚碇结构施工监测系统展开深入研究。

涛源金沙江大桥所处的地质与工程环境极为复杂,它不仅需应对历经多期活动的断裂带和巨厚的破碎岩土体,还要面对水库调度引发的库水作用。这些因素共同导致了桥基库岸边坡失稳因素的多样性和力学机制的复杂性,对岸坡与桥基墩台等工程结构的稳定性与安全性构成了严重威胁。因此,深入研究高烈度地震近场区桥梁建造及防灾减灾的关键技术,需紧密结合断裂带位置的地质特征。正确认识断裂破碎岩土体的特殊地质与环境特点,开展深厚覆盖层下锚碇结构形式及受力特性、锚碇结构短期与长期变位、锚碇结构施工监测系统的研究,是解决这些工程技术难题的有效途径。这些工作对保障涛源金沙江大桥的工程建设与安全、推动云南地区社会经济发展,以及提升西南地区复杂环境下的公路建造技术水平,均具有重大且深远的意义。

2.2 总体设计

本项目区域属中亚热带低纬度高原季风气候,垂直分带现象明显,干、雨季分明。本标段属于金沙江干热河谷,冬无严寒,夏季温度较高。历年平均气温为 21.5 ℃,平均最高气温为 39.0 ℃,平均最低气温为 10.8 ℃;极端最高气温为 46.5 ℃(出现在 6 月),极端最低气温为 2.57℃(出现在 12 月)。路线区历年平均降水量为 629.7 mm,历年最多降水量为 1 164.2 mm,历年最少降水量为 661.9 mm。降水量季节分配极不均匀,6—9 月的雨季,其降雨量达 768 mm,占全年的 80%以上;历年平均相对湿度为 68%;年日照时长为 2 763 h,无霜日长达 350 d;多年平均相对湿度为 68%,自 11 月至次年 3 月气候干燥;风力较强,多为南风,多年平均风速为 2.9 m/s。设计条件见表 2-1。

表 2-1 设计条件

道路等级	高速公路
行车道数	双向四车道
计算行车速度	100 km/h
设计汽车荷载	公路-Ⅰ级
路基宽度	[0.75 m（土路肩）+3.0 m（硬路肩）+2×3.75 m（行车道）+0.75 m（路缘带）]×2+2.0 m（中央分隔带）=26.0 m
桥梁宽度	1.7 m（风嘴）+1.0 m（吊索锚固区）+0.5 m（防撞栏杆）+12.0 m（行车道）+1.0 m（防撞栏杆）+12.0 m（行车道）+0.5 m（防撞栏杆）+1.0 m（吊索锚固区）+1.7 m（风嘴）=31.4 m
桥梁横坡	双向 2.0%
桥面纵坡	1.0%
设计洪水频率	1/300

路线所经区域地质构造复杂，构造活动期次较多，地震活动频繁。1925 年 3 月 16 日，大理发生 7.1 级地震（波及凤仪、弥渡、祁云、宾川、蒙化、邓川等地区）；1996 年 2 月 3 日，丽江发生 7.0 级大地震。地震活动与地质构造关联密切，震中地区一般位于构造体系复合部位，特别是近期构造活动强烈地段，地形切割强烈，沿构造线多有温泉分布。震源深度一般在 10～20 km，属浅源地震。地震活动具有明显的阶段性和周期性，近期地震活动有所复活。本段路线距离活动断层较近（最近 150 m），由于该活动性断层为发展断裂，故该段路线及桥隧的地震近场效应强烈，应加强沿线构筑物特别是特大桥的抗震设防措施。抗震设防标准见表 2-2、表 2-3。

表 2-2 主桥抗震设防标准

设防地震概率水平	峰值加速度	结构性能要求	结构校核目标
P1：50 年 5%（重现期 975 年）	0.466g	桥塔、桩基础等结构基本不发生损伤，并保持在弹性范围内工作	桥塔、横梁、桩基地震反应小于初始屈服弯矩
P1：50 年 2%（重现期 2 475 年）	0.538g	桥塔、桩基础等结构局部可发生可修复的损伤，不影响使用	桥塔、横梁、桩基的地震反应小于等效屈服弯矩

表 2-3 引桥抗震设防标准

设防地震概率水平	峰值加速度	结构性能要求	结构校核目标
P1：50 年 10%（重现期 475 年）	0.361g	桥塔、桩基础等结构基本不发生损伤，并保持在弹性范围内工作	桥塔、桩基地震反应小于初始屈服弯矩
P1：50 年 5%（重现期 1 642 年）	0.466g	延性构件（墩柱）可发生损伤，产生弹塑性变形，耗散地震能量，但延性构件（墩柱）的塑性铰区域应具有足够的塑性变形能力	桥墩进入塑性后墩顶位移满足规范要求

2.3 上部结构

主缆采用预制平行钢丝索股,每根主缆中,从大理锚碇到永胜锚碇的通长索股有91股,边跨不设背索。每根索股由91根直径为5.0 mm、公称抗拉强度为1 770 MPa的高强度镀锌铝钢丝组成。主缆在架设时,竖向排列成尖顶的近似正六边形,紧缆后主缆为圆形。索夹内直径为502.5 m,索夹外直径为508.7 mm。索股两端设索股锚头。索股锚头采用热铸锚,在锚杯内浇铸锌铜合金,使主缆钢丝与锚杯相连。锚杯内锚固锥体的锥角及锚固长度采用经验公式计算确定,锚固力及可靠性应通过足尺试验验证。索股锚头与锚碇的锚固拉杆通过螺母相连。两岸塔顶位置设置主索鞍,主索鞍鞍体采用全铸结构,鞍槽、纵肋、横肋、底板和侧板均采用铸钢铸造。主缆及索鞍总体构造如图2-9所示。

根据吊索受力特点,综合考虑材料性能、制造加工、安装维护、后期更换等因素,采用平行钢丝吊索,每一吊点设2根吊索。吊索与索夹、加劲梁为销铰式连接。吊索钢丝公称直径为5.0 mm,公称抗拉强度为1 770 MPa,每根吊索含67根钢丝。吊索两端锚头采用叉形热铸锚,锚头由锚杯与叉形耳板构成,锚杯内浇铸锌铜合金,叉形耳板与锚杯通过螺纹连接(上、下两端螺纹旋向相反)。叉形耳板与锚杯之间的螺纹设有±20 m的调节量,在吊索安装时用以调整吊索长度。在吊索锚口处设置一段热轧无缝钢管,与锚头相连,钢管与吊索之间填充密封材料,以改善吊索的弯折疲劳影响。对于吊索长度20 m≤L≤40 m的吊索,设置一个减振架;对于吊索长度L>40 m的吊索,设置两个减振架,以减少吊索的风致振动。减振架的位置应处于吊索长度的均分点。吊索总体布置如图2-10所示。

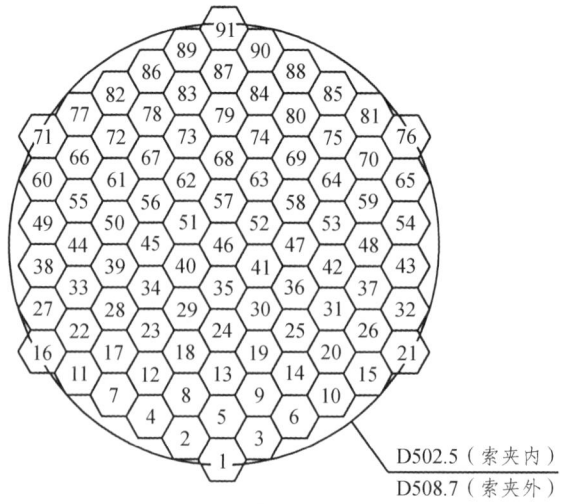

(a)主缆断面

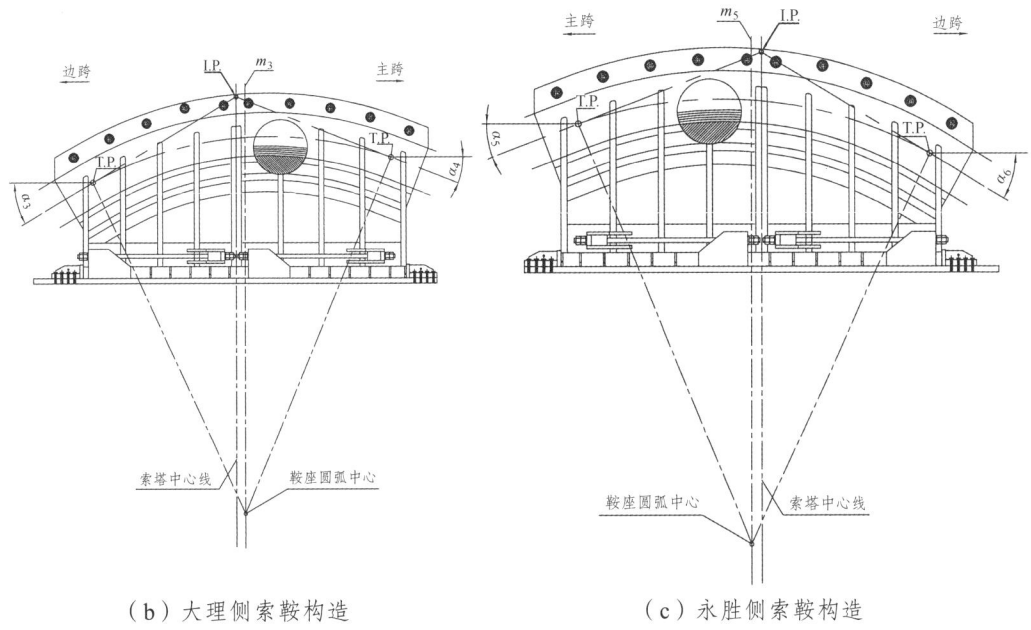

(b) 大理侧索鞍构造　　　　　　(c) 永胜侧索鞍构造

图 2-9　主缆及索鞍总体构造

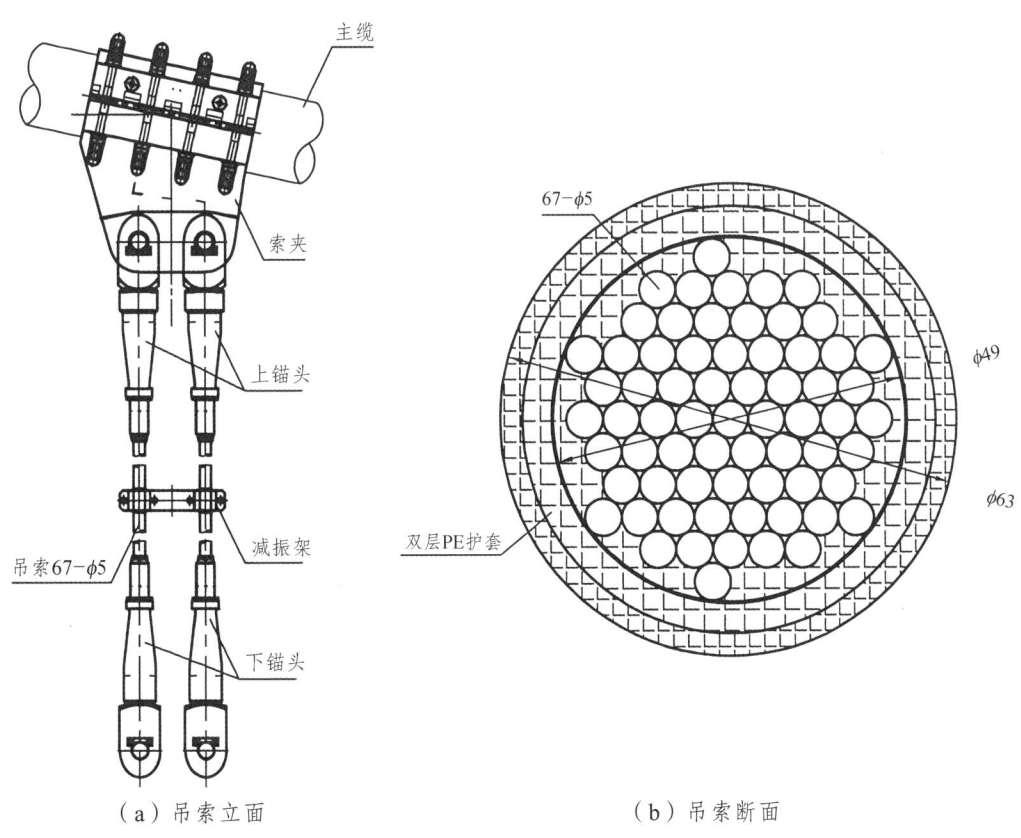

(a) 吊索立面　　　　　　　　　(b) 吊索断面

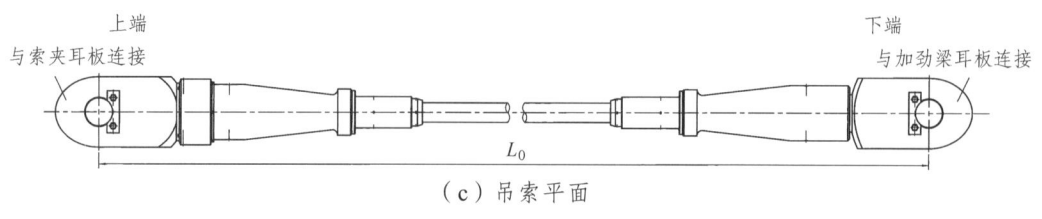

(c)吊索平面

图 2-10 吊索总体布置

加劲梁采用流线型扁平钢箱梁，梁高 3.0 m，宽 31.4 m（含风嘴）；标准梁段（B 梁段）长 12.2 m，设置四道横隔板，间距为 3.05 m；顶板 U 肋上口宽 300 mm，下口宽 170 mm，高 280 mm，U 肋中心距为 600 mm；底板 U 肋上口宽 250 mm，下口宽 400 mm，高 260 mm，U 肋中心距为 800 mm；加劲梁设置两道通长腹板；吊索通过销轴连接于腹板吊耳之上，吊索连接区域腹板局部加厚。主梁横断面如图 2-11 所示。

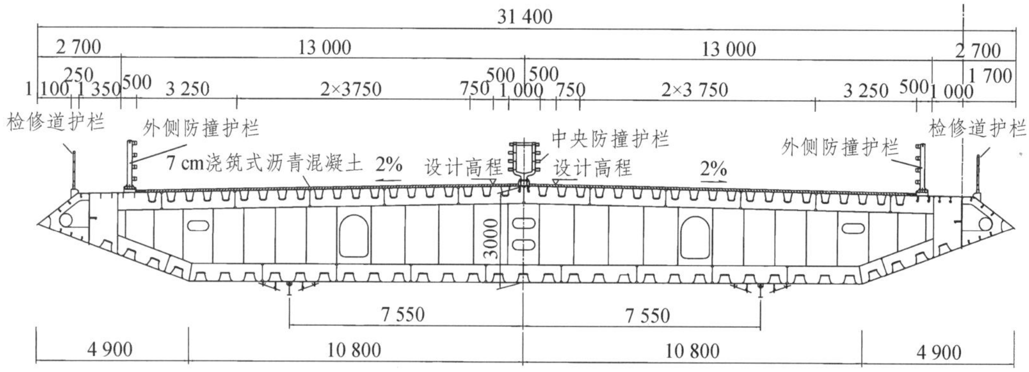

(a) 主桥标准横断面

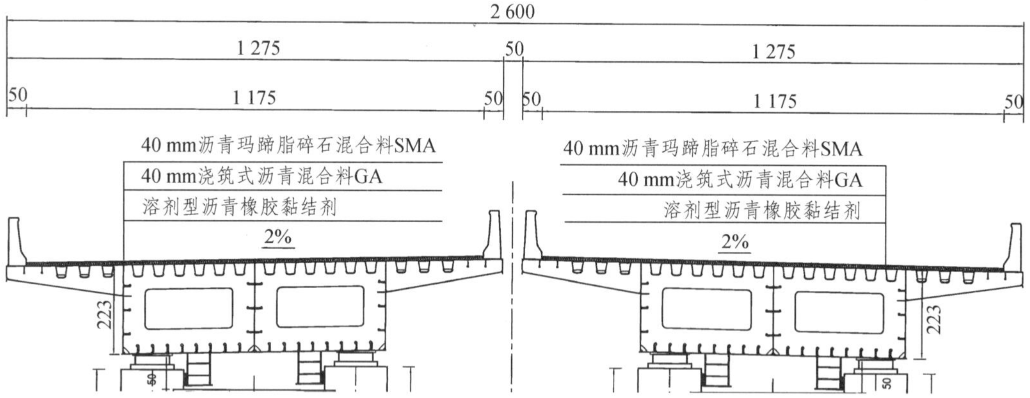

(b) 引桥标准横断面

图 2-11 主梁横断面（单位：mm）

2.4 下部结构

大理岸索塔总高度为 79.8 m（不含塔顶钢罩）。其中，主索鞍室高 4.8 m；塔柱高 75 m，塔壁厚 0.8 m；塔柱截面为空心矩形截面，横桥向塔柱的宽度为 5.5 m，顺桥向截面宽度由 5.5 m 变化到 7 m；塔顶设置 4 m 加宽实心段（以满足主索鞍安装空间及受力的要求），塔底设置 3 m 实心段。

永胜岸索塔总高度为 75.3 m（不含塔顶钢罩）。其中，主索鞍室高 4.8 m；塔柱高 70.5 m，塔壁厚度为 0.8 m；塔柱截面为空心矩形截面，横桥向塔柱的宽度为 5.5 m，顺桥向截面宽度由 5.5 m 变化到 6.905 m；塔顶设置 4 m 加宽实心段（以满足主索鞍安装空间及受力的要求），塔底设置 3 m 实心段。

大理岸和永胜岸的桥塔立面如图 2-12 所示。

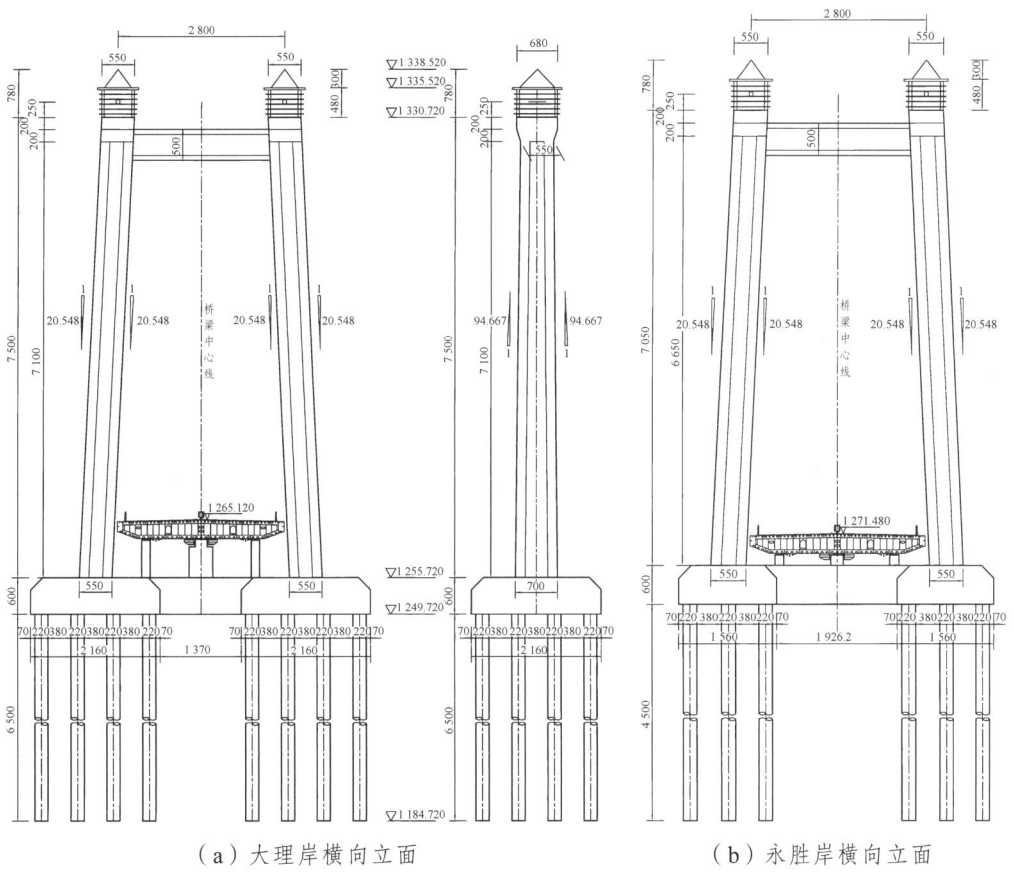

（a）大理岸横向立面　　　　（b）永胜岸横向立面

图 2-12　桥塔立面

大理岸索塔采用哑铃形承台，每个承台下面布置 16 根桩径为 2.2 m 的钻孔灌注桩基础，行列式布置，大理岸桩基按照摩擦桩设计，桩长为 65 m。承台间通过系梁连接以保证基础整体稳定性，承台封底混凝土厚度为 0.5 m。

永胜岸索塔采用哑铃型承台，每个承台下面布置 9 根桩径为 2.2 m 的钻孔灌注桩基础，行列式布置，永胜岸桩基按照端承桩设计，桩长为 45 m。承台间通过系梁连接以保证基础整体稳定性，承台封底混凝土厚度为 0.5 m。

大理岸和永胜岸的基础构造图如图 2-13 所示。

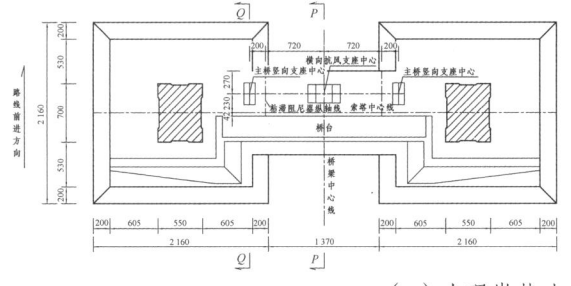
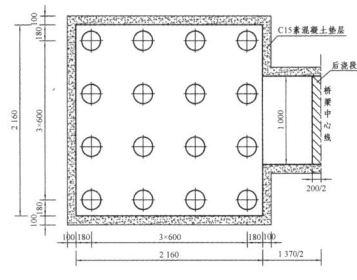

（a）大理岸基础

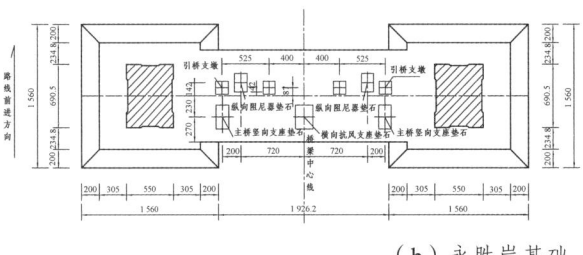
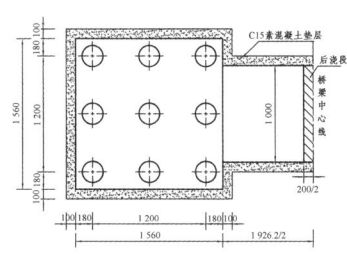

（b）永胜岸基础

图 2-13　承台基础

两岸均采用重力式锚碇。重力式锚碇由基础、锚块、锚室、散索套支墩等构成，主要包括锚碇结构、锚固系统、除湿系统、施工流程及附属构造等。其中，锚块主要承受钢拉杆锚固系统传递的主缆索股拉力；散索套支墩主要承受由散索套传递的主缆压力；锚室为封闭空间，对主缆索股起保护作用。锚室、散索套支墩及锚块共同构成了一个完整的人字状三杆件空间受力构件。基础为明挖扩大基础。

大理岸锚碇采用扩大基础的结构形式，以块石土$[f_{a0}]$=450 kPa（抗压强度）、碎石土$[f_{a0}]$=350 kPa、粉砂$[f_{a0}]$=400 kPa 作为主要持力层。永胜岸锚碇采用扩大基础及群桩基础的结构形式，永胜岸以块石土$[f_{a0}]$=450 kPa、碎石土$[f_{a0}]$=400 kPa、灰岩$[f_{a0}]$=200 kPa 作为主要持力层。锚碇总体构造如图 2-14 所示。

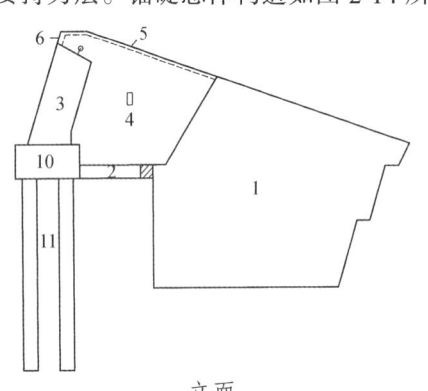

1—锚块；2—鞍部；3—散索套支墩；4—前锚室侧墙；5—前锚室顶板；6—前锚室前墙；
7—支墩基础后浇段；8—锚块后浇段；9—鞍部后浇段；10—支墩基础；11—桩基。

（a）永胜岸锚碇

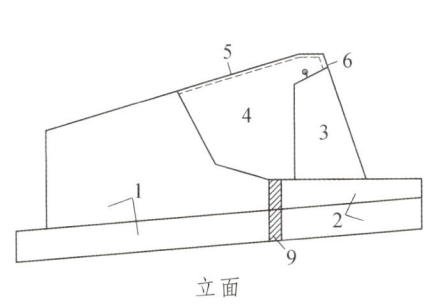 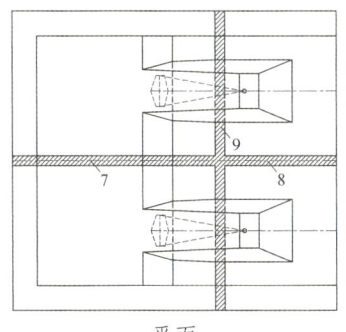

立面　　　　　　　　　　　　　　　　平面

1—锚块；2—散索套支墩基础；3—散索套支墩；4—前锚室侧墙；5—前锚室顶板；
6—前锚室前墙；7—锚块后浇段；8—支墩基础后浇段；9—鞍部后浇段。

(b) 大理岸锚碇

图 2-14　锚碇总体构造

2.5　施工工艺

涛源桥主塔承台设计为群桩基础，共设 50 根桩。其中，大理岸桩长达 65 m，桩径为 2.2 m，采用旋挖钻进行施工。索塔基础完工后，依次安装施工塔吊和施工电梯，并立模浇筑塔柱起步段。在分段浇筑塔身混凝土的过程中，于下横梁预设高度处安装施工支架，完成下横梁施工。待塔身混凝土浇筑至塔顶后，进行塔顶格栅及上部结构施工门架等预埋件施工，同时安装上横梁施工支架，完成上横梁施工。主索鞍吊装定位后，待桥面系施工完成，主索鞍最终就位，随后安装塔冠，完成索塔整体施工。

钢箱梁采用在大理岸设置临时加工厂预制拼装。待钢箱梁分段制造完成后，随即展开架设工作。梁段吊装采用四点起吊。本桥的钢箱梁采用的是缆索吊装施工工艺，与以往海中桥梁缆载吊装方法有所不同。为确保各吊点的吊重及移吊速度均匀，卷扬机需缓慢启动，待各起重钢索逐渐受力后，需反复调试，使其受力均匀，从而保证梁段在提升和移动过程中的平稳性。在梁段即将吊离轨道平车时，需在每个梁段吊装前，准确测量标定架设梁段的位置，并进行吊具定位试验，完成定位调整后，方可进行梁段起吊。钢箱梁施工如图 2-15 所示。

(a) 钢箱梁起吊　　　　　　　　　　(b) 主梁合龙

图 2-15　主梁施工

由于主缆索股与锚碇采用螺杆连接，需将索股锚头的预留孔对准锚碇锚固系统的拉杆，索股不得扭转。为确保主缆安装顺利，在索股预制前先制一根试验索股，并模仿实桥进行安装工艺试验，以研究一套切实可行的安装工艺。

索股全部安装完毕后，开始进行紧缆作业。紧缆前，需拆除主缆外层的纤维捆扎带；待主缆紧缆完成后，先以扁钢进行捆扎，并在安装索夹时拆除相应位置的捆扎带。桥面系施工完成后，展开缠丝等防护工作。主缆在主索鞍鞍室及锚室入口等部位采用喇叭形缆套进行密封防护，并在主缆上方设置检修道。检修道的扶手绳、栏杆绳在进出鞍室等位置采用防水套进行防水处理，并确保密封效果良好。主缆架设如图 2-16 所示。

图 2-16　主缆架设

第 3 章 高烈度近场强震区悬索桥地震响应及抗震性能研究

本章建立了全桥的空间动力有限元计算模型，并对其进行了结构动力特性分析。通过线性反应谱法和非线性时程分析法，对有限元模型的地震反应进行研究。在非线性动力分析中，考虑了支座滑动摩擦和阻尼器耗能作用等因素的影响。根据主桥的地震反应结果及阻尼器参数的分析结果，提出了合理的配筋率建议，并对结构在两种不同概率水平下的抗震性能进行了验算。其中，纵向地震响应以非线性时程分析结果为准，横向地震响应以反应谱分析结果为准。

3.1 高烈度近场强震区地震动参数研究

在地震概率危险性分析和场地土层地震反应分析计算结果的基础上，确定工程场地设计地震动参数。工程场地设计地震动参数包括设计地震动峰值加速度和加速度反应谱。

工程场地设计地震动加速度反应谱为

$$S_a(T) = A_{\max}\beta(T) \tag{3-1}$$

$$\alpha_{\max} = A_{\max}\beta_{\max}/981 \tag{3-2}$$

式中：$A_{\max}$——设计地震动峰值加速度；

$\beta(T)$——设计地震动加速度放大系数反应谱；

$\beta_{\max}$——设计地震动加速度放大系数平台高度；

$\alpha_{\max}$——地震影响系数最大值。

$$\text{其中 } \beta(T) = \begin{cases} 1 & T \leqslant 0.04 \\ 1+(\beta_{\max}-1)\dfrac{T-0.04}{T_1-0.04} & 0.04 < T \leqslant T_1 \\ \beta_{\max} & T_1 < T \leqslant T_g \\ \beta_{\max}\left(\dfrac{T_g}{T}\right)^\gamma & T_g < T \leqslant 6 \end{cases} \tag{3-3}$$

式中：T——结构自振周期；
γ——曲线下降段的衰减指数；
T_g——场地特征周期。

水平设计加速度反应谱最大值 S_{max} 为

$$S_{max}=2.5C_iC_SC_dA \qquad (3-4)$$

式中：C_i——抗震重要性系数，即不同地震重现期地震动峰值加速度与基本地震动加速度的比值，50 年超越概率 5%，相当于地震重现期 975 年，50 年超越概率 2%，相当于地震重现期 2 475 年；

C_S——场地系数，根据桥梁所在场地条件取 1.0；

C_d——阻尼调整系数，结构阻尼比采用 0.05 时取 1.0，其余情况按 $C_d=1+\dfrac{0.05-\xi}{0.06+1.7}\geqslant 0.55$ 取值（ξ 为结构阻尼比）；

A——水平设计基本地震动加速度峰值，取 $0.3g$。

E1（50 年超越概率 5%）地震作用和 E2（50 年超越概率 2%）地震作用下的水平设计地震动反应谱如图 3-1 所示。

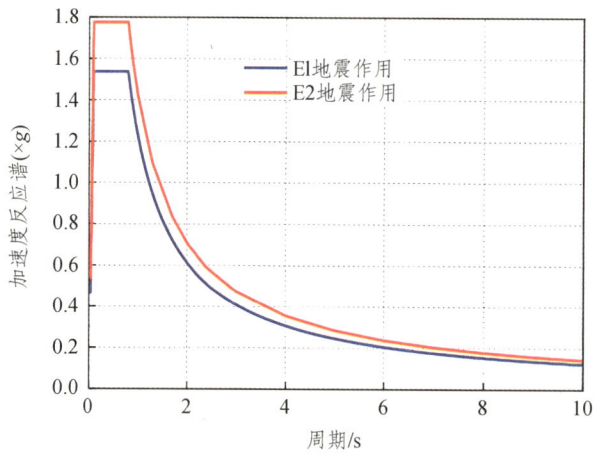

图 3-1 水平设计地震动反应谱

3.2 有限元分析模型

3.2.1 有限元模型的建立

根据华坪—丽江高速公路跨金沙江悬索桥的设计方案，采用 Sap2000 有限元程序，建立三维有限元动力计算模型进行抗震性能分析，计算模型均以纵桥向为 X 轴，横桥向为 Y 轴，竖桥向为 Z 轴，如图 3-2 所示。

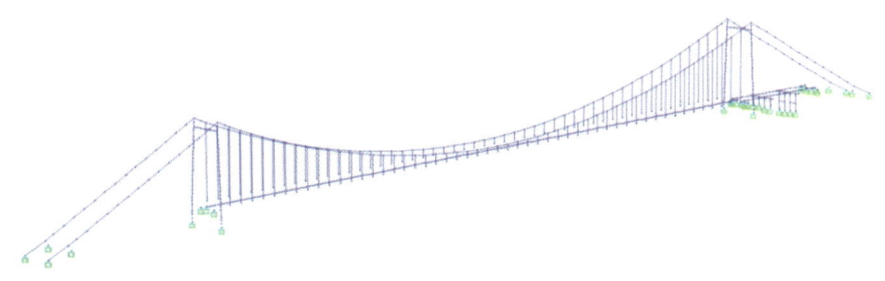

图 3-2　全桥动力计算有限元模型

全桥构件均采用空间梁单元,赋予框架截面属性。对于缆索的模拟,释放梁端弯矩和扭矩,采用 $P\text{-}\Delta$ 力并考虑索力的施加,主梁采用"鱼骨"模拟。主桥加劲梁支座采用横桥向固定,纵桥向自由。采用 Gap 单元考虑主桥与路基、主桥与引桥,以及引桥与桥台的边界条件。但分析时不考虑该单元的刚度。缆索锚碇、主桥索塔底部、引桥桥墩底部均采用固结模拟,具体见表 3-1。

表 3-1　模型边界条件及连接模拟

位置	自由度					
	x	y	z	θ_x	θ_y	θ_z
索塔与引桥桥墩底部	1	1	1	1	1	1
主缆锚碇端	1	1	1	1	1	1
主缆与索塔顶部索鞍	1	1	1	1	1	1
主缆与散索鞍	0	1	1	0	0	0
支座	s	1	1	0	0	0

注:表中 x 为纵桥向,y 为横桥向,z 为竖向;0 表示自由,1 表示固结;s 表示弹簧约束。

3.2.2　动力特性计算与模态分析

桥梁动力特性计算结果分别列举如下,经模态分析(特征值法)知:纵桥向前 395 阶累积振型贡献率达到 90%,横桥向前 398 阶累积振型贡献率达到 90%,竖向前 550 阶累积振型贡献率达到 90%。前 80 阶周期、频率,纵、横、竖桥向累计振型贡献率见表 3-2。

表 3-2　前 80 阶动力特性计算结果

振型阶数	周期/s	频率/Hz	纵桥向累积振型贡献率	横桥向累积振型贡献率	竖向累积振型贡献率
1	8.087 4	0.123 7	0.285 5	0.000 0	0.000 0
2	7.433 1	0.134 5	0.285 5	0.337 8	0.000 0
3	5.736 8	0.174 3	0.360 7	0.337 8	0.000 0
4	4.574 7	0.218 6	0.360 7	0.337 8	0.123 5

续表

振型阶数	周期/s	频率/Hz	纵桥向累积振型贡献率	横桥向累积振型贡献率	竖向累积振型贡献率
5	3.394 1	0.294 6	0.360 7	0.337 8	0.356 9
6	2.991 4	0.334 3	0.360 7	0.356 1	0.356 9
7	2.967 6	0.337 0	0.360 7	0.356 1	0.356 9
8	2.660 3	0.375 9	0.360 7	0.372 8	0.356 9
9	2.639 8	0.378 8	0.360 7	0.372 8	0.356 9
10	2.578 3	0.387 9	0.360 9	0.372 8	0.356 9
11	2.390 4	0.418 4	0.360 9	0.372 8	0.356 9
12	2.293 1	0.436 1	0.360 9	0.372 9	0.356 9
13	2.281 3	0.438 4	0.360 9	0.377 2	0.356 9
14	2.196 1	0.455 4	0.360 9	0.377 2	0.356 9
15	1.901 1	0.526 0	0.360 9	0.377 2	0.356 9
16	1.826 3	0.547 6	0.360 9	0.377 2	0.377 8
17	1.518 6	0.658 5	0.360 9	0.377 2	0.377 8
18	1.518 0	0.658 7	0.360 9	0.394 0	0.377 8
19	1.397 1	0.715 8	0.361 6	0.394 0	0.390 3
20	1.395 8	0.716 4	0.361 6	0.394 0	0.390 3
21	1.364 7	0.732 7	0.361 8	0.394 0	0.390 3
22	1.285 2	0.778 1	0.361 8	0.394 6	0.390 3
23	1.275 8	0.783 8	0.361 8	0.394 6	0.390 3
24	1.235 3	0.809 5	0.362 7	0.394 6	0.400 3
25	1.234 8	0.809 9	0.362 7	0.394 7	0.400 3
26	1.093 7	0.914 4	0.362 7	0.513 9	0.400 3
27	1.066 7	0.937 4	0.362 7	0.513 9	0.400 4
28	1.049 3	0.953 0	0.362 7	0.513 9	0.408 3
29	1.047 0	0.955 2	0.362 7	0.513 9	0.408 3
30	1.042 4	0.959 3	0.362 7	0.519 0	0.408 3
31	0.992 7	1.007 4	0.362 7	0.519 0	0.408 3
32	0.965 1	1.036 2	0.362 7	0.550 8	0.408 3
33	0.951 6	1.050 8	0.362 7	0.687 3	0.408 3

续表

振型阶数	周期/s	频率/Hz	纵桥向累积振型贡献率	横桥向累积振型贡献率	竖向累积振型贡献率
34	0.895 6	1.116 6	0.362 7	0.687 3	0.408 3
35	0.895 2	1.117 0	0.362 7	0.713 3	0.408 3
36	0.889 1	1.124 7	0.362 7	0.715 1	0.408 3
37	0.883 6	1.131 7	0.362 7	0.715 1	0.408 3
38	0.849 8	1.176 7	0.362 7	0.746 8	0.408 3
39	0.835 0	1.197 6	0.362 7	0.746 9	0.408 3
40	0.831 0	1.203 3	0.363 8	0.746 9	0.408 3
41	0.778 1	1.285 2	0.363 8	0.746 9	0.408 3
42	0.773 2	1.293 3	0.363 8	0.754 1	0.408 3
43	0.713 4	1.401 8	0.513 5	0.754 1	0.408 3
44	0.705 8	1.416 9	0.513 5	0.754 1	0.408 3
45	0.694 3	1.440 4	0.742 5	0.754 1	0.408 3
46	0.688 2	1.453 1	0.742 5	0.754 1	0.408 3
47	0.686 1	1.457 6	0.742 5	0.754 2	0.408 3
48	0.672 6	1.486 9	0.768 7	0.754 2	0.408 3
49	0.672 2	1.487 6	0.768 7	0.754 2	0.412 7
50	0.665 3	1.503 2	0.795 3	0.754 2	0.412 7
51	0.624 8	1.600 5	0.795 3	0.754 2	0.412 7
52	0.624 0	1.602 5	0.799 6	0.754 2	0.412 7
53	0.616 6	1.621 9	0.799 6	0.754 2	0.412 7
54	0.615 4	1.625 1	0.799 6	0.754 8	0.412 7
55	0.598 6	1.670 6	0.799 6	0.754 8	0.412 7
56	0.596 7	1.675 9	0.799 6	0.755 2	0.412 7
57	0.558 2	1.791 6	0.799 6	0.755 2	0.412 7
58	0.557 3	1.794 2	0.799 6	0.755 2	0.412 7
59	0.554 7	1.802 8	0.799 9	0.755 2	0.412 7
60	0.552 1	1.811 2	0.799 9	0.755 2	0.412 7
61	0.533 6	1.874 1	0.799 9	0.755 2	0.412 7
62	0.532 0	1.879 6	0.799 9	0.755 6	0.412 7
63	0.523 1	1.911 8	0.799 9	0.755 6	0.412 7
64	0.518 4	1.929 0	0.801 7	0.755 6	0.415 1

续表

振型阶数	周期/s	频率/Hz	纵桥向累积振型贡献率	横桥向累积振型贡献率	竖向累积振型贡献率
65	0.518 2	1.929 8	0.801 7	0.755 6	0.415 1
66	0.510 8	1.957 6	0.801 7	0.755 6	0.415 1
67	0.510 2	1.960 0	0.801 7	0.755 8	0.415 1
68	0.474 1	2.109 3	0.801 7	0.755 8	0.415 1
69	0.474 0	2.109 6	0.801 7	0.755 8	0.416 4
70	0.471 3	2.121 8	0.801 7	0.755 8	0.416 4
71	0.470 9	2.123 8	0.801 7	0.755 8	0.416 4
72	0.465 6	2.147 8	0.801 7	0.755 8	0.419 2
73	0.437 3	2.286 7	0.801 7	0.755 8	0.419 2
74	0.437 0	2.288 3	0.801 7	0.755 9	0.419 2
75	0.433 0	2.309 7	0.801 7	0.755 9	0.419 2
76	0.430 8	2.321 4	0.801 7	0.755 9	0.419 2
77	0.430 3	2.324 1	0.801 7	0.756 0	0.419 2
78	0.421 8	2.370 8	0.801 7	0.756 0	0.419 2
79	0.420 8	2.376 3	0.801 8	0.756 0	0.420 3
80	0.413 8	2.416 8	0.801 8	0.756 0	0.420 3

3.3 反应谱分析

3.3.1 反应谱分析结果

地震输入采用"纵桥向+竖桥向"和"横桥向+竖桥向"两种方式。取前400阶计算，采用里茨（Ritz）法使纵桥向、横桥向和竖向累积振型贡献率均达到99%。振型组合按CQC法（完全二次组合法），方向组合按SRSS法（平方根求和法）。根据桥址工程场地地震安全性评价结果，本书中所采用的竖向峰值加速度值设定为水平峰值加速度值的2/3。该桥同时考虑纵桥向 X、横桥向 Y 和竖向 Z 的地震作用。

3.3.1.1 索塔关键截面内力

分别提取 E1 和 E2 地震作用下索塔关键截面（图 3.3）的内力反应谱分析结果，具体见表 3-3 ~ 表 3-6。

注：① 所提取的截面内力数据是根部截面数据，验算截面的位置为图 3-3 所标的位置；② 根据反应谱分析结果，在横向地震动输入下，索塔横梁（#6-6 截面）的内力较大，横梁（#6-6 截面）仅给出横向地震动输入下的结果；③ 以下所有"左侧""右侧"是指沿大理到永胜方向的左侧和右侧。

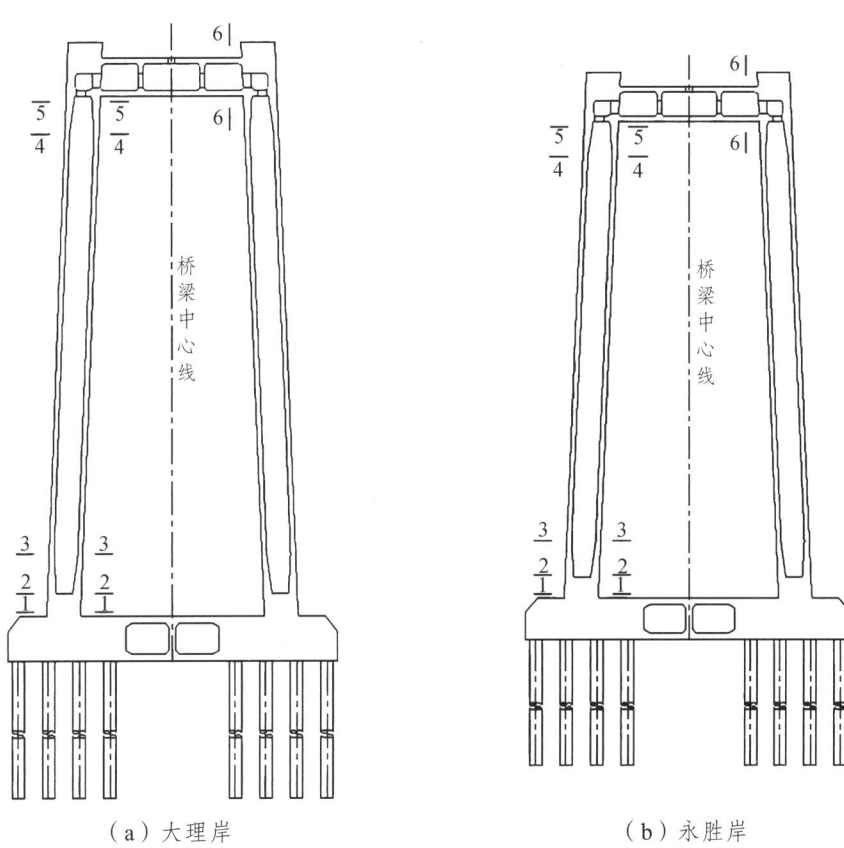

(a) 大理岸　　　　　　　　　　　(b) 永胜岸

图 3-3　索塔关键截面

表 3-3　E1 地震作用下索塔关键截面内力（纵向输入）

塔位	截面位置	塔柱	轴力/kN	剪力/kN	弯矩/(kN·m)
大理岸	#1-1	左侧	29 691.12	17 387.24	661 062.55
		右侧	29 675.96	17 368.61	660 423.96
	#2-2	左侧	29 691.12	17 387.24	610 143.31
		右侧	29 675.96	17 368.61	609 557.93
	#3-3	左侧	29 638.89	17 343.17	525 921.13
		右侧	29 621.95	17 324.56	525 423.03

续表

塔位	截面位置	塔柱	轴力/kN	剪力/kN	弯矩/(kN·m)
大理岸	#4-4	左侧	21 871.80	3 323.92	132 791.87
		右侧	21 851.00	3 313.59	132 646.06
	#5-5	左侧	20 997.46	4 603.09	118 956.22
		右侧	20 975.68	4 592.29	118 841.76
永胜岸	#1-1	左侧	30 621.10	15 497.89	575 696.94
		右侧	30 610.42	15 483.12	575 178.47
	#2-2	左侧	30 621.10	15 497.89	531 010.97
		右侧	30 610.42	15 483.12	530 535.09
	#3-3	左侧	30 566.87	15 447.92	457 434.62
		右侧	30 553.39	15 433.17	457 028.78
	#4-4	左侧	23 546.62	4 223.72	94 545.08
		右侧	23 526.23	4 217.23	94 422.87
	#5-5	左侧	22 669.93	3 947.86	90 874.24
		右侧	22 648.52	3 939.10	90 778.74

表 3-4 E1 地震作用下索塔关键截面内力（横向输入）

塔位	截面位置	塔柱	轴力/kN	剪力/kN	弯矩/(kN·m)
大理岸	#1-1	左侧	43 215.97	22 469.58	755 604.72
		右侧	43 211.49	22 469.18	755 604.27
	#2-2	左侧	43 215.97	22 469.58	689 793.82
		右侧	43 211.49	22 469.18	689 793.65
	#3-3	左侧	43 176.34	22 411.12	581 027.21
		右侧	43 171.10	22 410.84	581 027.14
	#4-4	左侧	37 787.83	11 334.17	397 438.09
		右侧	37 782.33	11 333.95	397 438.04
	#5-5	左侧	37 243.62	9 546.77	471 273.94
		右侧	37 237.98	9 546.44	471 274.01
	#6-6	左侧	4 776.55	34 582.18	486 334.27
		右侧	4 776.53	34 582.06	486 334.16
永胜岸	#1-1	左侧	43 877.93	23 802.10	762 904.09
		右侧	43 878.71	23 802.38	762 904.61
	#2-2	左侧	43 877.93	23 802.10	692 694.35
		右侧	43 878.71	23 802.38	692 694.57

续表

塔位	截面位置	塔柱	轴力/kN	剪力/kN	弯矩/(kN·m)
永胜岸	#3-3	左侧	43 839.07	23 742.37	576 486.26
		右侧	43 838.49	23 742.55	576 486.34
	#4-4	左侧	38 989.57	12 522.43	391 490.62
		右侧	38 987.02	12 522.27	391 490.68
	#5-5	左侧	38 432.38	10 467.27	475 414.00
		右侧	38 429.55	10 466.73	475 414.15
	#6-6	左侧	5 116.22	35 002.41	492 108.43
		右侧	5 114.73	35 002.46	492 108.30

表 3-5　E2 地震作用下索塔关键截面内力（纵向输入）

塔位	截面位置	塔柱	轴力/kN	剪力/kN	弯矩/(kN·m)
大理岸	#1-1	左侧	34 351.80	20 085.59	764 022.91
		右侧	34 334.07	20 064.05	763 283.68
	#2-2	左侧	34 351.80	20 085.59	705 210.23
		右侧	34 334.07	20 064.05	704 532.49
	#3-3	左侧	34 291.58	20 034.70	607 935.40
		右侧	34 271.81	20 013.19	607 358.50
	#4-4	左侧	25 341.45	3 854.07	153 441.45
		右侧	25 317.18	3 842.10	153 273.26
	#5-5	左侧	24 334.89	5 326.83	137 408.51
		右侧	24 309.49	5 314.33	137 276.51
永胜岸	#1-1	左侧	35 431.83	17 904.45	665 520.11
		右侧	35 419.25	17 887.37	664 919.21
	#2-2	左侧	35 431.83	17 904.45	613 903.95
		右侧	35 419.25	17 887.37	613 352.27
	#3-3	左侧	35 369.31	17 846.75	528 919.94
		右侧	35 353.50	17 829.69	528 449.23
	#4-4	左侧	27 280.15	4 892.69	109 318.00
		右侧	27 256.33	4 885.13	109 177.15
	#5-5	左侧	26 270.80	4 574.49	104 984.41
		右侧	26 245.79	4 564.32	104 874.39

表 3-6 E2 地震作用下索塔关键截面内力（横向输入）

塔位	截面位置	塔柱	轴力/kN	剪力/kN	弯矩/(kN·m)
大理岸	#1-1	左侧	50 328.98	26 214.17	882 630.93
		右侧	50 323.61	26 213.71	882 630.41
	#2-2	左侧	50 328.98	26 214.17	805 814.22
		右侧	50 323.61	26 213.71	805 814.02
	#3-3	左侧	50 283.53	26 147.10	678 836.52
		右侧	50 277.29	26 146.79	678 836.44
	#4-4	左侧	44 114.50	13 221.72	464 365.67
		右侧	44 107.94	13 221.46	464 365.61
	#5-5	左侧	43 492.13	11 134.45	550 651.92
		右侧	43 485.41	11 134.07	550 651.99
	#6-6	左侧	5 557.63	40 404.26	568 375.10
		右侧	5 557.61	40 404.12	568 374.99
永胜岸	#1-1	左侧	50 813.08	27 555.49	883 410.69
		右侧	50 813.78	27 555.82	883 411.28
	#2-2	左侧	50 813.08	27 555.49	802 122.67
		右侧	50 813.78	27 555.82	802 122.92
	#3-3	左侧	50 768.33	27 486.56	667 574.30
		右侧	50 767.46	27 486.77	667 574.39
	#4-4	左侧	45 182.83	14 498.94	453 350.65
		右侧	45 179.69	14 498.75	453 350.72
	#5-5	左侧	44 541.28	12 120.05	550 548.65
		右侧	44 537.80	12 119.42	550 548.82
	#6-6	左侧	5 920.40	40 535.17	569 934.71
		右侧	5 918.69	40 535.23	569 934.57

3.3.1.2 主缆拉力

分别提取 E1 和 E2 地震作用下每个主缆单元截面的拉力（从大理到永胜方向），具体见表 3-7、表 3-8。

表 3-7　E1、E2 地震作用下主缆拉力（纵向输入）　　单位：kN

荷载工况	E1 地震作用		E2 地震作用	
单元位置	左侧主缆	右侧主缆	左侧主缆	右侧主缆
1	33 265.60	33 265.60	38 526.06	38 490.73
2	32 943.90	32 943.90	38 153.35	38 118.38
3	32 904.38	32 904.38	38 107.75	38 072.82
4	32 844.27	32 844.27	38 038.38	38 003.50
5	32 768.95	32 768.95	37 951.48	37 916.66
6	32 678.98	32 678.98	37 847.66	37 812.91
7	32 574.80	32 574.80	37 727.45	37 692.79
8	32 456.75	32 456.75	37 591.24	37 556.68
9	32 325.01	32 325.01	37 439.23	37 404.78
10	32 179.64	32 179.64	37 271.48	37 237.16
11	32 020.53	32 020.53	37 087.90	37 053.71
12	31 847.54	31 847.54	36 888.29	36 854.26
13	31 660.48	31 660.48	36 672.45	36 638.58
14	31 459.10	31 459.10	36 440.10	36 406.40
15	31 243.19	31 243.19	36 190.98	36 157.47
16	31 037.71	31 037.71	35 953.90	35 920.58
17	15 137.56	15 137.56	17 723.19	17 670.00
18	15 053.22	15 053.22	17 626.58	17 573.54
19	14 847.20	14 847.20	17 389.29	17 336.81
20	14 571.29	14 571.29	17 071.27	17 019.65
21	14 291.42	14 291.42	16 748.50	16 697.84
22	14 016.07	14 016.07	16 430.82	16 381.20
23	13 749.39	13 749.39	16 123.06	16 074.50
24	13 492.56	13 492.56	15 826.57	15 779.11
25	13 249.86	13 249.86	15 546.31	15 499.94
26	13 017.10	13 017.10	15 277.49	15 232.23
27	12 794.72	12 794.72	15 020.67	14 976.50
28	12 583.91	12 583.91	14 777.23	14 734.13
29	12 385.67	12 385.67	14 548.37	14 506.28
30	12 203.56	12 203.56	14 338.19	14 297.03
31	12 033.77	12 033.77	14 142.34	14 102.02

续表

荷载工况 单元位置	E1 地震作用		E2 地震作用	
	左侧主缆	右侧主缆	左侧主缆	右侧主缆
32	11 876.36	11 876.36	13 960.95	13 921.37
33	11 731.32	11 731.32	13 793.95	13 755.03
34	11 598.71	11 598.71	13 641.44	13 603.08
35	11 479.49	11 479.49	13 504.48	13 466.58
36	11 372.22	11 372.22	13 381.39	13 343.88
37	11 276.38	11 276.38	13 271.55	13 234.36
38	11 192.57	11 192.57	13 175.61	13 138.68
39	11 122.57	11 122.57	13 095.53	13 058.81
40	11 068.77	11 068.77	13 034.04	12 997.48
41	11 033.92	11 033.92	12 994.21	12 957.76
42	11 021.93	11 021.93	12 980.48	12 944.10
43	11 036.40	11 036.40	12 996.90	12 960.55
44	11 079.54	11 079.54	13 046.00	13 009.67
45	11 151.17	11 151.17	13 127.59	13 091.22
46	11 248.87	11 248.87	13 238.92	13 202.49
47	11 368.72	11 368.72	13 375.58	13 339.03
48	11 506.74	11 506.74	13 533.08	13 496.37
49	11 659.63	11 659.63	13 707.69	13 670.77
50	11 826.06	11 826.06	13 897.94	13 860.74
51	12 002.60	12 002.60	14 099.97	14 062.42
52	12 188.29	12 188.29	14 312.72	14 274.75
53	12 383.56	12 383.56	14 536.69	14 498.22
54	12 587.82	12 587.82	14 771.25	14 732.20
55	12 803.10	12 803.10	15 018.74	14 979.00
56	13 026.74	13 026.74	15 276.13	15 235.60
57	13 258.04	13 258.04	15 542.58	15 501.19
58	13 497.46	13 497.46	15 818.61	15 776.28
59	13 744.97	13 744.97	16 104.17	16 060.84
60	14 004.78	14 004.78	16 404.01	16 359.62
61	14 271.95	14 271.95	16 712.44	16 666.99
62	14 545.98	14 545.98	17 028.84	16 982.33
63	14 827.38	14 827.38	17 353.76	17 306.21

续表

荷载工况	E1 地震作用		E2 地震作用	
单元位置	左侧主缆	右侧主缆	左侧主缆	右侧主缆
64	15 116.04	15 116.04	17 687.01	17 638.45
65	15 415.50	15 415.50	18 032.66	17 983.12
66	15 719.34	15 719.34	18 383.29	18 332.85
67	16 024.25	16 024.25	18 735.04	18 683.78
68	16 320.66	16 320.66	19 076.78	19 024.85
69	16 538.74	16 538.74	19 328.06	19 275.72
70	16 625.06	16 625.06	19 426.98	19 374.60
71	29 419.31	29 419.31	34 084.92	34 055.50
72	29 602.02	29 602.02	34 295.65	34 266.11
73	29 783.82	29 783.82	34 505.33	34 475.66
74	29 952.22	29 952.22	34 699.56	34 669.78
75	30 107.59	30 107.59	34 878.77	34 848.88
76	30 250.15	30 250.15	35 043.19	35 013.21
77	30 379.81	30 379.81	35 192.75	35 162.67
78	30 496.46	30 496.46	35 327.30	35 297.15
79	30 599.67	30 599.67	35 446.35	35 416.12
80	30 688.94	30 688.94	35 549.33	35 519.03
81	30 763.71	30 763.71	35 635.58	35 605.23
82	30 823.41	30 823.41	35 704.45	35 674.04
83	30 864.61	30 864.61	35 751.97	35 721.53
84	31 181.88	31 181.88	36 119.24	36 088.48
各列最大值	33 265.60	33 265.60	38 526.06	38 490.73

表 3-8 E1、E2 地震作用下主缆拉力（横向输入）   单位：kN

荷载工况	E1 地震作用		E2 地震作用	
单元位置	左侧主缆	右侧主缆	左侧主缆	右侧主缆
1	10 767.02	10 749.74	12 646.89	12 626.52
2	10 648.38	10 631.25	12 507.75	12 487.54
3	10 642.25	10 625.07	12 500.77	12 480.51
4	10 633.75	10 616.54	12 491.09	12 470.80
5	10 624.52	10 607.28	12 480.57	12 460.25

续表

荷载工况	E1 地震作用		E2 地震作用	
单元位置	左侧主缆	右侧主缆	左侧主缆	右侧主缆
6	10 615.42	10 598.16	12 470.19	12 449.85
7	10 607.29	10 590.02	12 460.91	12 440.54
8	10 600.83	10 583.54	12 453.51	12 433.12
9	10 596.49	10 579.18	12 448.51	12 428.10
10	10 594.44	10 577.13	12 446.10	12 425.69
11	10 594.59	10 577.28	12 446.17	12 425.77
12	10 596.55	10 579.24	12 448.29	12 427.89
13	10 599.72	10 582.41	12 451.78	12 431.38
14	10 603.31	10 586.01	12 455.74	12 435.34
15	10 606.50	10 589.21	12 459.23	12 438.85
16	10 608.21	10 590.95	12 461.05	12 440.70
17	11 885.79	11 851.88	13 964.15	13 924.19
18	11 882.96	11 849.05	13 960.82	13 920.86
19	11 843.19	11 809.35	13 914.03	13 874.16
20	11 784.50	11 750.75	13 844.96	13 805.20
21	11 720.14	11 686.49	13 769.23	13 729.58
22	11 654.06	11 620.51	13 691.46	13 651.93
23	11 588.47	11 555.02	13 614.24	13 574.84
24	11 523.63	11 490.30	13 537.88	13 498.63
25	11 460.86	11 427.70	13 463.94	13 424.88
26	11 400.71	11 367.73	13 393.04	13 354.21
27	11 343.93	11 311.18	13 326.09	13 287.52
28	11 291.21	11 258.69	13 263.89	13 225.58
29	11 243.04	11 210.75	13 207.05	13 169.00
30	11 199.81	11 167.72	13 156.01	13 118.20
31	11 161.33	11 129.42	13 110.59	13 072.99
32	11 127.63	11 095.86	13 070.82	13 033.39
33	11 098.47	11 066.83	13 036.45	12 999.17
34	11 073.67	11 042.13	13 007.26	12 970.10
35	11 052.91	11 021.46	12 982.88	12 945.82
36	11 035.80	11 004.44	12 962.83	12 925.88

续表

荷载工况 单元位置	E1 地震作用		E2 地震作用	
	左侧主缆	右侧主缆	左侧主缆	右侧主缆
37	11 021.40	10 990.13	12 946.05	12 909.19
38	11 009.56	10 978.38	12 932.33	12 895.58
39	11 000.35	10 969.26	12 921.71	12 885.07
40	10 993.69	10 962.69	12 914.10	12 877.56
41	10 989.36	10 958.45	12 909.20	12 872.75
42	10 987.34	10 956.47	12 906.96	12 870.58
43	10 987.52	10 956.68	12 907.27	12 870.92
44	10 989.90	10 959.05	12 910.09	12 873.73
45	10 994.46	10 963.58	12 915.42	12 879.00
46	11 001.31	10 970.36	12 923.36	12 886.87
47	11 010.51	10 979.46	12 934.01	12 897.40
48	11 022.23	10 991.08	12 947.59	12 910.87
49	11 036.76	11 005.50	12 964.45	12 927.60
50	11 054.07	11 022.72	12 984.58	12 947.63
51	11 073.99	11 042.54	13 007.82	12 970.76
52	11 096.59	11 065.06	13 034.29	12 997.13
53	11 123.03	11 091.42	13 065.32	13 028.07
54	11 153.46	11 121.75	13 101.10	13 063.73
55	11 188.03	11 156.20	13 141.81	13 104.30
56	11 226.83	11 194.84	13 187.55	13 149.87
57	11 269.49	11 237.33	13 237.92	13 200.03
58	11 316.51	11 284.15	13 293.45	13 255.32
59	11 367.86	11 335.26	13 354.10	13 315.70
60	11 423.03	11 390.19	13 419.25	13 380.57
61	11 481.91	11 448.84	13 488.77	13 449.81
62	11 543.83	11 510.55	13 561.84	13 522.63
63	11 608.46	11 575.00	13 638.06	13 598.63
64	11 674.98	11 641.36	13 716.45	13 676.84
65	11 743.07	11 709.32	13 796.65	13 756.88
66	11 811.52	11 777.65	13 877.23	13 837.33
67	11 878.81	11 844.83	13 956.41	13 916.38

续表

荷载工况	E1 地震作用		E2 地震作用	
单元位置	左侧主缆	右侧主缆	左侧主缆	右侧主缆
68	11 940.69	11 906.62	14 029.20	13 989.05
69	11 983.14	11 948.98	14 079.10	14 038.85
70	11 986.27	11 952.11	14 082.76	14 042.50
71	10 645.02	10 626.76	12 503.89	12 482.41
72	10 645.40	10 627.12	12 504.45	12 482.94
73	10 645.37	10 627.07	12 504.53	12 483.00
74	10 645.47	10 627.17	12 504.75	12 483.22
75	10 646.23	10 627.94	12 505.72	12 484.19
76	10 648.07	10 629.78	12 507.89	12 486.37
77	10 651.19	10 632.90	12 511.51	12 489.98
78	10 655.63	10 637.33	12 516.63	12 495.09
79	10 661.20	10 642.91	12 523.00	12 501.49
80	10 667.49	10 649.24	12 530.20	12 508.72
81	10 673.99	10 655.75	12 537.62	12 516.16
82	10 680.07	10 661.82	12 544.56	12 523.08
83	10 684.79	10 666.49	12 549.94	12 528.40
84	10 779.92	10 761.35	12 661.54	12 639.69
各列最大值	11 986.27	11 952.11	14 082.76	14 042.50

3.3.1.3 吊索拉力

分别提取 E1、E2 地震作用下每个吊索单元截面的拉力（从大理到永胜方向），具体见表 3-9、表 3-10。

表 3-9　E1、E2 地震作用下吊索拉力（纵向输入）　　　　单位：kN

荷载工况	E1 地震作用		E2 地震作用	
单元位置	左侧吊索	右侧吊索	左侧吊索	右侧吊索
1	256.59	255.26	296.98	295.45
2	364.52	362.35	422.22	419.71
3	399.39	396.74	462.86	459.80
4	395.16	392.27	458.34	455.01
5	387.98	384.96	450.37	446.89
6	383.15	380.20	445.11	441.70

续表

荷载工况	E1 地震作用		E2 地震作用	
单元位置	左侧吊索	右侧吊索	左侧吊索	右侧吊索
7	368.91	366.24	429.00	425.93
8	370.29	367.70	430.78	427.80
9	384.45	381.81	447.14	444.11
10	373.46	371.06	434.59	431.82
11	335.73	333.76	391.31	389.05
12	301.60	299.94	352.12	350.21
13	286.45	284.88	334.56	332.75
14	275.26	273.68	321.41	319.59
15	263.36	261.83	307.40	305.63
16	245.22	243.72	286.25	284.51
17	224.54	223.09	262.16	260.49
18	221.14	219.85	257.85	256.35
19	237.70	236.38	276.49	274.97
20	220.62	219.63	256.69	255.54
21	195.50	194.73	227.77	226.86
22	175.90	175.46	205.24	204.73
23	171.61	171.39	200.38	200.13
24	171.40	171.38	200.18	200.15
25	173.03	173.10	202.12	202.19
26	174.75	174.80	204.09	204.15
27	174.70	174.68	204.00	203.98
28	177.52	177.30	207.20	206.94
29	180.70	180.24	210.78	210.24
30	191.26	190.43	222.85	221.88
31	213.25	212.00	248.12	246.67
32	247.13	245.77	287.11	285.54
33	263.85	262.04	306.54	304.45
34	242.38	240.49	282.19	280.01
35	245.89	243.96	286.63	284.40
36	263.38	261.45	307.04	304.81
37	282.94	280.94	329.83	327.53

续表

荷载工况 单元位置	E1 地震作用		E2 地震作用	
	左侧吊索	右侧吊索	左侧吊索	右侧吊索
38	294.61	292.60	343.60	341.28
39	301.02	299.07	351.23	348.98
40	309.71	307.73	361.44	359.15
41	325.22	323.13	379.35	376.94
42	341.46	339.16	397.95	395.30
43	350.34	347.92	408.07	405.28
44	359.38	356.84	418.29	415.36
45	366.89	364.22	426.71	423.62
46	374.81	372.05	435.55	432.36
47	391.00	388.17	453.87	450.60
48	399.66	396.91	463.52	460.35
49	402.12	399.60	466.01	463.10
50	370.00	367.93	428.54	426.14
51	258.55	257.30	299.24	297.80
各列最大值	402.12	399.60	466.01	463.10

表 3-10 E1、E2 地震作用下吊索拉力（横向输入）　　　单位：kN

荷载工况 单元位置	E1 地震作用		E2 地震作用	
	左侧吊索	右侧吊索	左侧吊索	右侧吊索
1	104.81	104.58	122.61	122.34
2	153.41	153.07	179.97	179.57
3	180.00	179.62	211.26	210.81
4	197.42	196.96	231.75	231.21
5	208.03	207.48	244.31	243.66
6	213.98	213.39	251.54	250.84
7	219.30	218.68	257.96	257.23
8	225.07	224.43	264.79	264.05
9	229.03	228.42	269.46	268.74
10	230.84	230.27	271.56	270.89
11	228.50	227.99	268.82	268.21
12	224.35	223.85	263.88	263.28

续表

荷载工况	E1 地震作用		E2 地震作用	
单元位置	左侧吊索	右侧吊索	左侧吊索	右侧吊索
13	223.10	222.58	262.12	261.51
14	218.97	218.37	256.97	256.28
15	212.24	211.61	248.82	248.09
16	198.09	197.41	232.23	231.43
17	182.08	181.31	213.49	212.59
18	183.51	182.76	214.63	213.75
19	195.12	194.28	227.55	226.56
20	185.73	185.01	216.59	215.75
21	169.35	168.73	197.74	197.02
22	161.44	161.06	188.65	188.21
23	165.78	165.60	193.70	193.49
24	169.46	169.42	197.96	197.91
25	173.20	173.27	202.34	202.42
26	176.05	176.11	205.61	205.68
27	173.06	173.18	202.16	202.30
28	170.69	170.66	199.41	199.38
29	166.92	166.73	195.01	194.77
30	167.24	166.80	195.31	194.80
31	178.95	178.20	208.75	207.88
32	204.42	203.70	238.01	237.16
33	213.62	212.55	248.79	247.53
34	191.61	190.68	223.93	222.84
35	188.01	187.23	220.32	219.40
36	201.06	200.38	235.65	234.87
37	218.50	217.82	256.01	255.22
38	225.50	224.85	264.49	263.74
39	225.99	225.47	265.45	264.83
40	226.61	226.12	266.51	265.94

续表

荷载工况	E1 地震作用		E2 地震作用	
41	230.45	229.95	271.11	270.52
42	232.68	232.11	273.70	273.03
43	230.97	230.37	271.71	271.01
44	226.13	225.52	266.04	265.31
45	220.52	219.90	259.38	258.66
46	215.08	214.50	252.82	252.14
47	210.49	209.94	247.15	246.51
48	199.38	198.92	233.99	233.45
49	182.50	182.12	214.13	213.68
50	155.54	155.20	182.42	182.02
51	103.83	103.58	121.46	121.17
各列最大值	232.68	232.11	273.70	273.03

3.3.1.4 关键节点位移

不同地震动水平下，关键节点位移见表 3-11、表 3-12。

表 3-11 E1 地震作用下关键节点位移　　　　单位：m

地震动输入	位置	关键点	纵桥向	横桥向	竖桥向
纵桥向输入	大理岸	左塔顶	0.221	0.001	0.003
		右塔顶	0.221	0.001	0.003
	永胜岸	左塔顶	0.191	0.001	0.003
		右塔顶	0.191	0.001	0.003
	加劲梁	大理岸桥台	1.971	0.000	0.000
		跨中	1.975	0.000	1.019
横桥向输入	大理岸	左塔顶	0.072	0.270	0.009
		右塔顶	0.072	0.270	0.009
	永胜岸	左塔顶	0.067	0.244	0.008
		右塔顶	0.066	0.244	0.008
	加劲梁	大理岸桥台	0.010	0.000	0.000
		跨中	0.010	2.942	1.019

表 3-12　E2 地震作用下关键节点位移　　　　　　　　　单位：m

地震动输入	位置	关键点	纵桥向	横桥向	竖桥向
纵桥向输入	大理岸	左塔顶	0.256	0.001	0.004
		右塔顶	0.256	0.001	0.004
	永胜岸	左塔顶	0.221	0.001	0.004
		右塔顶	0.221	0.001	0.004
	加劲梁	大理岸桥台	2.279	0.000	0.000
		跨中	2.283	0.000	1.191
横桥向输入	大理岸	左塔顶	0.085	0.315	0.011
		右塔顶	0.085	0.315	0.011
	永胜岸	左塔顶	0.078	0.283	0.010
		右塔顶	0.078	0.283	0.010
	加劲梁	大理岸桥台	0.011	0.000	0.000
		跨中	0.012	3.414	1.191

3.3.1.5　索塔承台底响应

不同地震动水平下，索塔承台底响应见表 3-13、表 3-14。

表 3-13　E1 地震作用下索塔承台底响应

地震动输入	塔位	位置	轴力/kN	剪力/kN	弯矩/(kN·m)
纵桥向输入	大理岸	左承台	29 738.49	17 387.24	762 333.30
		右承台	29 723.44	17 368.61	761 575.42
	永胜岸	左承台	30 655.83	15 497.89	664 909.33
		右承台	30 645.16	15 483.12	664 295.16
横桥向输入	大理岸	左承台	42 456.59	23 873.43	897 026.66
		右承台	42 452.07	23 872.98	897 024.87
	永胜岸	左承台	43 030.80	25 301.44	913 367.54
		右承台	43 031.53	25 301.82	913 369.47

表 3-14　E2 地震作用下索塔承台底响应

地震动输入	塔位	位置	轴力/kN	剪力/kN	弯矩/(kN·m)
纵桥向输入	大理岸	左承台	34 406.27	20 085.59	880 995.96
		右承台	34 388.67	20 064.05	880 118.84
	永胜岸	左承台	35 471.70	17 904.45	768 571.46
		右承台	35 459.14	17 887.37	767 859.87
横桥向输入	大理岸	左承台	49 436.32	27 861.06	1 047 716.39
		右承台	49 430.91	27 860.54	1 047 714.32
	永胜岸	左承台	49 831.51	29 293.25	1 057 619.06
		右承台	49 832.15	29 293.69	1 057 621.28

3.3.1.6　最不利单桩响应

不同地震动水平下，最不利单桩响应见表 3-15、表 3-16。

表 3-15　E1 地震作用下最不利单桩响应

地震动输入	塔位	位置	轴力/kN	剪力/kN	弯矩/(kN·m)
纵桥向输入	大理岸	左承台	−1 983.36	715.51	3 473.87
		右承台	−1 972.91	714.84	3 470.52
	永胜岸	左承台	1 456.96	2 222.90	6 538.63
		右承台	1 463.22	2 220.86	6 532.61
横桥向输入	大理岸	左承台	−4 373.46	750.85	3 825.93
		右承台	−4 373.16	750.86	3 825.96
	永胜岸	左承台	−1 456.06	2 965.88	8 783.52
		右承台	−1 456.12	2 965.88	8 783.52

表 3-16　E2 地震作用下最不利单桩响应

地震动输入	塔位	位置	轴力/kN	剪力/kN	弯矩/(kN·m)
纵桥向输入	大理岸	左承台	−3 763.21	827.10	4 015.22
		右承台	−3 751.11	826.32	4 011.34
	永胜岸	左承台	210.71	2 569.67	7 558.50
		右承台	217.98	2 567.30	7 551.53
横桥向输入	大理岸	左承台	−6 700.71	877.59	4 470.39
		右承台	−6 700.35	877.60	4 470.42
	永胜岸	左承台	−3 192.60	3 434.39	10 170.94
		右承台	−3 192.65	3 434.39	10 170.94

注：表 3-15 和表 3-16 中的轴力是地震荷载产生的轴力与恒载轴力的组合值。

3.4 非线性时程分析

3.4.1 加速度时程

在地震反应分析中,针对非线性模型,采用《工程场地地震安全性评价书》提供的人工合成工程场地抗震设计地震动时程。具体选用 50 年超越概率 5%和 50 年超越概率 2%的各 7 条不同随机相位的时程波,如图 3-4 和图 3-5 所示。最终,地震反应结果取 7 条时程波的平均值。

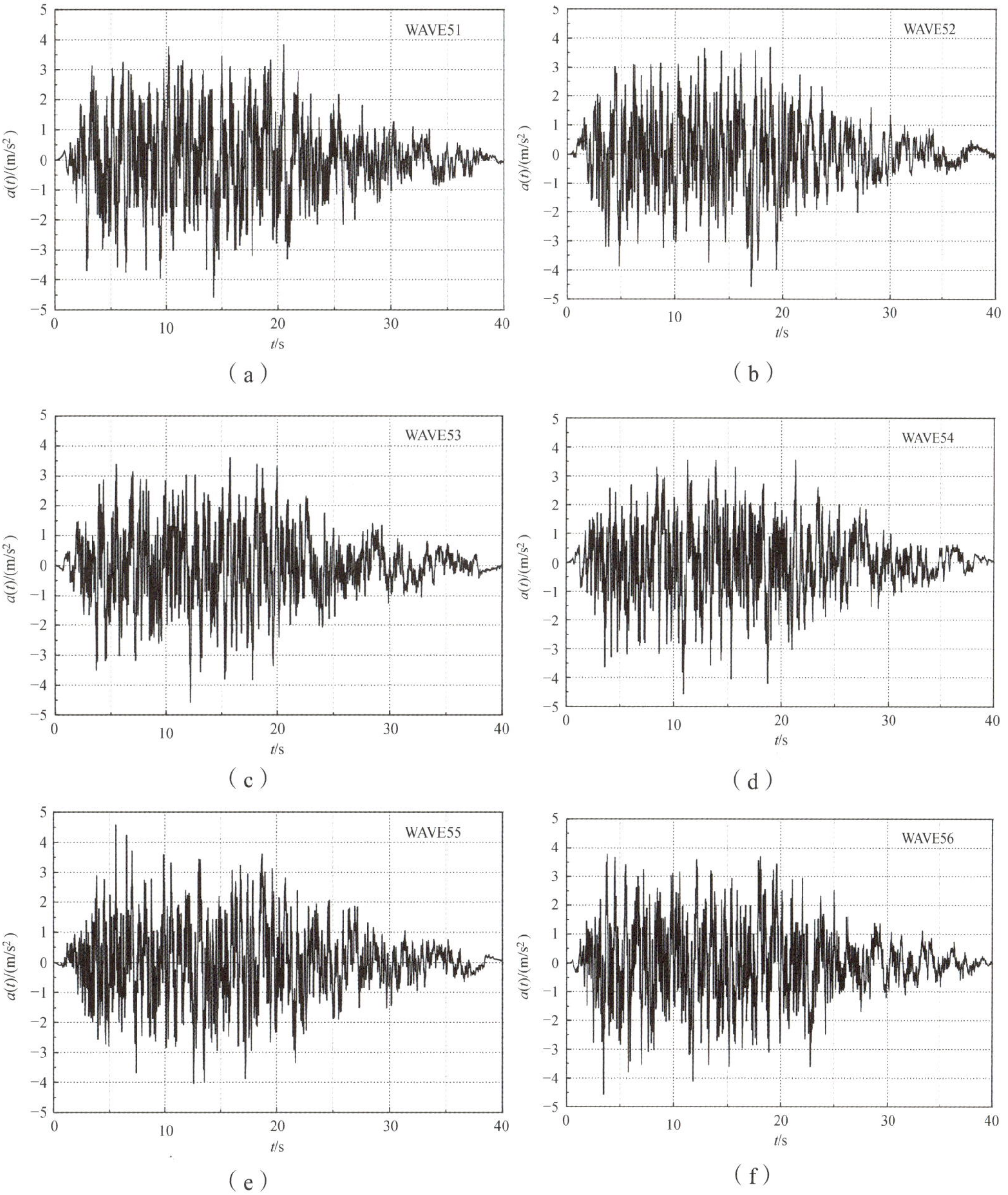

(a)

(b)

(c)

(d)

(e)

(f)

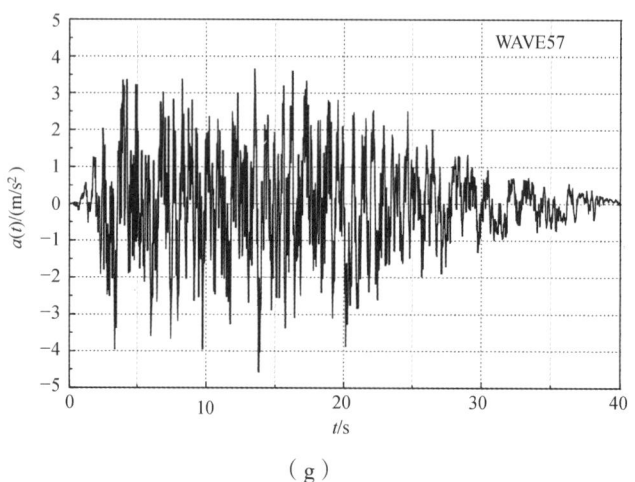

（g）

图 3-4 水平加速度时程曲线（50 年超越概率 5%，阻尼比 0.02）

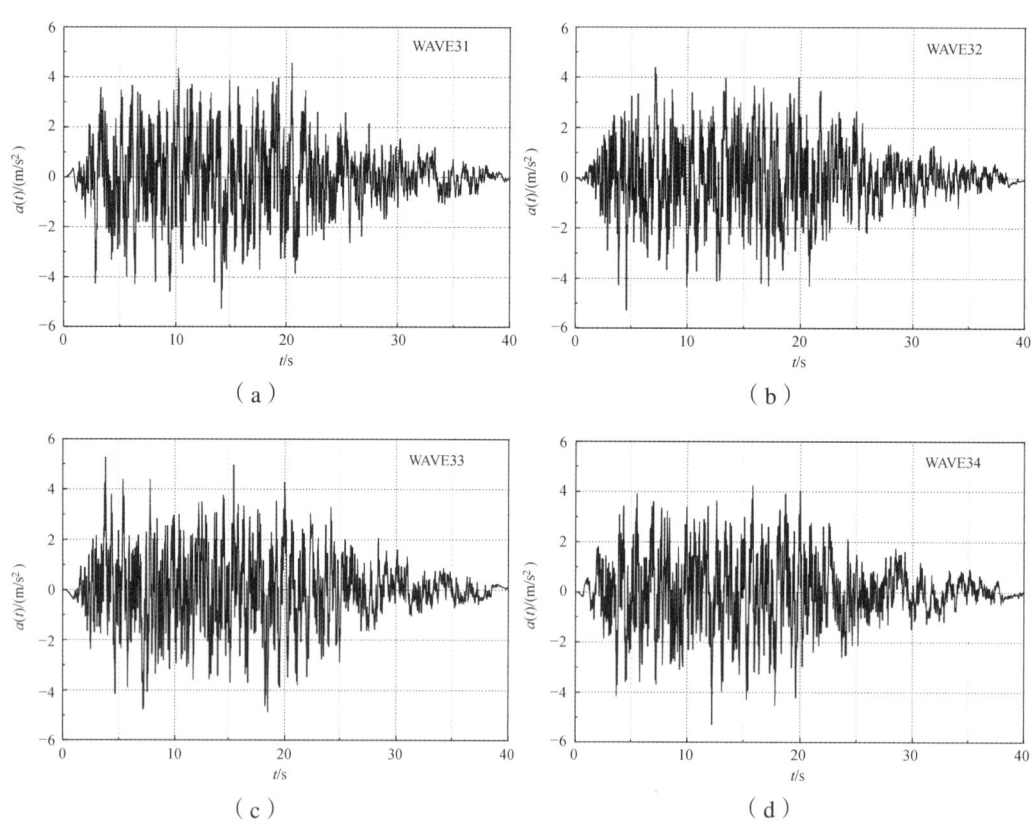

（a） （b）

（c） （d）

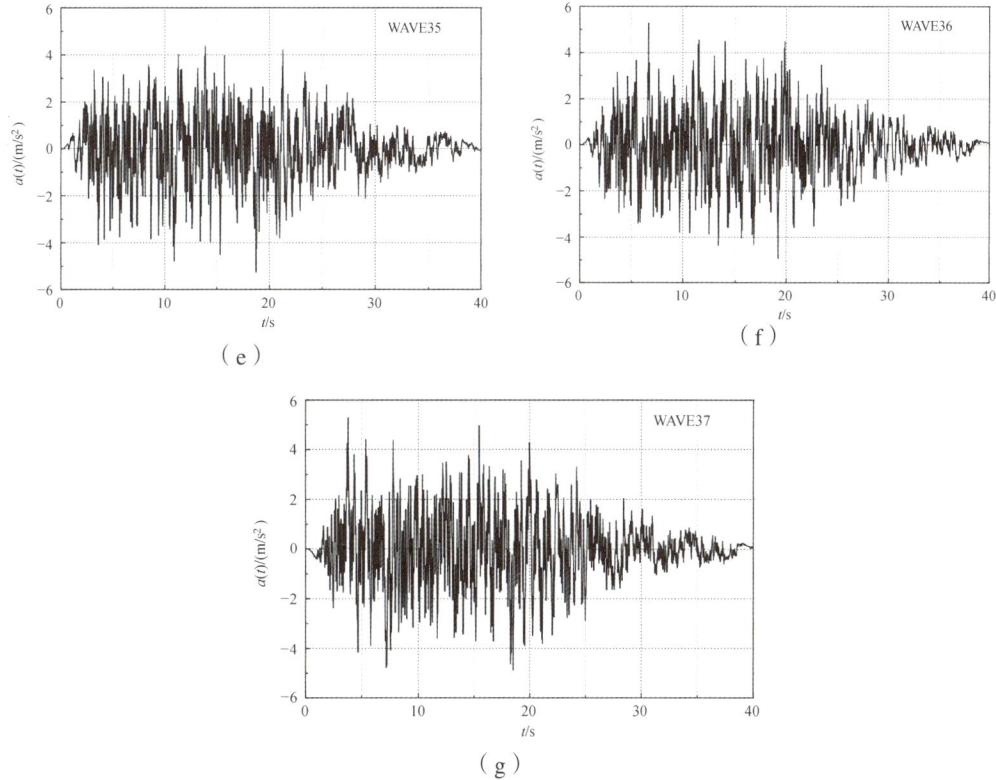

图 3-5 水平加速度时程曲线（50 年超越概率 2%，阻尼比 0.02）

3.4.2 考虑主桥支座的非线性时程分析结果

地震输入方式为"纵向+竖向"和"横向+竖向"两种方式。本节竖向峰值加速度取相应的水平峰值加速度的 2/3，采用非线性时程分析方法。

由于仅纵桥向存在支座摩擦效应、阻尼器滞回耗能等非线性因素，因此本节仅给出纵桥向的非线性时程地震反应结果，而横桥向地震反应则以反应谱分析结果为准。主桥加劲梁支座纵桥向的摩擦效应可以近似采用理想弹塑性连接单元进行模拟，其支座模拟模型如图 3-6 所示，具体参数见表 3-17。

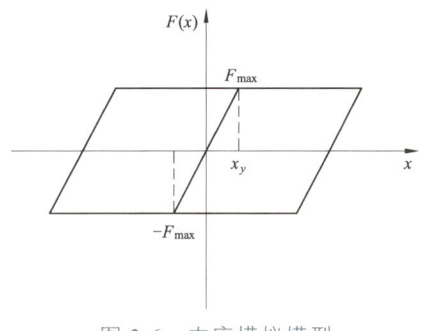

图 3-6 支座模拟模型

表 3-17 主桥支座纵桥向非线性模拟

支座竖向承载力/kN	6 000	6 000
滑动摩擦系数	0.02	0.02
水平力滑动摩擦力/kN	120	120
屈服位移/m	0.002	0.002
初始刚度/（kN/m）	60 000	60 000

活动盆式支座临界滑动摩擦力 F_{max} 为

$$F_{max} = \mu_d R \qquad (3\text{-}5)$$

支座初始刚度 k 为

$$k = \frac{F_{max}}{x_y} \qquad (3\text{-}6)$$

式中：μ_d——滑动摩擦系数，取 0.02；

R——支座所承担的上部结构重力；

x_y——活动盆式支座屈服位移，取 0.002 m。

3.4.2.1 索塔关键截面内力

索塔关键截面如图 3-3 所示，分别提取 E1 和 E2 地震作用下索塔关键截面的非线性时程分析结果，具体见表 3-18、表 3-19。

表 3-18 E1 地震作用下索塔关键截面内力

塔位	截面位置	塔柱	轴力/kN	剪力/kN	弯矩/（kN·m）
大理岸	#1-1	左侧	25 367.12	20 003.88	719 020.12
		右侧	25 367.13	20 003.88	719 020.54
	#2-2	左侧	25 367.12	20 003.88	661 071.54
		右侧	25 367.13	20 003.88	661 071.94
	#3-3	左侧	25 016.59	19 310.10	567 045.01
		右侧	25 016.60	19 310.10	567 045.32
	#4-4	左侧	21 487.95	3 036.10	147 383.38
		右侧	21 487.95	3 036.10	147 383.49
	#5-5	左侧	21 230.29	4 905.98	128 445.56
		右侧	21 230.30	4 905.99	128 445.49
永胜岸	#1-1	左侧	27 820.54	17 379.81	620 046.05
		右侧	27 820.55	17 379.83	620 046.82

续表

塔位	截面位置	塔柱	轴力/kN	剪力/kN	弯矩/(kN·m)
永胜岸	#2-2	左侧	27 820.54	17 379.81	571 688.18
		右侧	27 820.55	17 379.83	571 688.89
	#3-3	左侧	27 441.57	16 833.69	491 908.78
		右侧	27 441.58	16 833.71	491 909.33
	#4-4	左侧	23 313.93	3 760.00	97 924.59
		右侧	23 313.94	3 760.00	97 924.88
	#5-5	左侧	22 840.19	3 475.75	96 374.82
		右侧	22 840.19	3 475.76	96 374.86

表 3-19 E2 地震作用下索塔关键截面内力

塔位	截面位置	塔柱	轴力/kN	剪力/kN	弯矩/(kN·m)
大理岸	#1-1	左侧	30 419.93	23 617.26	827 096.60
		右侧	30 419.95	23 617.26	827 096.61
	#2-2	左侧	30 419.93	23 617.26	758 769.48
		右侧	30 419.95	23 617.26	758 769.40
	#3-3	左侧	30 149.33	22 897.28	647 170.24
		右侧	30 149.36	22 897.27	647 170.54
	#4-4	左侧	27 021.97	3 340.12	162 943.71
		右侧	27 021.99	3 340.13	162 943.45
	#5-5	左侧	26 710.73	5 099.57	145 548.96
		右侧	26 710.75	5 099.59	145 548.71
永胜岸	#1-1	左侧	31 715.90	20 374.87	705 678.13
		右侧	31 715.91	20 374.84	705 678.45
	#2-2	左侧	31 715.90	20 374.87	648 398.50
		右侧	31 715.91	20 374.84	648 398.82
	#3-3	左侧	31 368.56	19 565.22	555 170.99
		右侧	31 368.57	19 565.19	555 171.23
	#4-4	左侧	27 058.49	4 029.67	112 981.65
		右侧	27 058.49	4 029.65	112 981.99
	#5-5	左侧	26 556.25	3 799.02	111 288.58
		右侧	26 556.25	3 799.03	111 288.71

3.4.2.2 关键节点位移

E1、E2 地震作用下的关键节点位移见表 3-20、表 3-21。

表 3-20　E1 地震作用下关键节点位移　　　　　　　　　　　单位：m

位置	关键点	纵桥向	横桥向	竖桥向
大理岸	左塔顶	0.242	0.000	0.003
	右塔顶	0.242	0.000	0.003
永胜岸	左塔顶	0.208	0.000	0.003
	右塔顶	0.208	0.000	0.003
加劲梁	大理岸桥台	1.486	0.000	0.000
	跨中	1.488	0.000	1.161

表 3-21　E2 地震作用下关键节点位移　　　　　　　　　　　单位：m

位置	关键点	纵桥向	横桥向	竖桥向
大理岸	左塔顶	0.271	0.000	0.003
	右塔顶	0.271	0.000	0.003
永胜岸	左塔顶	0.234	0.000	0.003
	右塔顶	0.234	0.000	0.003
加劲梁	大理岸桥台	1.857	0.000	0.000
	跨中	1.861	0.000	1.346

3.4.3　设置阻尼器的非线性时程分析

由于纵桥向梁端位移较大，需采用限位措施。目前，液压阻尼器作为桥梁结构上广泛应用且技术成熟的选择，尤其适用于大跨径桥梁。液压阻尼器由活塞、油缸及节流孔组成。其工作原理是通过活塞前后的压力差，使油液流过节流孔产生压力差，进而形成阻尼力。常用的液压阻尼器的恢复力可用式（3-7）表示：

$$F = Cv^\alpha \tag{3-7}$$

式中：F——阻尼力；

　　　C——阻尼常数；

　　　v——油液速度；

　　　α——阻尼指数。

液压阻尼器产生的阻尼力与速度和温度有关，因此在使用过程中应给予重视。此外，油压的调整、漏油、灰尘等也需采取措施进行必要的维护。阻尼器具有方向性，在安装时需考虑阻尼器方向的影响。

液压阻尼器与其他减隔震装置相比，其特点如下：

（1）当阻尼指数α=1时，其阻尼力与相对速度成正比关系。因此，在相对位移达到最大时，阻尼器的阻尼力反而最小，接近于零；而当变形速度达到最大时，阻尼器的阻尼力达到最大，但此时相对位移最小，对结构产生的内力也相应最小。

（2）高速度下，可消耗大量能量，但不给桥梁结构附加任何刚度；低速度下，不影响结构的小位移；同时还具有阻尼系数调整幅度大、工程应用广泛、产品稳定性好、施工维修方便等技术优势。

（3）在温度作用下，黏滞阻尼器在蠕变变形下，产生的抗力接近于零，使得该装置的引入不会影响到桥梁结构的正常使用功能。

本节采用的阻尼器参数为 C=2 000，α=0.2 或 C=2 000，α=0.3，阻尼器恢复力模型如图 3-7 所示。在大理岸、永胜岸支座垫石处各设置两个阻尼器，共 4 个。鉴于设置阻尼器只影响纵桥向地震响应结果，本节只列出设置阻尼器后纵桥向的地震（E2 地震作用）响应结果。

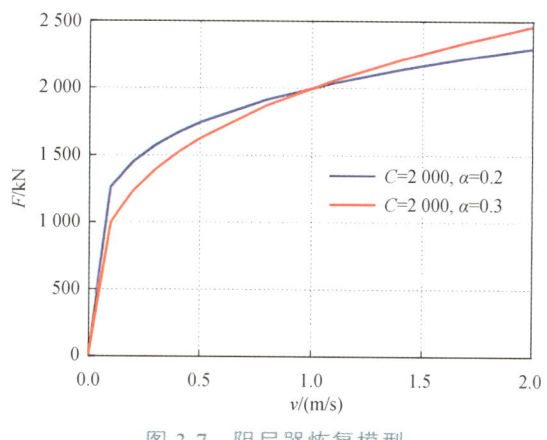

图 3-7 阻尼器恢复模型

3.4.3.1 索塔关键截面内力

在 E2 地震作用下，利用非线性时程分析方法，分别得到两种阻尼器设置情况下索塔塔柱各关键截面地震响应，具体见表 3-22、表 3-23。

表 3-22 E2 地震作用下索塔关键截面内力（C=2 000，α=0.2）

塔位	截面位置	塔柱	轴力/kN	剪力/kN	弯矩/(kN·m)
大理岸	#1-1	左侧	32 491.32	23 778.50	832 866.18
		右侧	32 491.35	23 778.48	832 866.03
	#2-2	左侧	32 491.32	23 778.50	764 247.81
		右侧	32 491.35	23 778.48	764 247.66
	#3-3	左侧	32 214.81	23 059.43	655 147.30
		右侧	32 214.84	23 059.41	655 147.42
	#4-4	左侧	29 185.61	3 481.37	162 309.72
		右侧	29 185.61	3 481.36	162 309.57
	#5-5	左侧	29 000.81	5 032.39	145 405.92
		右侧	29 000.80	5 032.39	145 405.82

续表

塔位	截面位置	塔柱	轴力/kN	剪力/kN	弯矩/(kN·m)
永胜岸	#1-1	左侧	32 110.94	20 465.90	710 204.34
		右侧	32 110.96	20 465.89	710 204.26
	#2-2	左侧	32 110.94	20 465.90	652 703.88
		右侧	32 110.96	20 465.89	652 703.81
	#3-3	左侧	31 763.56	19 657.76	559 095.95
		右侧	31 763.57	19 657.75	559 095.89
	#4-4	左侧	27 442.92	3 942.90	111 760.00
		右侧	27 442.94	3 942.90	111 760.08
	#5-5	左侧	26 941.18	3 736.58	110 513.42
		右侧	26 941.20	3 736.58	110 513.45

表3-23 E2地震作用下索塔关键截面内力（$C=2\,000$，$\alpha=0.3$）

塔位	截面位置	塔柱	轴力/kN	剪力/kN	弯矩/(kN·m)
大理岸	#1-1	左侧	32 345.49	23 768.96	832 333.38
		右侧	32 345.49	23 768.95	832 333.36
	#2-2	左侧	32 345.49	23 768.96	763 734.22
		右侧	32 345.49	23 768.95	763 734.20
	#3-3	左侧	32 069.02	23 050.03	653 408.66
		右侧	32 069.02	23 050.03	653 408.80
	#4-4	左侧	29 036.54	3 467.41	162 356.63
		右侧	29 036.53	3 467.41	162 356.59
	#5-5	左侧	28 842.45	5 036.33	145 422.78
		右侧	28 842.44	5 036.33	145 422.74
永胜岸	#1-1	左侧	32 112.51	20 462.10	709 908.78
		右侧	32 112.52	20 462.10	709 908.78
	#2-2	左侧	32 112.51	20 462.10	652 416.76
		右侧	32 112.52	20 462.10	652 416.77
	#3-3	左侧	31 765.08	19 653.93	558 833.86
		右侧	31 765.09	19 653.92	558 833.87
	#4-4	左侧	27 445.54	3 948.43	111 827.61
		右侧	27 445.54	3 948.43	111 827.69
	#5-5	左侧	26 944.38	3 743.74	110 542.35
		右侧	26 944.39	3 743.74	110 542.41

3.4.3.2 关键节点位移

在 E2 地震作用下，利用非线性时程分析方法，分别得到两种阻尼器设置情况下关键节点位移，具体见表 3-24、表 3-25。

表 3-24　E2 地震作用下关键节点位移（$C=2\,000$，$\alpha=0.2$）　　单位：m

位置	关键点	纵桥向	横桥向	竖桥向
大理岸	左塔顶	0.280	0.000	0.004
	右塔顶	0.280	0.000	0.004
永胜岸	左塔顶	0.234	0.000	0.003
	右塔顶	0.234	0.000	0.003
加劲梁	大理岸桥台	0.470	0.000	0.000
	跨中	0.469	0.000	1.303

表 3-25　E2 地震作用下关键节点位移（$C=2\,000$，$\alpha=0.3$）　　单位：m

位置	关键点	纵桥向	横桥向	竖桥向
大理岸	左塔顶	0.279	0.000	0.004
	右塔顶	0.279	0.000	0.004
永胜岸	左塔顶	0.234	0.000	0.003
	右塔顶	0.234	0.000	0.003
加劲梁	大理岸桥台	0.489	0.000	0.000
	跨中	0.489	0.000	1.306

3.4.3.3 阻尼器受力与相对位移

在 E2 地震作用下，利用非线性时程分析方法，分别得到两种阻尼器设置情况下阻尼器受力与相对位移，具体见表 3-26。

表 3-26　阻尼器受力与相对位移

塔位	位置	$C=2\,000$，$\alpha=0.2$		$C=2\,000$，$\alpha=0.3$	
		阻尼力/kN	相对位移/m	阻尼力/kN	相对位移/m
大理岸	左侧	1 961.30	0.476	1 952.36	0.496
	右侧	1 961.30	0.476	1 952.36	0.496
永胜岸	左侧	1 951.78	0.470	1 938.35	0.489
	右侧	1 951.78	0.470	1 938.35	0.489

3.4.4 设置中央扣的非线性时程分析

中央扣连接是主缆与梁在中跨的主要连接形式,也是现代悬索桥中的常用装置。在跨中设置 3 组中央扣,其截面面积为吊索面积的 1/2。鉴于设置中央扣只影响纵桥向地震响应结果,本节只列出设置中央扣后纵桥向的地震(E2 地震作用)响应结果。

3.4.4.1 索塔关键截面内力

在 E2 地震作用下,利用非线性时程分析方法,得到中央扣设置情况下索塔塔柱各关键截面地震响应,见表 3-27。

表 3-27 E2 地震作用下索塔关键截面内力

塔位	截面位置	塔柱	轴力/kN	剪力/kN	弯矩/(kN·m)
大理岸	#1-1	左侧	31 658.14	22 644.64	790 867.56
		右侧	31 658.15	22 644.62	790 867.63
	#2-2	左侧	31 658.14	22 644.64	728 915.54
		右侧	31 658.15	22 644.62	728 915.79
	#3-3	左侧	31 155.68	21 924.50	631 166.23
		右侧	31 155.69	21 924.48	631 166.51
	#4-4	左侧	27 298.26	5 748.79	190 526.33
		右侧	27 298.26	5 748.78	190 526.26
	#5-5	左侧	26 930.92	8 232.46	150 239.24
		右侧	26 930.92	8 232.44	150 239.21
永胜岸	#1-1	左侧	33 591.18	18 179.26	637 339.81
		右侧	33 591.18	18 179.24	637 339.78
	#2-2	左侧	33 591.18	18 179.26	584 298.92
		右侧	33 591.18	18 179.24	584 299.17
	#3-3	左侧	33 193.56	17 298.42	499 498.60
		右侧	33 193.55	17 298.41	499 498.78
	#4-4	左侧	29 321.18	5 277.46	122 070.57
		右侧	29 321.17	5 277.46	122 070.56
	#5-5	左侧	29 032.96	5 775.28	102 298.36
		右侧	29 032.95	5 775.29	102 298.36

3.4.4.2 关键节点位移

在 E2 地震作用下,利用非线性时程分析方法,得到中央扣设置情况下关键节点位移,具体见表 3-28。

表 3-28　E2 地震作用下关键节点位移　　　　单位:m

位置	关键点	纵桥向	横桥向	竖桥向
大理岸	左塔顶	0.281	0.000	0.003
	右塔顶	0.281	0.000	0.003
永胜岸	左塔顶	0.214	0.000	0.003
	右塔顶	0.214	0.000	0.003
加劲梁	大理岸桥台	0.786	0.000	0.000
	跨中	0.763	0.000	1.055

3.4.4.3 中央扣受力

在 E2 地震作用下,利用非线性时程分析方法,中央扣受力见表 3-29,均值最大值为 7 551.34 kN。

表 3-29　中央扣受力　　　　单位:kN

塔柱	序号	1	2	3	4	5	6
左侧	31	7 794.80	7 731.95	7 637.12	7 727.92	7 683.63	7 914.27
	32	7 587.00	7 658.60	7 587.42	7 758.19	7 705.33	8 004.49
	38	7 742.37	7 816.71	7 564.08	7 733.20	7 490.63	7 752.07
	34	5 578.31	5 456.56	5 391.64	5 341.65	5 284.82	5 485.35
	35	7 639.07	7 637.80	7 591.38	7 705.93	7 692.80	7 965.85
	39	7 742.37	7 816.71	7 564.08	7 733.20	7 490.63	7 752.07
	37	8 366.37	8 292.03	8 072.74	8 066.90	7 861.34	7 985.18
	均值	7 492.90	7 487.19	7 344.07	7 438.14	7 315.60	7 551.33
右侧	31	7 794.80	7 731.95	7 637.13	7 727.92	7 683.63	7 914.28
	32	7 587.00	7 658.60	7 587.42	7 758.20	7 705.33	8 004.50
	38	7 742.38	7 816.72	7 564.09	7 733.21	7 490.64	7 752.08
	34	5 578.31	5 456.56	5 391.64	5 341.65	5 284.82	5 485.36
	35	7 639.08	7 637.81	7 591.39	7 705.94	7 692.80	7 965.86
	39	7 742.38	7 816.72	7 564.09	7 733.21	7 490.64	7 752.08
	37	8 366.38	8 292.04	8 072.75	8 066.91	7 861.35	7 985.19
	均值	7 492.91	7 487.20	7 344.07	7 438.15	7 315.60	7 551.34

3.4.5 设置阻尼器与中央扣组合的非线性时程分析

3.4.5.1 索塔关键截面内力

在 E2 地震作用下，利用非线性时程分析方法，分别得到两种阻尼器与中央扣组合设置情况下索塔塔柱各关键截面地震响应，具体见表 3-30 ~ 表 3-33。

表 3-30　E2 地震作用下 #3-3 截面内力（$C=2\,000$，$\alpha=0.2$）

塔位	塔柱	时程波编号	轴力/kN	剪力/kN	弯矩/(kN·m)
大理岸	左侧	31	23 958.94	19 528.83	518 265.11
		32	23 373.77	19 404.73	569 688.36
		38	28 666.68	21 956.67	608 342.06
		34	21 042.15	21 564.19	557 592.19
		35	27 103.27	22 461.48	597 813.33
		39	26 149.64	19 361.85	562 930.87
		37	28 667.52	21 955.96	608 337.36
		均值	25 566.00	20 890.53	574 709.90
	右侧	31	23 959.10	19 528.80	518 265.92
		32	23 373.78	19 404.79	569 687.99
		38	28 666.69	21 956.69	608 342.22
		34	21 042.17	21 564.14	557 591.18
		35	27 103.21	22 461.53	597 814.31
		39	26 149.63	19 361.86	562 930.93
		37	28 667.54	21 955.95	608 337.54
		均值	25 566.02	20 890.54	574 710.01
永胜岸	左侧	31	26 118.98	15 179.30	420 065.71
		32	24 790.37	14 841.33	404 713.67
		38	28 390.15	16 003.57	410 289.66
		34	25 087.01	14 116.08	430 105.64
		35	23 766.90	15 167.80	412 710.13
		39	23 803.35	15 276.17	443 010.89
		37	28 390.17	16 003.45	410 222.84
		均值	25 763.85	15 226.81	418 731.22
	右侧	31	26 118.99	15 179.27	420 066.25
			32	24 790.40	14 841.36	404 714.04

续表

塔位	塔柱	时程波编号	轴力/kN	剪力/kN	弯矩/(kN·m)
永胜岸	右侧	38	28 390.15	16 003.56	410 289.60
		34	25 087.00	14 116.08	430 105.26
		35	23 766.91	15 167.81	412 710.19
		39	23 803.36	15 276.16	443 010.73
		37	28 390.26	16 003.54	410 222.83
		均值	25 763.87	15 226.82	418 731.27

表 3-31　E2 地震作用下#3-3 截面内力（$C=2\,000$，$\alpha=0.3$）

塔位	塔柱	时程波编号	轴力/kN	剪力/kN	弯矩/(kN·m)
大理岸	左侧	31	24 087.28	19 585.48	521 223.98
		32	23 672.81	19 481.15	575 775.92
		38	28 815.66	21 958.99	610 944.66
		34	21 085.99	21 507.41	554 027.78
		35	27 198.67	22 426.79	594 841.43
		39	26 327.86	19 491.97	565 161.57
		37	28 815.46	21 960.23	610 928.64
		均值	25 714.82	20 916.00	576 129.14
	右侧	31	24 087.25	19 585.45	521 224.76
		32	23 672.81	19 481.15	575 775.75
		38	28 815.67	21 959.00	610 943.56
		34	21 085.99	21 507.37	554 028.31
		35	27 198.62	22 426.80	594 841.59
		39	26 327.84	19 491.96	565 161.19
		37	28 815.45	21 960.23	610 929.40
		均值	25 714.80	20 916.00	576 129.22
永胜岸	左侧	31	26 443.11	15 207.25	423 038.70
		32	24 907.18	14 865.24	407 670.18
		38	28 631.79	16 033.62	409 672.60
		34	25 141.69	14 176.95	432 282.65
		35	23 709.99	15 122.02	412 347.17
		39	23 980.86	15 267.32	443 471.44
		37	28 636.14	16 034.64	409 667.41
		均值	25 921.54	15 243.86	419 735.74

续表

塔位	塔柱	时程波编号	轴力/kN	剪力/kN	弯矩/(kN·m)
永胜岸	右侧	31	26 443.20	15 207.23	423 038.28
		32	24 907.14	14 865.27	407 669.95
		38	28 631.78	16 033.62	409 672.65
		34	25 141.65	14 176.96	432 282.30
		35	23 710.02	15 122.02	412 347.78
		39	23 980.96	15 267.31	443 471.41
		37	28 636.15	16 034.64	409 667.50
		均值	25 921.55	15 243.86	419 735.70

表3-32　E2地震作用下索塔关键截面内力（$C=2\,000$，$\alpha=0.2$）

塔位	截面位置	塔柱	轴力/kN	剪力/kN	弯矩/(kN·m)
大理岸	#1-1	左侧	26 131.58	21 583.04	737 364.38
		右侧	26 131.57	21 583.05	737 364.52
	#2-2	左侧	26 131.58	21 583.04	674 735.87
		右侧	26 131.57	21 583.05	674 736.03
	#3-3	左侧	25 566.00	20 890.53	574 709.90
		右侧	25 566.02	20 890.54	574 710.01
	#4-4	左侧	19 027.97	4 130.60	180 104.56
		右侧	19 027.98	4 130.59	180 104.53
	#5-5	左侧	18 583.65	6 820.77	148 023.44
		右侧	18 583.67	6 820.76	148 023.41
永胜岸	#1-1	左侧	26 122.72	16 179.42	525 510.57
		右侧	26 122.74	16 179.43	525 510.62
	#2-2	左侧	26 122.72	16 179.42	485 462.54
		右侧	26 122.74	16 179.43	485 462.60
	#3-3	左侧	25 763.85	15 226.81	418 731.22
		右侧	25 763.87	15 226.82	418 731.27
	#4-4	左侧	22 306.49	3 885.74	120 109.67
		右侧	22 306.49	3 885.75	120 109.85
	#5-5	左侧	22 012.42	4 695.21	102 319.33
		右侧	22 012.41	4 695.22	102 319.36

表 3-33　E2 地震作用下索塔关键截面内力（$C=2\ 000$，$\alpha=0.3$）

塔位	截面位置	塔柱	轴力/kN	剪力/kN	弯矩/（kN·m）
大理岸	#1-1	左侧	26 301.18	21 581.61	738 523.09
		右侧	26 301.17	21 581.61	738 523.15
	#2-2	左侧	26 301.18	21 581.61	676 424.63
		右侧	26 301.17	21 581.61	676 424.57
	#3-3	左侧	25 714.82	20 916.00	576 129.14
		右侧	25 714.80	20 916.00	576 129.22
	#4-4	左侧	19 244.26	4 139.72	180 479.90
		右侧	19 244.25	4 139.72	180 479.89
	#5-5	左侧	18 768.80	6 848.17	148 435.53
		右侧	18 768.79	6 848.18	148 435.49
永胜岸	#1-1	左侧	26 280.41	16 196.79	526 202.48
		右侧	26 280.43	16 196.79	526 202.29
	#2-2	左侧	26 280.41	16 196.79	486 106.50
		右侧	26 280.43	16 196.79	486 106.34
	#3-3	左侧	25 921.54	15 243.86	419 735.74
		右侧	25 921.55	15 243.86	419 735.70
	#4-4	左侧	22 437.84	3 913.93	120 485.88
		右侧	22 437.82	3 913.93	120 485.91
	#5-5	左侧	22 144.47	4 746.31	102 547.26
		右侧	22 144.46	4 746.31	102 547.21

3.4.5.2　关键节点位移

在 E2 地震作用下，利用非线性时程分析方法，分别得到两种阻尼器中央扣组合设置情况下关键节点位移，具体见表 3-34、表 3-35。

表 3-34　E2 地震作用下关键节点位移（$C=2\ 000$，$\alpha=0.2$）　　单位：m

位置	关键点	纵桥向	横桥向	竖桥向
大理岸	左塔顶	0.228	0.000	0.003
	右塔顶	0.228	0.000	0.003
永胜岸	左塔顶	0.179	0.000	0.003
	右塔顶	0.179	0.000	0.003
加劲梁	大理岸桥台	0.393	0.000	0.000
	跨中	0.389	0.000	1.300

表 3-35　E2 地震作用下关键节点位移（C=2 000，α = 0.3）　　　　单位：m

位置	关键点	纵桥向	横桥向	竖桥向
大理岸	左塔顶	0.229	0.000	0.003
	右塔顶	0.229	0.000	0.003
永胜岸	左塔顶	0.179	0.000	0.003
	右塔顶	0.179	0.000	0.003
加劲梁	大理岸桥台	0.405	0.000	0.000
	跨中	0.399	0.000	1.301

3.4.5.3　阻尼器受力与相对位移

在 E2 地震作用下，利用非线性时程分析方法，分别得到两种阻尼器和中央扣组合设置情况下阻尼器受力与相对位移，见表 3-36 ~ 表 3-38。

表 3-36　阻尼器受力与相对位移（C=2 000，α = 0.2）

塔位	位置	时程波编号	阻尼力/kN	相对位移/m
大理岸	左侧	31	2 096.87	0.462
		32	2 058.47	0.336
		38	2 033.60	0.365
		34	1 975.92	0.312
		35	2 088.98	0.439
		39	2 183.85	0.512
		37	2 033.60	0.365
		均值	2 067.32	0.399
	右侧	31	2 096.87	0.462
		32	2 058.47	0.336
		38	2 033.60	0.365
		34	1 975.92	0.312
		35	2 088.98	0.439
		39	2 183.85	0.512
		37	2 033.60	0.365
		均值	2 067.32	0.399
永胜岸	左侧	31	2 116.28	0.487
		32	2 053.90	0.345
		38	2 046.62	0.369
		34	2 002.22	0.359

续表

塔位	位置	时程波编号	阻尼力/kN	相对位移/m
永胜岸	左侧	35	2 102.49	0.435
		39	2 194.70	0.517
		37	2 046.62	0.369
		均值	2 080.40	0.412
	右侧	31	2 116.28	0.487
		32	2 053.90	0.345
		38	2 046.62	0.369
		34	2 002.22	0.359
		35	2 102.49	0.435
		39	2 194.70	0.517
		37	2 046.62	0.369
		均值	2 080.40	0.412

表 3-37 阻尼器受力与相对位移（$C=2\,000$，$\alpha=0.3$）

塔位	位置	时程波编号	阻尼力/kN	相对位移/m
大理岸	左侧	31	2 159.56	0.476
		32	2 076.07	0.350
		38	2 053.30	0.377
		34	1 967.80	0.323
		35	2 145.00	0.449
		39	2 295.45	0.521
		37	2 053.26	0.377
		均值	2 107.20	0.410
	右侧	31	2 159.56	0.476
		32	2 076.07	0.350
		38	2 053.29	0.377
		34	1 967.80	0.323
		35	2 145.00	0.449
		39	2 295.45	0.521
		37	2 053.26	0.377
		均值	2 107.20	0.410

续表

塔位	位置	时程波编号	阻尼力/kN	相对位移/m
永胜岸	左侧	31	2 190.17	0.501
		32	2 068.89	0.359
		38	2 084.33	0.382
		34	2 009.00	0.370
		35	2 163.53	0.445
		39	2 310.25	0.526
		37	2 084.30	0.382
		均值	2 130.07	0.423
	右侧	31	2 190.17	0.501
		32	2 068.89	0.359
		38	2 084.33	0.382
		34	2 009.00	0.370
		35	2 163.53	0.445
		39	2 310.24	0.526
		37	2 084.30	0.382
		均值	2 130.07	0.423

表 3-38 阻尼器受力与相对位移

塔位	位置	$C=2\,000$,$\alpha=0.2$		$C=2\,000$,$\alpha=0.3$	
		阻尼力/kN	相对位移/m	阻尼力/kN	相对位移/m
大理岸	左侧	2 067.32	0.399	2 107.20	0.410
	右侧	2 067.32	0.399	2 107.20	0.410
永胜岸	左侧	2 067.32	0.412	2 130.07	0.423
	右侧	2 067.32	0.412	2 130.07	0.423

3.4.5.4 中央扣受力

在 E2 地震作用下,利用非线性时程分析方法,分别得到两种阻尼器和中央扣组合设置情况下中央扣受力,具体见表 3-39、表 3-40。中央扣受力的最大值分别为 4 389.94 kN 和 4 517.41 kN。

表 3-39　中央扣受力（$C=2\,000$，$\alpha=0.2$）　　　单位：kN

塔柱	时程波编号	1	2	3	4	5	6
左侧	31	4 356.57	4 243.43	4 101.93	4 149.07	4 110.12	4 308.49
	32	4 195.04	4 177.24	4 141.12	4 308.04	4 372.86	4 640.01
	38	4 109.56	3 857.06	3 743.09	3 800.58	3 850.35	4 057.07
	34	4 872.43	4 626.83	4 621.61	4 807.75	4 884.96	5 175.45
	35	4 040.03	3 992.30	3 756.13	3 795.50	3 638.89	3 814.90
	39	4 437.87	4 351.14	4 277.72	4 351.86	4 439.01	4 676.90
	37	4 109.73	3 857.18	3 742.79	3 800.62	3 850.39	4 056.78
	均值	4 303.03	4 157.88	4 054.91	4 144.77	4 163.80	4 389.94
右侧	31	4 356.57	4 243.44	4 101.94	4 149.08	4 110.13	4 308.50
	32	4 195.04	4 177.24	4 141.12	4 308.04	4 372.86	4 640.01
	38	4 109.57	3 857.06	3 743.09	3 800.59	3 850.36	4 057.05
	34	4 872.43	4 626.83	4 621.62	4 807.75	4 884.96	5 175.45
	35	4 040.04	3 992.29	3 756.13	3 795.50	3 638.88	3 814.89
	39	4 437.87	4 351.14	4 277.73	4 351.86	4 439.01	4 676.90
	37	4 109.72	3 857.18	3 742.80	3 800.64	3 850.41	4 056.79
	均值	4 303.04	4 157.88	4 054.92	4 144.78	4 163.80	4 389.94

表 3-40　中央扣受力（$C=2\,000$，$\alpha=0.3$）　　　单位：kN

塔柱	时程波编号	1	2	3	4	5	6
左侧	31	4 524.77	4 409.28	4 266.18	4 315.57	4 276.10	4 480.75
	32	4 369.44	4 351.61	4 339.64	4 509.30	4 571.42	4 844.63
	38	4 118.49	3 954.39	3 866.03	3 902.18	3 964.56	4 194.11
	34	5 015.08	4 762.96	4 747.08	4 935.94	5 013.99	5 312.90
	35	3 999.18	3 948.75	3 712.38	3 751.77	3 599.03	3 888.58
	39	4 489.33	4 401.14	4 326.34	4 380.78	4 467.76	4 707.04
	37	4 118.44	3 954.50	3 865.72	3 901.88	3 964.27	4 193.81
	均值	4 376.39	4 254.66	4 160.48	4 242.49	4 265.30	4 517.40
右侧	31	4 524.79	4 409.29	4 266.19	4 315.57	4 276.11	4 480.75
	32	4 369.44	4 351.61	4 339.64	4 509.30	4 571.42	4 844.63
	38	4 118.48	3 954.39	3 866.04	3 902.19	3 964.58	4 194.13
	34	5 015.08	4 762.96	4 747.08	4 935.94	5 013.99	5 312.90
	35	3 999.18	3 948.75	3 712.38	3 751.77	3 599.03	3 888.58
	39	4 489.33	4 401.15	4 326.35	4 380.77	4 467.76	4 707.04
	37	4 118.44	3 954.51	3 865.72	3 901.88	3 964.27	4 193.81
	均值	4 376.39	4 254.67	4 160.49	4 242.49	4 265.31	4 517.41

3.4.6 设置弹性索的非线性时程分析

弹性索是一种弹性连接装置,其主要功能并非耗能,而是通过改变结构惯性力的传递途径来实现作用。建议采用的弹性索参数如下:$k \approx 40\,000$ kN/m(采用钢绞线,$f_{pk}=1\,860$ MPa,弹性模量 $E=195$ GPa,索截面 $A=0.013\,44$ m^2,索长 $L=65.52$ m,可按 $0.75f_{pk}$ 张拉)或 $k \approx 50\,000$ kN/m(采用钢绞线,$f_{pk}=1\,860$ MPa,弹性模量 $E=195$ GPa,索截面 $A=0.016\,10$ m^2,索长 $L=62.79$ m,可按 $0.75f_{pk}$ 张拉)。在大理岸、永胜岸支座垫石处各设置两只弹性索,共计 4 只。下面只列出设置弹性索后纵桥向的地震(E2 地震作用)响应结果。

3.4.6.1 索塔关键截面内力

在 E2 地震作用下,利用非线性时程分析方法,分别得到两种弹性索设置情况下索塔塔柱各关键截面地震响应,具体见表 3-41~表 3-44。

表 3-41 E2 地震作用下#3-3 截面内力($k = 40\,000$ kN/m)

塔位	塔柱	时程波编号	轴力/kN	剪力/kN	弯矩/(kN·m)
大理岸	左侧	31	24 254.53	23 521.92	645 733.15
		32	27 405.68	22 158.29	602 176.02
		38	25 465.86	23 946.88	672 307.65
		34	60 401.95	21 536.61	647 990.19
		35	35 640.60	23 848.74	679 417.85
		39	28 457.68	22 471.82	664 753.80
		37	25 465.33	23 946.64	672 305.18
		均值	32 441.66	23 061.56	654 954.83
	右侧	31	24 254.56	23 521.84	645 732.09
		32	27 405.69	22 158.29	602 176.78
		38	25 465.87	23 946.91	672 307.93
		34	60 402.05	21 536.60	647 990.72
		35	35 640.56	23 848.69	679 416.87
		39	28 457.61	22 471.75	664 752.26
		37	25 465.34	23 946.67	672 305.46
		均值	32 441.67	23 061.53	654 954.59
永胜岸	左侧	31	30 468.35	20 616.39	567 587.88
		32	28 894.32	18 785.90	517 183.12
		38	31 326.43	20 993.16	570 182.56
		34	33 283.10	18 176.31	543 081.79

续表

塔位	塔柱	时程波编号	轴力/kN	剪力/kN	弯矩/(kN·m)
永胜岸	左侧	35	37 068.74	22 104.12	676 523.65
		39	28 219.63	17 185.94	490 442.48
		37	31 326.21	20 992.85	570 171.93
		均值	31 512.40	19 836.38	562 167.63
	右侧	31	30 468.37	20 616.32	567 586.96
		32	28 894.34	18 785.92	517 184.28
		38	31 326.41	20 993.21	570 183.50
		34	33 283.07	18 176.32	543 082.58
		35	37 068.74	22 104.09	676 522.78
		39	28 219.72	17 185.84	490 442.61
		37	31 326.19	20 992.90	570 172.87
		均值	31 512.40	19 836.37	562 167.94

表 3-42　E2 地震作用下 #3-3 截面内力（k=50 000 kN/m）

塔位	塔柱	时程波编号	轴力/kN	剪力/kN	弯矩/(kN·m)
大理岸	左侧	31	24 163.17	23 493.07	643 501.61
		32	27 289.74	22 137.72	587 318.77
		38	25 935.70	23 795.03	663 178.85
		34	64 206.54	21 510.01	662 285.91
		35	33 654.15	23 740.95	678 345.12
		39	27 721.25	22 469.31	669 760.82
		37	25 935.17	23 794.77	663 175.73
		均值	32 700.82	22 991.55	652 509.54
	右侧	31	24 163.20	23 493.03	643 501.45
		32	27 289.79	22 137.76	587 320.04
		38	25 935.69	23 795.04	663 178.72
		34	64 206.57	21 509.96	662 286.44
		35	33 654.15	23 740.91	678 345.51
		39	27 721.23	22 469.05	669 757.15
		37	25 935.15	23 794.79	663 175.60
		均值	32 700.83	22 991.51	652 509.27

续表

塔位	塔柱	时程波编号	轴力/kN	剪力/kN	弯矩/(kN·m)
永胜岸	左侧	31	30 915.69	20 516.23	562 931.53
		32	30 318.21	19 040.78	524 343.45
		38	30 816.20	20 924.49	564 693.23
		34	33 588.74	18 126.86	540 989.78
		35	35 507.46	21 635.66	652 691.10
		39	27 954.28	16 920.61	477 609.15
		37	30 815.89	20 924.16	564 681.57
		均值	31 416.64	19 726.97	555 419.97
	右侧	31	30 915.70	20 516.20	562 931.45
		32	30 318.24	19 040.86	524 342.86
		38	30 816.16	20 924.49	564 692.85
		34	33 588.71	18 126.86	540 990.49
		35	35 507.49	21 635.65	652 690.20
		39	27 954.34	16 920.51	477 609.68
		37	30 815.85	20 924.15	564 681.19
		均值	31 416.64	19 726.96	555 419.82

表 3-43 E2 地震作用下索塔关键截面内力（k=40 000 kN/m）

塔位	截面位置	塔柱	轴力/kN	剪力/kN	弯矩/(kN·m)
大理岸	#1-1	左侧	32 777.62	23 784.37	828 507.28
		右侧	32 777.63	23 784.35	828 507.01
	#2-2	左侧	32 777.62	23 784.37	761 080.79
		右侧	32 777.63	23 784.35	761 080.54
	#3-3	左侧	32 441.66	23 061.56	654 954.83
		右侧	32 441.67	23 061.53	654 954.59
	#4-4	左侧	29 737.19	36 10.94	162 090.34
		右侧	29 737.20	36 10.90	162 090.18
	#5-5	左侧	29 579.72	49 68.00	145 261.98
		右侧	29 579.73	49 68.00	145 261.91
永胜岸	#1-1	左侧	31 975.86	20 646.58	716 184.60
		右侧	31 975.87	20 646.56	716 184.89
	#2-2	左侧	31 975.86	20 646.58	657 052.43
		右侧	31 975.87	20 646.56	657 052.90

续表

塔位	截面位置	塔柱	轴力/kN	剪力/kN	弯矩/(kN·m)
永胜岸	#3-3	左侧	31 512.40	19 836.38	562 167.63
		右侧	31 512.40	19 836.37	562 167.94
	#4-4	左侧	26 518.68	38 68.87	109 518.16
		右侧	26 518.69	38 68.86	109 518.15
	#5-5	左侧	26 078.88	36 46.60	109 549.23
		右侧	26 078.88	36 46.59	109 549.26

表 3-44 E2 地震作用下索塔关键截面内力（k=50 000 kN/m）

塔位	截面位置	塔柱	轴力/kN	剪力/kN	弯矩/(kN·m)
大理岸	#1-1	左侧	33 036.78	23 712.02	825 097.99
		右侧	33 036.79	23 711.97	825 097.23
	#2-2	左侧	33 036.78	23 712.02	758 805.22
		右侧	33 036.79	23 711.97	758 804.61
	#3-3	左侧	32 700.82	22 991.55	652 509.54
		右侧	32 700.83	22 991.51	652 509.27
	#4-4	左侧	30 093.10	36 43.36	162 768.82
		右侧	30 093.11	36 43.32	162 768.64
	#5-5	左侧	29 899.70	50 58.78	145 529.74
		右侧	29 899.71	50 58.78	145 529.63
永胜岸	#1-1	左侧	31 890.24	20 526.40	709 056.37
		右侧	31 890.24	20 526.39	709 056.67
	#2-2	左侧	31 890.24	20 526.40	649 776.65
		右侧	31 890.24	20 526.39	649 777.00
	#3-3	左侧	31 416.64	19 726.97	555 419.97
		右侧	31 416.64	19 726.96	555 419.82
	#4-4	左侧	26 401.00	3 837.47	110 370.30
		右侧	26 401.01	3 837.47	110 370.26
	#5-5	左侧	25 957.69	3 725.42	110 411.22
		右侧	25 957.69	3 725.42	110 411.19

3.4.6.2 关键节点位移

在 E2 地震作用下，利用非线性时程分析方法，分别得到两种弹性索设置情况下关键节点位移，具体见表 3-45～表 3-48。

表 3-45　E2 地震作用下关键节点位移（k=40 000 kN/m）　　　单位：m

位置	关键点	时程波编号	纵桥向	横桥向	竖桥向
大理岸	左塔顶	31	0.245	0.000	0.003
		32	0.260	0.000	0.003
		38	0.265	0.000	0.003
		34	0.357	0.000	0.007
		35	0.299	0.000	0.004
		39	0.270	0.000	0.003
		37	0.265	0.000	0.003
		均值	0.280	0.000	0.004
	右塔顶	31	0.245	0.000	0.003
		32	0.260	0.000	0.003
		38	0.265	0.000	0.003
		34	0.357	0.000	0.007
		35	0.299	0.000	0.004
		39	0.270	0.000	0.003
		37	0.265	0.000	0.003
		均值	0.280	0.000	0.004
永胜岸	左塔顶	31	0.225	0.000	0.003
		32	0.223	0.000	0.003
		38	0.221	0.000	0.003
		34	0.223	0.000	0.004
		35	0.284	0.000	0.004
		39	0.207	0.000	0.003
		37	0.221	0.000	0.003
		均值	0.229	0.000	0.003
	右塔顶	31	0.225	0.000	0.003
		32	0.223	0.000	0.003
		38	0.221	0.000	0.003
		34	0.223	0.000	0.004
		35	0.284	0.000	0.004
		39	0.207	0.000	0.003
		37	0.221	0.000	0.003
		均值	0.229	0.000	0.003

续表

位置	关键点	时程波编号	纵桥向	横桥向	竖桥向
加劲梁	大理岸桥台	31	0.690	0.000	0.000
		32	0.690	0.000	0.000
		38	0.637	0.000	0.000
		34	0.683	0.000	0.000
		35	0.700	0.000	0.000
		39	0.745	0.000	0.000
		37	0.637	0.000	0.000
		均值	0.683	0.000	0.000
	跨中	31	0.664	0.000	1.275
		32	0.728	0.000	1.185
		38	0.659	0.000	1.265
		34	0.722	0.000	1.362
		35	0.690	0.000	1.383
		39	0.727	0.000	1.627
		37	0.659	0.000	1.265
		均值	0.693	0.000	1.338

表 3-46 E2 地震作用下关键节点位移（k=50 000 kN/m） 单位：m

位置	关键点	时程波编号	纵桥向	横桥向	竖桥向
大理岸	左塔顶	31	0.244	0.000	0.003
		32	0.251	0.000	0.003
		38	0.261	0.000	0.003
		34	0.365	0.000	0.008
		35	0.298	0.000	0.004
		39	0.274	0.000	0.003
		37	0.261	0.000	0.003
		均值	0.279	0.000	0.004
	右塔顶	31	0.244	0.000	0.003
		32	0.251	0.000	0.003
		38	0.261	0.000	0.003
		34	0.365	0.000	0.008
		35	0.298	0.000	0.004
		39	0.274	0.000	0.003

续表

位置	关键点	时程波编号	纵桥向	横桥向	竖桥向
大理岸	右塔顶	37	0.261	0.000	0.003
		均值	0.279	0.000	0.004
永胜岸	左塔顶	31	0.227	0.000	0.003
		32	0.226	0.000	0.003
		38	0.218	0.000	0.003
		34	0.222	0.000	0.004
		35	0.271	0.000	0.004
		39	0.208	0.000	0.003
		37	0.218	0.000	0.003
		均值	0.227	0.000	0.003
		31	0.227	0.000	0.003
		32	0.226	0.000	0.003
		38	0.218	0.000	0.003
		34	0.222	0.000	0.004
		35	0.271	0.000	0.004
		39	0.208	0.000	0.003
		37	0.218	0.000	0.003
		均值	0.227	0.000	0.003
加劲梁	大理岸桥台	31	0.655	0.000	0.000
		32	0.662	0.000	0.000
		38	0.679	0.000	0.000
		34	0.680	0.000	0.000
		35	0.594	0.000	0.000
		39	0.791	0.000	0.000
		37	0.679	0.000	0.000
		均值	0.677	0.000	0.000
	跨中	31	0.623	0.000	1.278
		32	0.651	0.000	1.225
		38	0.700	0.000	1.271
		34	0.732	0.000	1.354
		35	0.619	0.000	1.400
		39	0.767	0.000	1.538
		37	0.700	0.000	1.271
		均值	0.684	0.000	1.334

表 3-47 E2 地震作用下关键节点位移（k=40 000 kN/m） 单位：m

位置	关键点	纵桥向	横桥向	竖桥向
大理岸	左塔顶	0.280	0.000	0.004
	右塔顶	0.280	0.000	0.004
永胜岸	左塔顶	0.229	0.000	0.003
	右塔顶	0.229	0.000	0.003
加劲梁	大理岸桥台	0.683	0.000	0.000
	跨中	0.693	0.000	1.338

表 3-48 E2 地震作用下关键节点位移（k=50 000 kN/m） 单位：m

位置	关键点	纵桥向	横桥向	竖桥向
大理岸	左塔顶	0.279	0.000	0.004
	右塔顶	0.279	0.000	0.004
永胜岸	左塔顶	0.227	0.000	0.003
	右塔顶	0.227	0.000	0.003
加劲梁	大理岸桥台	0.677	0.000	0.000
	跨中	0.684	0.000	1.334

3.4.6.3 弹性索受力与相对位移

在 E2 地震作用下，利用非线性时程分析方法，分别得到两种弹性索设置情况下索的受力与相对位移，具体见表 3-49 ~ 表 3-51。

表 3-49 弹性索受力与相对位移（k=40 000 kN/m）

塔位	位置	时程波编号	索力/kN	相对位移/m
大理岸	左侧	31	22 489.75	0.562
		32	27 186.48	0.680
		38	24 255.81	0.606
		34	27 236.83	0.681
		35	22 700.81	0.568
		39	26 954.25	0.674
		37	24 256.51	0.606
		均值	25 011.49	0.625
	右侧	31	22 489.75	0.562
		32	27 186.47	0.680
		38	24 255.80	0.606

续表

塔位	位置	时程波编号	索力/kN	相对位移/m
大理岸	右侧	34	27 236.83	0.681
		35	22 700.81	0.568
		39	26 954.25	0.674
		37	24 256.51	0.606
		均值	25 011.49	0.625
永胜岸	左侧	31	25 014.43	0.625
		32	25 133.83	0.628
		38	23 625.91	0.591
		34	23 472.14	0.587
		35	25 350.04	0.634
		39	27 249.24	0.681
		37	23 626.66	0.591
		均值	24 781.75	0.620
	右侧	31	25 014.43	0.625
		32	25 133.83	0.628
		38	23 625.91	0.591
		34	23 472.15	0.587
		35	25 350.04	0.634
		39	27 249.23	0.681
		37	23 626.66	0.591
		均值	24 781.75	0.620

表 3-50　弹性索受力与相对位移（k=50 000 kN/m）

塔位	位置	时程波编号	索力/kN	相对位移/m
大理岸	左侧	31	27 409.90	0.548
		32	29 674.61	0.593
		38	31 734.98	0.635
		34	33 858.11	0.677
		35	29 442.19	0.589
		39	35 027.24	0.701
		37	31 736.53	0.635
		均值	31 269.08	0.625

续表

塔位	位置	时程波编号	索力/kN	相对位移/m
大理岸	右侧	31	27 409.90	0.548
		32	29 674.61	0.593
		38	31 734.97	0.635
		34	33 858.11	0.677
		35	29 442.20	0.589
		39	35 027.24	0.701
		37	31 736.52	0.635
		均值	31 269.08	0.625
永胜岸	左侧	31	29 084.25	0.582
		32	30 530.41	0.611
		38	30 296.14	0.606
		34	29 591.54	0.592
		35	25 005.52	0.500
		39	35 063.21	0.701
		37	30 297.78	0.606
		均值	29 981.26	0.600
	右侧	31	29 084.25	0.582
		32	30 530.41	0.611
		38	30 296.13	0.606
		34	29 591.55	0.592
		35	25 005.53	0.500
		39	35 063.20	0.701
		37	30 297.77	0.606
		均值	29 981.26	0.600

表 3-51 弹性索受力与相对位移

塔位	位置	$k = 40\ 000$ kN/m		$k = 50\ 000$ kN/m	
		索力/kN	相对位移/m	索力/kN	相对位移/m
大理岸	左侧	25 011.49	0.625	31 269.08	0.625
	右侧	25 011.49	0.625	31 269.08	0.625
永胜岸	左侧	24 781.75	0.620	29 981.26	0.600
	右侧	24 781.75	0.620	29 981.26	0.600

3.4.7 方案对比

在 E2 地震作用下，对无纵向约束（仅有主桥支座非线性）和设置阻尼器、中央扣、阻尼器和中央扣组合设置以及弹性索后的索塔塔底#1-1 截面、塔顶#5-5 截面的内力，以及各关键节点位移进行比较，具体见表 3-52、表 3-53。

表 3-52 不同方案内力比较

塔位	截面	类型	轴力/kN	剪力/kN	弯矩/(kN·m)	相对于无纵向约束内力变化值/%		
						轴力	剪力	弯矩
大理岸	#1-1	无纵向约束	30 419.95	23 617.26	827 096.61	—	—	—
		C=2 000, α=0.2	32 491.35	23 778.50	832 866.18	6.81	0.68	0.70
		C=2 000, α=0.3	32 345.49	23 768.96	832 333.38	6.33	0.64	0.63
		中央扣	31 658.15	22 644.64	790 867.63	4.07	−4.12	−4.38
		组合设置 α=0.2	26 131.58	21 583.05	737 364.52	−14.10	−8.61	−10.85
		组合设置 α=0.3	26 301.18	21 581.61	738 523.15	−13.54	−8.62	−10.71
		k=40 000 kN/m	32 777.63	23 784.37	828 507.28	7.75	0.71	0.17
		k=50 000 kN/m	33 036.79	23 712.02	825 097.99	8.60	0.40	−0.24
	#5-5	无纵向约束	26 710.75	5 099.59	145 548.96	—	—	—
		C=2 000, α=0.2	29 000.81	5 032.39	145 405.92	8.57	−1.32	−0.10
		C=2 000, α=0.3	28 842.45	5 036.33	145 422.78	7.98	−1.24	−0.09
		中央扣	26 930.92	8 232.46	150 239.24	0.82	61.43	3.22
		组合设置 α=0.2	18 583.67	6 820.77	148 023.44	−30.43	33.75	1.70
		组合设置 α=0.3	18 768.80	6 848.18	148 435.53	−29.73	34.29	1.98
		k=40 000 kN/m	29 579.73	4 968.00	145 261.98	10.74	−2.58	−0.20
		k=50 000 kN/m	29 899.71	5 058.78	145 529.74	11.94	−0.80	−0.01
永胜岸	#1-1	无纵向约束	31 715.91	20 374.87	705 678.45	—	—	—
		C=2 000, α=0.2	32 110.96	20 465.90	710 204.34	1.25	0.45	0.64
		C=2 000, α=0.3	32 112.52	20 462.10	709 908.78	1.25	0.43	0.60
		中央扣	33 591.18	18 179.26	637 339.81	5.91	−10.78	−9.68
		组合设置 α=0.2	26 122.74	16 179.43	525 510.62	−17.64	−20.59	−25.53
		组合设置 α=0.3	26 280.43	16 196.79	526 202.48	−17.14	−20.51	−25.43
		k=40 000 kN/m	31 975.87	20 646.58	716 184.89	0.82	1.33	1.49
		k=50 000 kN/m	31 890.24	20 526.40	709 056.67	0.55	0.74	0.48

续表

塔位	截面	类型	轴力/kN	剪力/kN	弯矩/(kN·m)	相对于无纵向约束内力变化值/%		
						轴力	剪力	弯矩
永胜岸	#5-5	无纵向约束	26 556.25	3 799.03	111 288.71	—	—	—
		$C=2\,000$, $\alpha=0.2$	26 941.20	3 736.58	110 513.45	1.45	−1.64	−0.70
		$C=2\,000$, $\alpha=0.3$	26 944.39	3 743.74	110 542.41	1.46	−1.46	−0.67
		中央扣	29 032.96	5 775.29	102 298.36	9.33	52.02	−8.08
		组合设置$\alpha=0.2$	22 012.42	4 695.22	102 319.36	−17.11	23.59	−8.06
		组合设置$\alpha=0.3$	22 144.47	4 746.31	102 547.26	−16.61	24.93	−7.85
		$k=40\,000$ kN/m	26 078.88	3 646.60	109 549.26	−1.80	−4.01	−1.56
		$k=50\,000$ kN/m	25 957.69	3 725.42	110 411.22	−2.25	−1.94	−0.79

表 3-53 关键节点纵向位移比较　　　　　　　　　　　　单位：m

位置	关键点	无纵向约束	阻尼器 $C=2\,000$		中央扣	组合设置		弹性索	
			$\alpha=0.2$	$\alpha=0.3$		$\alpha=0.2$	$\alpha=0.3$	$k=40\,000$ kN/m	$k=50\,000$ kN/m
大理岸	左塔顶	0.271	0.280	0.279	0.281	0.228	0.229	0.278	0.280
永胜岸	左塔顶	0.234	0.234	0.234	0.214	0.179	0.179	0.229	0.227
加劲梁	大理岸桥台	1.857	0.470	0.489	0.786	0.393	0.405	0.682	0.664
	跨中	1.861	0.469	0.489	0.763	0.389	0.399	0.691	0.674

由表 3-52 和表 3-53 可知：

（1）变形方面（在纵向地震动作用下）：设置阻尼器，梁端纵向位移减小的最大百分比为 74.69%；设置中央扣，梁端纵向位移减小的最大百分比为 57.67%；阻尼器和中央扣组合设置，梁端纵向位移减小的最大百分比为 78.84%；设置弹性索，梁端纵向位移减小的最大百分比为 64.24%。

（2）内力方面（在纵向地震动作用下）：设置阻尼器，塔底截面剪力和弯矩增加幅度最大分别为 0.68% 和 0.70%；设置中央扣或阻尼器和中央扣组合设置，塔底截面剪力和弯矩会显著降低，但塔顶剪力会有显著增加，相比于仅设置阻尼器方案，中央扣的设置会在一定程度上放大阻尼器的作用；设置弹性索，塔底截面剪力和弯矩增加幅度最大分别为 1.33% 和 1.49%；只设置中央扣，中央扣受力较大，远高于其破裂力 2 197 kN，且梁端位移为 0.786 m，仍较大；阻尼器和中央扣组合设置，中央扣受力相对减小，且控制梁端位移明显，较为理想。

弹性索方案弹性索力较大，对索两端的锚固连接处要求较高。

3.5　抗震性能分析

根据华坪至丽江高速公路涛源金沙江大桥结构本身的重要性，以及地震破坏后桥梁结构的修复（抢修）的难易程度，采用表 3-54 所示的设防标准进行抗震验算。

表 3-54　主桥抗震性能及校核目标

设防地震概率水平	结构性能要求	结构校核目标
E1 地震作用	结构不发生损伤，桥梁结构在弹性范围工作	索塔、桩基和桥墩地震反应小于初始屈服弯矩
E2 地震作用	主缆不发生损伤；主塔、基础、主梁等重要结构受力构件局部可发生可修复的损伤，但要求地震后基本不影响车辆的通行	索塔、桩基和桥墩地震反应小于等效屈服弯矩；支座允许剪坏

其中，桥塔、桩基和桥墩地的初始屈服弯矩为截面最外层钢筋首次屈服（考虑相应轴力）时对应的弯矩，而等效屈服弯矩为根据截面 $M\text{-}\phi$（考虑相应轴力），把 $M\text{-}\phi$ 截面曲线等效为双线性得到等效屈服弯矩，如图 3-8 所示。

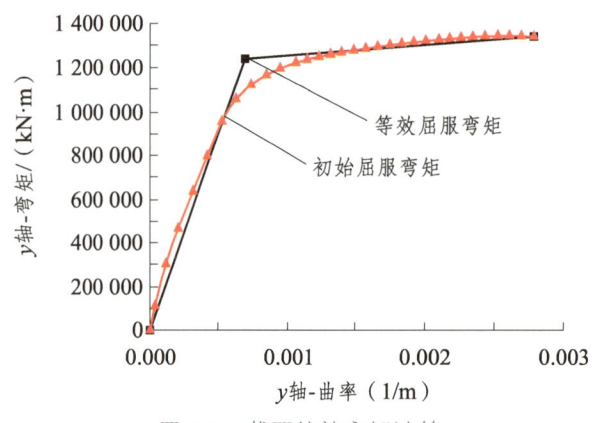

图 3-8　截面等效弯矩计算

3.5.1　索塔强度验算

本节结合有限元分析的结果，分析不同轴压荷载作用下的设计截面的弯矩曲率关系，得出其抗弯承载能力（对同岸索塔相同尺寸和配筋的截面，取恒载和地震荷载组合轴力的最小值进行抗弯承载力的计算）。

索塔塔底截面沿纵桥向和横桥向的斜截面抗剪强度应按式（3-8）计算：

$$V \leqslant \left(\frac{1.75}{\lambda+1} f_t b h_0 + f_{yv} \frac{A_{sv}}{s} h_0 + 0.07N \right) \Big/ \gamma_{RE} \qquad (3\text{-}8)$$

式中：λ——偏心受压构件计算截面的剪跨比，取为 $M/(Vh_0)$，当 λ 小于 1.5 时，取 1.5，大于 3 时，取 3；

　　　N——与剪力值 V 相应的轴向压力值（kN），当大于 $0.3f_cA$ 时，取为 $0.3f_cA$，A 为构件的截面面积，f_c 为混凝土抗压强度设计值；

　　　f_t——混凝土的抗拉强度设计值（MPa）；

　　　b——截面宽度（m）；

h_0——截面的有效高度（m）；

f_{yv}——箍筋的抗拉强度设计值（MPa）；

A_{sv}——同一截面内箍筋的总面积（m²）；

s——沿构件长度方向的箍筋间距（m）；

γ_{RE}——承载力抗震调整系数，见《建筑抗震设计规范》（GB 50011—2010）。

根据推荐桥位和设计方案的反应谱计算结果和非线性时程结果对主桥索塔各关键截面进行抗震验算，本书给出各关键截面的建议配筋率（表3-55）。纵桥向采用非线性时程地震反应结果，横桥向根据反应谱结果，进行各截面的强度验算，具体见表3-56、表3-57。同一索塔的左右侧配筋相同，且地震力相差不大，取地震力较大一侧进行验算。

表3-55　各关键截面建议配筋率

截面位置	大理岸			永胜岸			#4-4	#5-5	#6-6
	#1-1	#2-2	#3-3	#1-1	#2-2	#3-3			
纵筋率	2.154	3.114	3.783	2.158	3.103	3.820	2.775	2.359	3.199

注：以上配筋率是保证各关键截面在E1和E2地震作用下保持基本弹性状态的配筋率，仅作为设计参考。

表3-56　E1地震作用下索塔关键截面内力验算

地震动输入	截面位置		轴力/kN	剪力/kN	抗剪承载力/kN	验算结果	弯矩/(kN·m)	抗弯承载力/(kN·m)	能力需求比	验算结果
纵桥向输入	大理岸	#1-1	75 960.74	20 003.88	122 302.04	满足	719 020.54	967 900.00	1.35	弹性
		#2-2	73 073.24	20 003.88	82 691.37	满足	661 071.94	959 900.00	1.45	弹性
		#3-3	70 664.29	19 310.10	59 504.73	满足	567 045.32	882 900.00	1.56	弹性
		#4-4	51 897.10	3 036.10	32 797.74	满足	147 383.49	502 700.00	3.41	弹性
		#5-5	48 538.22	4 905.99	43 133.18	满足	128 445.56	508 300.00	3.96	弹性
	永胜岸	#1-1	75 140.75	17 379.83	120 375.13	满足	620 046.82	944 300.00	1.52	弹性
		#2-2	72 296.81	17 379.83	81 388.81	满足	571 688.89	934 500.00	1.63	弹性
		#3-3	69 945.29	16 833.71	58 563.07	满足	491 909.33	865 100.00	1.76	弹性
		#4-4	53 909.67	3 760.00	32 985.58	满足	97 924.88	509 900.00	5.21	弹性
		#5-5	50 766.89	3 475.76	43 341.19	满足	96 374.86	514 900.00	5.34	弹性
横桥向输入	大理岸	#1-1	58 116.38	22 469.58	102 886.06	满足	755 604.72	778 100.00	1.03	弹性
		#2-2	55 228.88	22 469.58	55 313.04	满足	689 793.82	771 900.00	1.12	弹性
		#3-3	52 509.79	22 411.12	40 973.42	满足	581 027.21	726 300.00	1.25	弹性
		#4-4	35 602.72	11 334.17	24 353.14	满足	397 438.09	498 600.00	1.25	弹性

续表

地震动输入	截面位置		轴力/kN	剪力/kN	抗剪承载力/kN	验算结果	弯矩/(kN·m)	抗弯承载力/(kN·m)	能力需求比	验算结果
横桥向输入	大理	#5-5	32 530.54	9 546.77	35 143.79	满足	471 274.01	505 800.00	1.07	弹性
		#6-6	98 327.47	34 582.18	46 737.88	满足	486 334.27	512 400.00	1.05	弹性
	永胜岸	#1-1	59 082.94	23 802.38	102 976.27	满足	762 904.61	769 400.00	1.01	弹性
		#2-2	56 239.00	23 802.38	55 407.32	满足	692 694.57	763 500.00	1.10	弹性
		#3-3	53 548.38	23 742.55	41 070.35	满足	576 486.34	726 000.00	1.26	弹性
		#4-4	38 236.59	12 522.43	24 598.97	满足	391 490.68	503 800.00	1.29	弹性
		#5-5	35 177.53	10 467.27	35 390.85	满足	475 414.15	517 200.00	1.09	弹性
		#6-6	97 989.27	35 002.46	46 708.29	满足	492 108.43	512 600.00	1.04	弹性

表 3-57 E2 地震作用下索塔关键截面内力验算

地震动输入	截面位置		轴力/kN	剪力/kN	抗剪承载力/kN	验算结果	弯矩/(kN·m)	抗弯承载力/(kN·m)	能力需求比	验算结果
纵桥向输入	大理岸	#1-1	70 907.92	23 617.26	121 830.44	满足	827 096.61	1 236 000.00	1.49	弹性
		#2-2	68 020.42	23 617.26	82 219.77	满足	758 769.48	1 218 000.00	1.61	弹性
		#3-3	65 531.53	22 897.28	62 992.65	满足	647 170.54	1 104 000.00	1.71	弹性
		#4-4	46 363.06	3 340.13	32 281.23	满足	162 943.71	624 900.00	3.84	弹性
		#5-5	43 057.77	5 099.59	42 621.67	满足	145 548.96	644 900.00	4.43	弹性
	永胜岸	#1-1	71 245.39	20 374.87	120 011.56	满足	705 678.45	1 205 000.00	1.71	弹性
		#2-2	68 401.45	20 374.87	81 025.24	满足	648 398.82	1 187 000.00	1.83	弹性
		#3-3	66 018.30	19 565.22	62 100.75	满足	555 171.23	1 085 000.00	1.95	弹性
		#4-4	50 165.12	4 029.67	32 636.09	满足	112 981.99	633 100.00	5.60	弹性
		#5-5	47 050.83	3 799.03	42 994.36	满足	111 288.71	651 900.00	5.86	弹性
横桥向输入	大理岸	#1-1	51 004.26	26 214.17	102 222.26	满足	882 630.93	955 300.00	1.08	弹性
		#2-2	48 116.76	26 214.17	54 649.24	满足	805 814.22	943 800.00	1.17	弹性
		#3-3	45 403.60	26 147.10	40 310.17	满足	678 836.52	870 400.00	1.28	弹性
		#4-4	29 277.11	13 221.72	23 762.75	满足	464 365.67	589 200.00	1.27	弹性
		#5-5	26 283.11	11 134.45	34 560.70	满足	550 651.99	626 600.00	1.14	弹性
		#6-6	97 546.39	40 404.26	46 669.54	满足	568 375.10	689 100.00	1.21	弹性
	永胜岸	#1-1	52 147.79	27 555.82	102 328.99	满足	883 411.28	944 900.00	1.07	弹性
		#2-2	49 303.85	27 555.82	54 760.04	满足	802 122.92	934 200.00	1.16	弹性
		#3-3	46 619.41	27 486.77	40 423.65	满足	667 574.39	870 900.00	1.30	弹性
		#4-4	32 043.92	14 498.94	24 020.99	满足	453 350.72	595 300.00	1.31	弹性
		#5-5	29 069.28	12 120.05	34 820.74	满足	550 548.82	631 200.00	1.15	弹性
		#6-6	97 185.31	40 535.23	46 637.94	满足	569 934.71	689 000.00	1.21	弹性

利用 Xtract 进行截面的 $M\text{-}\Phi$ 分析，各关键截面纤维模型如图 3-9 和图 3-10 所示，轴力最不利荷载组合为恒载轴力-地震轴力。

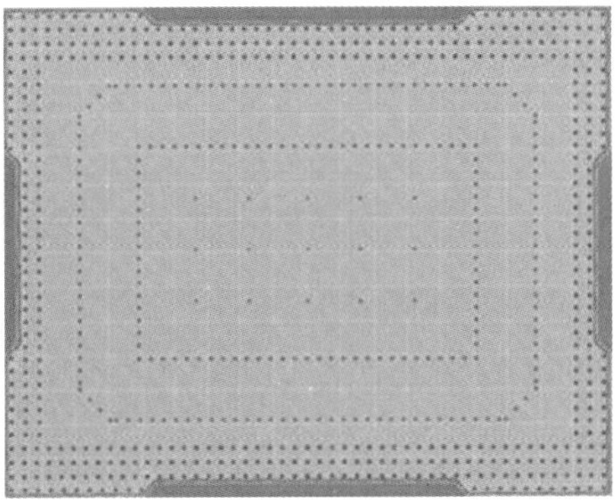

（a）#1-1

（b）#2-2

（c）#3-3

（d）#4-4

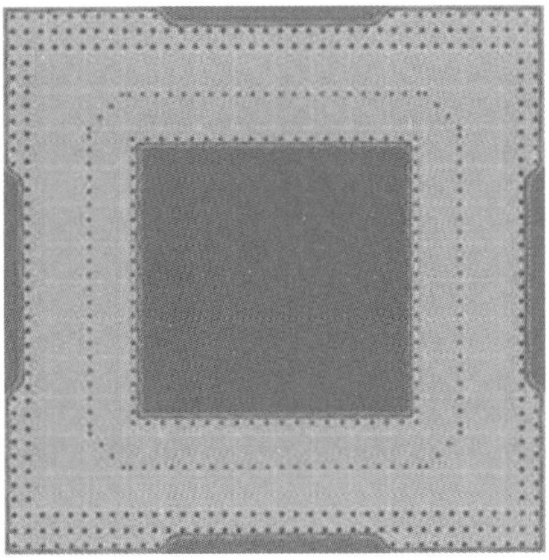

（e）#5-5

（f）#6-6

图 3-9　大理岸关键截面纤维模型

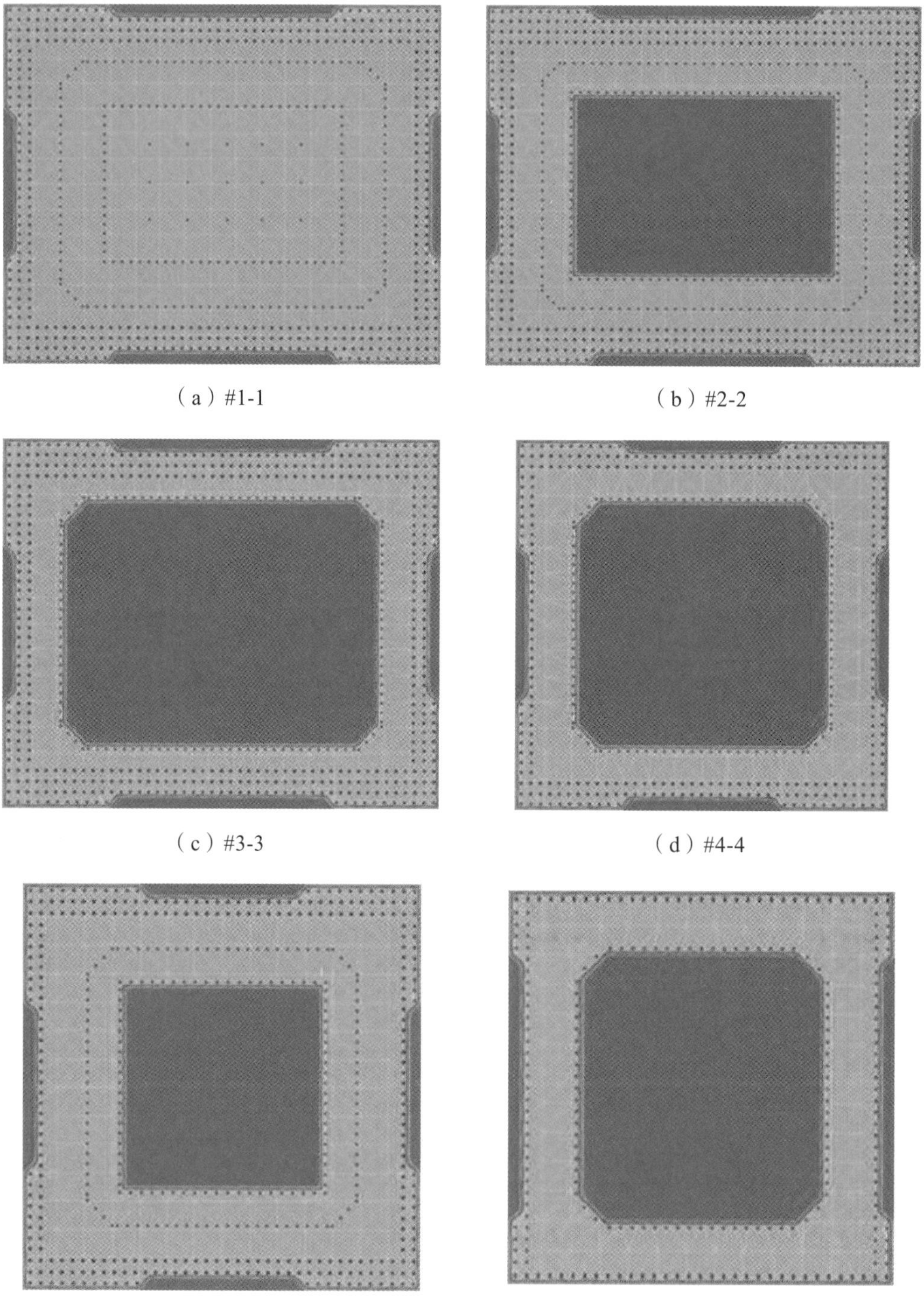

(a) #1-1

(b) #2-2

(c) #3-3

(d) #4-4

(e) #5-5

(f) #6-6

图 3-10 大理岸关键截面纤维模型

3.5.2 桩基验算

桩基强度验算按索塔强度验算方法进行，单桩截面纤维模型如图 3-11 所示，其截面配筋率为 1.643%。

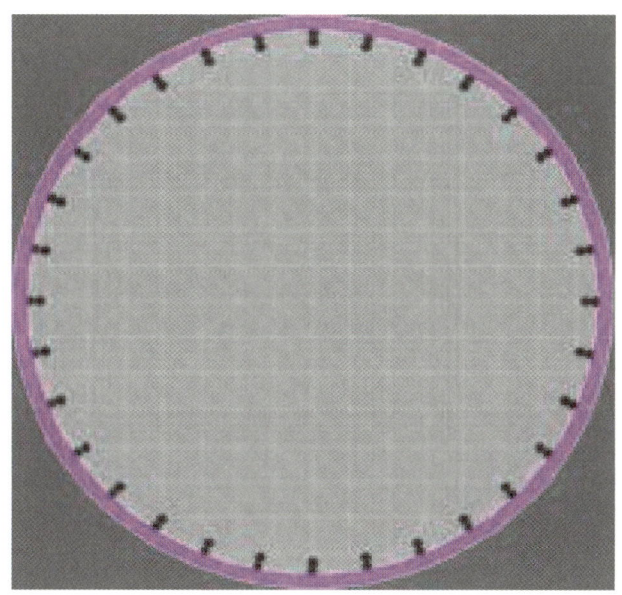

图 3-11 两岸单桩截面纤维模型

图 3-11 中，混凝土：C55；纵向钢筋：HRB500；箍筋：HRB400。当桩受拉（偏拉构件）时，斜截面抗剪强度应按式（3-9）计算：

$$V \leqslant \left(\frac{1.75}{\lambda+1} f_t b h_0 + f_{yv} \frac{A_{sv}}{s} h_0 + 0.2N \right) \Big/ \gamma_{RE} \qquad (3\text{-}9)$$

式中，符号含义同式（3-8）。

E1、E2 地震作用下最不利单桩验算见表 3-58、表 3-59。

表 3-58 E1 地震作用下最不利单桩验算

地震动输入	塔位	轴力/kN	剪力/kN	抗剪承载力/kN	验算结果	弯矩/(kN·m)	抗弯承载力/(kN)	能力需求比	验算结果
纵桥向输入	大理岸	-1 983.36	715.51	3 910.32	满足	3 473.87	10 070.00	2.90	弹性
	永胜岸	1 456.96	2 222.90	5 521.50	满足	6 538.63	12 090.00	1.85	弹性
横桥向输入	大理岸	-4 373.46	750.85	3 347.95	满足	3 825.93	8 528.00	2.23	弹性
	永胜岸	-1 456.06	2 965.88	5 043.42	满足	8 783.52	10 380.00	1.18	弹性

表 3-59　E2 地震作用下最不利单桩验算

地震动输入	塔位	轴力/kN	剪力/kN	抗剪承载力/kN	验算结果	弯矩/(kN·m)	抗弯承载力/kN	能力需求比	验算结果
纵桥向输入	大理岸	-3 763.21	827.10	3 491.54	满足	4 015.22	12 600.00	3.14	弹性
	永胜岸	210.71	2 569.67	5 418.92	满足	7 558.50	15 070.00	1.99	弹性
横桥向输入	大理岸	-6 700.71	877.59	2 800.36	满足	4 470.39	10 770.00	2.41	弹性
	永胜岸	-3 192.60	3 434.39	4 634.84	满足	10 170.94	12 930.00	1.27	弹性

3.5.3　主缆拉力验算

主缆拉力验算见表 3-60。根据主缆材料的选用，在 E1 和 E2 地震作用下，由反应谱分析结果其产生的拉力均小于主缆断裂力（已考虑安全系数），在弹性范围内工作。

表 3-60　主缆拉力验算　　　　　　　　　　　单位：kN

荷载工况	E1 地震作用		E2 地震作用	
位置	左侧主缆	右侧主缆	左侧主缆	右侧主缆
最大值（纵向输入地震动）	33 265.60	33 265.60	38 526.06	38 490.73
最大值（横向输入地震动）	11 986.27	11 952.11	14 082.76	14 042.50

3.5.4　吊索拉力验算

吊索拉力验算见表 3-61，根据吊索材料的选用，在 E1 和 E2 地震作用下，由反应谱分析结果其产生的拉力均小于吊索断裂力（已考虑安全系数），在弹性范围内工作。

表 3-61　吊索拉力验算　　　　　　　　　　　单位：kN

荷载工况	E1 地震作用		E2 地震作用	
位置	左侧吊索	右侧吊索	左侧吊索	右侧吊索
最大值（纵向输入地震动）	402.12	399.60	466.01	463.10
最大值（横向输入地震动）	232.68	232.11	273.70	273.03

3.6　小　结

根据涛源金沙江大桥的设计方案，建立了全桥的空间动力有限元计算模型，对其进行了结构动力特性分析，选用 E1 和 E2 两种地震作用作为两级设防水准，采用纵桥向+竖桥向、横桥向+竖桥向的组合地震动输入方式，利用线性反应谱和非线性时程两种计算方法对有限元模型进行了地震反应分析。其中，反应谱分析中振型阶数取前 400 阶，采用 Ritz 法；振型组合采用 CQC 法，方向组合采用 SRSS 法，同时，结构总体阻尼比为

0.02。在非线性动力分析中考虑了支座滑动摩擦和阻尼器耗能作用等因素的影响。根据主桥地震反应结果及阻尼器参数分析结果,给出了建议的配筋率。对结构在两种概率水平下的抗震性能进行了验算,其中纵向地震响应以非线性时程分析结果为准,横向地震响应以反应谱分析结果为准。通过结构地震响应和结构抗震能力检算分析得到以下结论:

(1)结构动力特性方面,全桥(无纵向约束体系)的基本频率为 0.123 7 Hz,基本周期为 8.087 4 s。

(2)在纵向地震动作用下设置阻尼器(C=2 000,α=0.2 或 C=2 000,α=0.3),梁端纵向位移减小的最大百分比为 74.69%;设置中央扣,梁端纵向位移减小的最大百分比为 57.67%,中央扣受力较大,远高于其破裂力 2 197 kN,且梁端位移 0.786 m 仍较大;阻尼器和中央扣组合设置,梁端纵向位移减小的最大百分比为 78.84%,中央扣受力相对减小,且控制梁端位移明显,较为理想;设置弹性索(k≈40 000 kN/m,采用钢绞线,f_{pk}=1 860 MPa,弹性模量 E=195 GPa,索截面 A=0.013 44 m^2,索长 L=65.52 m,可按 $0.75f_{pk}$ 张拉或 k≈50 000 kN/m,采用钢绞线,f_{pk}=1 860 MPa,弹性模量 E=195 GPa,索截面 A=0.016 10 m^2,索长 L=62.79 m,可按 $0.75f_{pk}$ 张拉),梁端纵向位移减小的最大百分比为 64.24%,弹性索方案弹性索力较大,对索两端的锚固连接处要求较高。

(3)根据该桥的地震安全性评价结果,其所处场地的地震动较大,悬索桥地震响应相对较大,应注意主、引桥之间伸缩缝的处理,采取合适的构造措施,防止因主、引桥之间的碰撞、落梁等震害的发生。

(4)根据现有设计资料,为满足抗震性能目标,给出建议的配筋率,并验算满足预期性能目标。

(5)在 E1 和 E2 地震作用下,主缆和吊索均在弹性范围内工作。

第 4 章 高山深谷地形下悬索桥抗风性能研究

涛源金沙江大桥是一座单跨简支钢箱梁地锚式悬索桥,跨径布置为(160+636+140)m。涛源金沙江大桥桥位处于高山深谷的地貌之中,风况复杂多变,常有突发大风,风环境极为恶劣。由于桥位附近缺乏风参数观测站,其风参数仅能参考大理、丽江等几个距离桥址 80 余千米的气象站数据,故需借助地形模型试验来精确测定。此外,涛源金沙江大桥结构轻盈且柔韧性高,阻尼较小,因此对风的作用极为敏感,抗风性能成为设计和建造过程中的关键控制因素之一。为确保大桥在施工及运营期间的抗风安全,有必要深入研究施工图设计方案的抗风性能,从而为大桥的抗风设计提供全面、可靠的数据支持和解决方案。

4.1 桥址风参数地形模型风洞试验

4.1.1 桥址地形模型设计与制作

在涛源金沙江大桥地形模型桥址风参数风洞试验研究中,模拟了以涛源金沙江大桥主跨跨中为中心,覆盖直径 10 km 范围内的地形情况,如图 4-1 所示。

图 4-1 涛源金沙江大桥桥址周边 10 km 地形模型

模型比例为 1∶2 200,直径约为 5.5 m,10 km 范围以外采用斜坡来近似模拟地形的变化。模型底面相当于海拔 1 219.5 m,所模拟 10 km 范围地形在立面上投影平均海拔约 1 900 m,对应模型高度为 0.309 m,由此可以得到地形模型风洞阻塞度为

$$F_s = (0.309 \times 5.5)/(15 \times 2) = 5.67\% < 7\% \tag{4-1}$$

地形模型的宽度为 5.5 m，约为同济大学 TJ-3 风洞宽度（宽 15 m）的 36.7%；其最大高度为 0.528 m，约为 TJ-3 风洞高度的 26.4%。该模型由泡沫塑料板和聚苯乙烯（KT）板层叠而成，每层的形状根据地形等高线确定，对应实际地形高差制作精度为 5 m。在试验中，地形模型被固定在 TJ-3 风洞直径 6.7 m 的大转盘上，以便对地形模型进行不同风向角来流作用下的风参数测试。定义正北方向来风（北风）为地形模型 0°风向角，俯视顺时针方向旋转则角度增大，即 90°风向角对应东风、180°风向角对应南风、270°风向角对应西风。

4.1.2 大气边界层风场模拟

涛源金沙江大桥桥址处为起伏较大的山区，地面粗糙度指数为 0.30，梯度风高度为 450 m。本次地形模型比例为 1∶2 200，边界层高度 450 m 相当于模型高度 204.5 mm。本次地形模型模拟了以涛源金沙江大桥主跨跨中为中心，半径 5 km 范围内的地形，因此桥址处的大气边界层风场可以由地形自然产生。鉴于地形模型模拟范围外是同样的山区地貌，因此在风洞中模拟了 1∶2 200 的来流风场。来流风场的模拟中主要考虑梯度风高度和风速剖面。在同济大学 TJ-3 大气边界层风洞中，用粗糙元模拟了缩尺比为 1∶2 200 的 D 类地貌紊流风场，风速剖面指数 α 的目标值为 0.30，梯度风高度取 450 m。

在大气边界层模拟风场的调试中，风速特性采用由丹麦 DANTEC 公司的 StreamLine 热线/热膜风速仪、A/D 板、PC 机和专用软件所组成的系统来测量。热线探头事先已经过仔细标定。该系统可以用来测量风洞中模拟流场的平均风速剖面，紊流强度（湍流度）剖面以及脉动风的功率谱等流场数据。由实测数据拟合得到的模拟风场风速剖面指数为 0.29，实测平均风剖面与要求剖面相近。边界层高度为 202 mm，与要求值 204.5 mm 也非常接近。

4.1.3 地形模型试验概况

结合涛源金沙江大桥主梁及桥塔风参数研究的需要，两岸桥塔均作为测点，两座桥塔均坐落在岸上，主跨靠近桥塔处各有一段地面标高高于主梁底面，在主梁高度风参数测试时，取主跨主梁底面标高高于地面标高的一段长度为 548.24 m 主梁的两个四分点及中间点共 3 个测点。5 个测点布置情况如图 4-2 所示，其中，测点 1 为大理岸桥塔、测点 5 为永胜岸桥塔。以大理岸桥塔中心为起点，5 个测点均布置在主梁纵轴线上，距离起点的距离分别为 0 m、215.365 0 m、352.493 3 m、489.621 7 m、636 m，对应模型距离为 0 mm、97.9 mm、160.2 mm、222.6 mm 和 289.1 mm。

在测点 2、测点 3 和测点 4 对主梁基准高度处风速进行测量，在测点 1 和测点 5 则对不同高度处都进行测试，用于测定两座桥塔处的风剖面特性。涛源金沙江大桥主梁、桥塔及地形等各控制高度等参数见表 4-1。

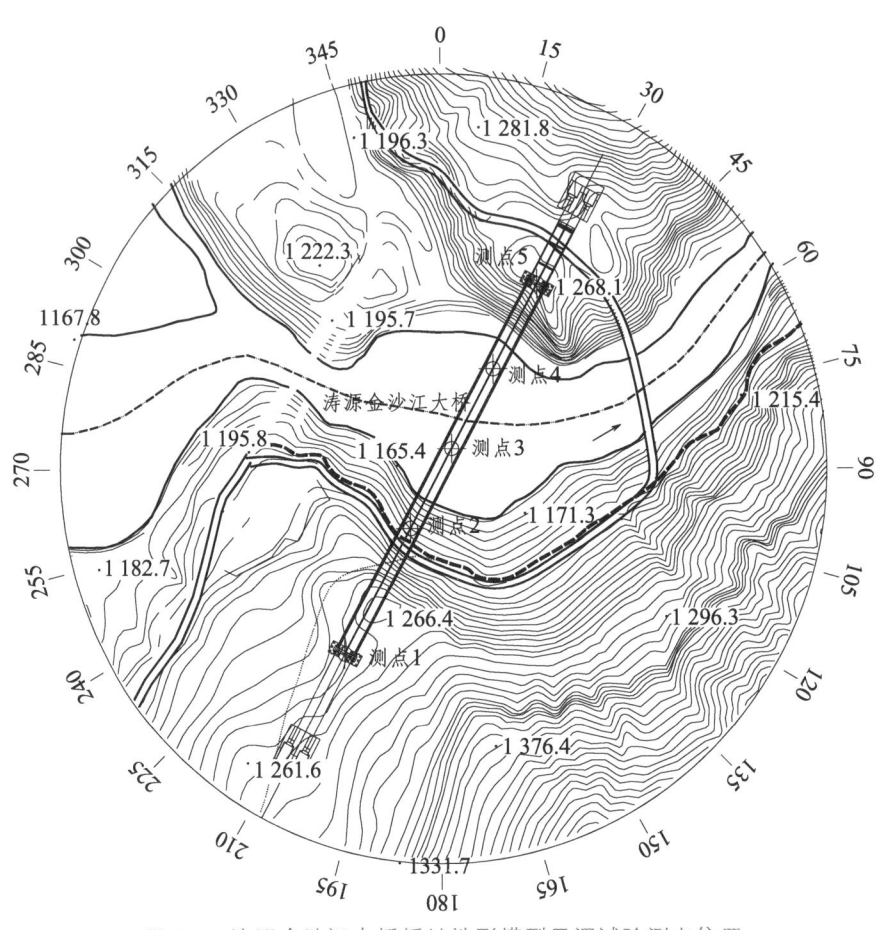

图 4-2 涛源金沙江大桥桥址地形模型风洞试验测点位置

表 4-1 涛源金沙江大桥主梁、桥塔及地形控制高度

控制点	海拔高度/m	距离海拔 1 219.50 m 高度差/m	距离模型底面（对应海拔 1 219.50 m）高度差/mm
主跨主梁基准高度	1 270.30	50.80	23.10
大理岸桥塔承台顶面	1 255.72	36.22	16.50
大理岸桥塔基准高度（65%桥塔高度）	1 308.37	88.87	40.40
大理岸塔顶	1 336.72	117.22	53.30
永胜岸桥塔承台顶面	1 266.58	47.08	21.40
永胜岸塔基准高度（65%桥塔高度）	1 316.31	96.81	44.0
永胜岸塔顶	1 343.08	123.58	56.20
以主跨跨中为中心，半径 5 km 范围内地形最高点	2 380.00	1 160.5	527.50

结合表 4-1 中所列涛源金沙江大桥主梁、桥塔及地形控制高度，确定了风特性测试中各测点测试高度，具体见表 4-2。

表 4-2 地形模型风洞试验各测点测试高度

测点号	测点高度/mm	距离海拔 1 219.50 m 高度差/m	海拔高度/m
测点 1	20、25、30、35、40、45、50、55、100～1 000（间隔 50）	44、55、66、77、88、99、110、121、220～2 200（间隔 110）	1 263.50、1 274.50、1 285.50、1 296.50、1 307.50、1 318.50、1 329.50、1 340.50、1 439.50～3 419.50（间隔 110）
测点 5	25、30、35、40、44、50、55、60、100～1 000（间隔 50）	55、66、77、88、96.8、110、121、132、220～2 200（间隔 110）	1 274.50、1 285.50、1 296.50、1 307.50、1 316.30、1 329.50、1 340.50、1 351.50、1 439.50～3 419.50（间隔 110）
测点 2 测点 3 测点 4	23.1	50.80	1 270.30

从表 4-2 可知，测点 1 的布置从桥塔承台海拔起至塔顶高度范围内，测点间隔为 5 mm（对应实桥高度 11 m），并在两岸桥塔基准高度处增设了测点；超出塔顶高度后，测点高度间隔增加至 50 mm（对应实桥高度 110 m）。最高测点高度为 1 000 mm（对应实桥海拔 3 419.5 m），超过了地形模型对应 10 km 范围内最高海拔点 2 380 m。因此，在测点 1 和测点 5 处可以提供风剖面观测结果，在测点 2、测点 3、测点 4 则进行主梁基准高度处风速观测。

试验风向角的范围为 0°～360°，间隔 15°，共有 24 个风向角。试验中将正北方向定义为 0°风向角。试验中在风洞中地形模型上风侧，不受模型干扰且离开风洞洞壁边界层足够远的区域中设置一个参考点，在该参考点处安装风速探头来监测和控制试验参考风速。本次试验中参考点设置在通过涛源金沙江大桥主跨跨中的风洞横截面内，距离风洞侧壁 2.0 m，距离风洞底板高度 $Z_{rm} = 1$ m。

4.1.4 桥面高度风速试验结果

在试验中，测点和参考点处的风速利用风速采集系统同步采集。由于试验在均匀流场中进行，因此在参考点处测得的参考风速相当于梯度风风速，由此可以得到该点该高度处的实际风速：

$$V_Z = \left(\frac{V_{zm}}{V_{gm}}\right) \times V_g = \left(\frac{V_{zm}}{V_{rm}}\right) \times V_g \quad (4\text{-}2)$$

式中：V_Z——实际高度 Z 的实际风速；

V_{zm}——模型高度 z 处的实测平均风速；

V_{rm}——模型参考点实测平均风速,等于模型试验中的梯度风风速V_{gm};

V_g——实际的梯度风速。

其中,$z = Z \times C_L$,C_L为地形模型缩尺比,在本试验中,$C_L = 1/2\,200$。

通过对测点 2 到测点 4 模型高度 23.1 mm 处风速测试,可得到成桥运营状态时主跨主梁桥面高度处的设计基准风速,即

$$V_d = \left(\frac{V_{dm}}{V_{rm}}\right) \times V_g \tag{4-3}$$

式中:V_{dm}——模型桥面高度处实测平均风速。

对于施工阶段,重现期取 10 年,参照《公路桥梁抗风设计规范》(JTG/T D60-01—2004),风速重现期系数 $\eta = 0.84$,即

$$V_{sd} = \eta V_d = 0.84 \times V_d \tag{4-4}$$

涛源金沙江大桥主跨长 636 m,这样考虑风速的脉动影响及水平相关特性的无量纲修正系数 μ_f 可参照《公路桥梁抗风设计规范》(JTG/T D60-01—2004),按 D 类地表类别取为 1.361 9。考虑风洞试验误差及设计、施工中不确定因素的综合安全系数 $K = 1.2$,则 100 年重现期成桥运营状态颤振检验风速为

$$[V_{cr}] = K\mu_f V_d = 1.2 \times 1.3619 \times V_d \tag{4-5}$$

对于施工阶段,其颤振检验风速为

$$[V_{scr}] = \eta[V_{cr}] = 0.84 \times [V_{scr}] \tag{4-6}$$

由试验结果可知:

(1)24 个风向角情况下,主梁基准高度处来流的风攻角在 -9.8°~+3.2°之间(测点 2、3、4 的风攻角有较大差异,取接近主跨跨中处测点 3 的风攻角)。15 个风向角情况下风攻角分布在 -3.0°≤α≤+3.0°范围内;1 个风向角情况下风攻角超过 3.0°,为 3.2°;4 个风向角情况下风攻角分布在 -5.0°≤α<-3.0°范围内;4 个风向角情况下风攻角分布在 -10.0°≤α<-5.0°范围内。表 4-3 给出了 3 个最大负攻角和 3 个最大正攻角测试结果。

表 4-3 涛源金沙江大桥主梁基准高度处最大正负风攻角对应风参数

跨中风攻角/ (°)	风向角/ (°)	施工阶段		成桥阶段	
		设计基准风速/ (m/s)	颤振检验风速/ (m/s)	设计基准风速/ (m/s)	颤振检验风速/ (m/s)
-9.8	120	13.4	21.8	15.9	25.9
-6.7	135	17.9	29.2	21.3	34.8
-6.0	90	32.3	52.8	38.4	62.8
+1.9	345	20.7	33.8	24.6	40.2
+2.7	330	21.9	35.9	26.1	42.7
+3.2	30	21.8	35.8	26.0	42.6

（2）表 4-4 给出了风速最高的 5 个风向角试验结果。5 个风向角下，跨中风攻角均为负值，这表明涛源金沙江大桥主梁基准高度处大风时基本为负攻角。

表 4-4 涛源金沙江大桥主梁基准高度处最大风速情况

跨中风攻角/ （°）	风向角/ （°）	施工阶段		成桥阶段	
		设计基准风速/ （m/s）	颤振检验风速/ （m/s）	设计基准风速/ （m/s）	颤振检验风速/ （m/s）
−2.9	225	34.2	55.9	40.7	66.6
−3.9	75	33.9	55.4	40.3	65.9
−6.0	90	32.3	52.8	38.4	62.8
−1.3	255	31.0	50.7	36.9	60.3
−2.8	210	30.7	50.1	36.5	59.7

（3）桥面高度来流紊流度较大，顺风向紊流度变化范围为 13.6%～45.8%，其中 76.4% 的顺风向紊流度在 13.6%～30% 范围内。72 个测试数据的平均值为 24.2%，与《公路桥梁抗风设计规范》（JTG/T D60-01—2004）中 D 类地貌 50～70 m 高度范围内顺风向紊流强度为 0.24 的规定非常接近。

（4）桥面高度水平横向紊流度变化范围为 9.4%～44.0%。其中，88.9% 的横向紊流度在 9.4%～30% 范围内，72 个测试数据的平均值为 20.2%。水平横向紊流度与纵向紊流度的比值分布在 55%～111%，但 90.3% 的水平横向紊流度小于纵向紊流度，72 个测试数据的平均值为 83.4%。水平横向紊流度 I_v 与纵向紊流度 I_u 之间的关系与《公路桥梁抗风设计规范》（JTG/T D60-01—2004）中 $I_v = 0.88 I_u$ 的规定比值较为接近。

（5）桥面高度竖向紊流度变化范围为 6.8%～39.3%。其中，91.79% 的竖向紊流度在 6.8%～30% 范围内，72 个测试数据的平均值为 15.0%。水平横向紊流度与纵向紊流度的比值分布在 38%～91%，72 个测试数据的平均值为 62.1%。竖向紊流度 I_v 与纵向紊流度 I_u 之间的比值大于《公路桥梁抗风设计规范》（JTG/T D60-01—2004）中 $I_w = 0.50 I_u$ 的规定比值。

（6）桥面高度风速较大的试验风向角范围包含 45°～90° 和 195°～270° 两个区域。在 45°～90° 风向角来流时，桥位处主梁风偏角在 50°～67° 范围内；在 195°～270° 风向角来流时，主梁风偏角在 47°～83° 范围内。

由地形模型风洞试验结果可知，涛源金沙江大桥主跨跨中在不同风攻角情况下所得到的最大风速是不同的。因此，在不同风攻角情况下取相同的设计基准风速和颤振临界风速显然过于保守。根据试验结果风攻角分布特点，将其划分为表 4-5 所示 5 个风攻角范围，可计算得到 −10°≤α≤5° 范围内不同风攻角对应的涛源金沙江大桥在施工及成桥运营阶段设计基准风速和颤振检验风速，结果见表 4-5。图 4-3 给出了涛源金沙江大桥颤振检验风速与风攻角关系。

通常情况下，风攻角在 $-3°≤α≤3°$ 范围的单一设计基准风速和颤振检验风速不同，表 4-5 给出了风攻角在 $-10°≤α≤5°$ 范围内，5 种风攻角范围所各自对应的涛源金沙江大桥在施工及成桥运营阶段相应设计基准风速和颤振检验风速。

表 4-5　涛源金沙江大桥不同风攻角范围内设计基准风速和颤振检验风速

风攻角范围/(°)	施工阶段		成桥阶段	
	设计基准风速/(m/s)	颤振检验风速/(m/s)	设计基准风速/(m/s)	颤振检验风速/(m/s)
$-10.0≤α<-7.0$	13.4	21.8	15.9	25.9
$-7.0≤α<-5.0$	32.3	52.8	38.4	62.8
$-5.0≤α<-3.0$	33.9	55.4	40.3	65.9
$-3.0≤α≤+3.0$	34.2	55.9	40.7	66.6
$+3.0<α≤+5.0$	21.8	35.8	26.0	42.6

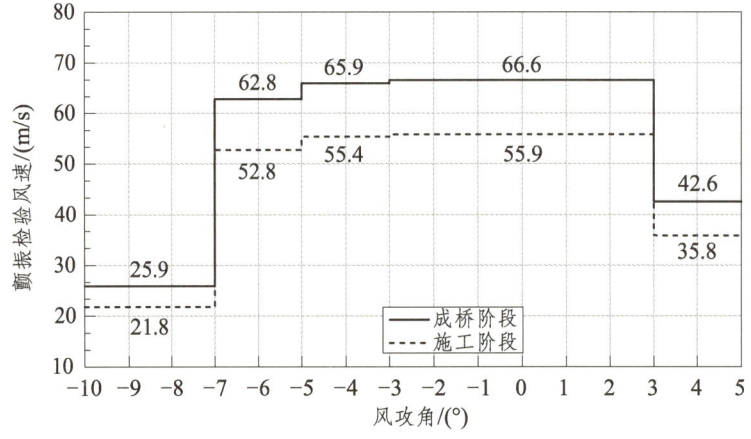

图 4-3　涛源金沙江大桥颤振检验风速-风攻角关系

4.1.5　根据规范确定桥面高度风速

涛源金沙江大桥桥面高度风速也可以根据《公路桥梁抗风设计规范》（JTG/T D60-01—2004）来确定。规范附录 A 中提供了全国基本风速分布图和全国主要气象台站基本风速值，与涛源金沙江大桥桥址最为接近的是丽江市和大理市。丽江市和大理市基本风速（在平坦开阔地貌条件下，地面以上 10 m 高度处，100 年重现期的 10 min 平均年最大风速）分别为 26.9 m/s 和 38.7 m/s。涛源金沙江大桥桥址距离大理市和丽江市的直线距离分别为 75 km 和 85 km，由于没有风速实测或地形模型风洞试验数据作为参考，为保证涛源金沙江大桥这一重大工程的抗风安全性，涛源金沙江大桥基本风速偏安全地取大理市基本风速，即

$$V_{10} = 38.7 \text{ m/s} \tag{4-7}$$

《公路桥梁抗风设计规范》(JTG/T D60-01—2004)中基本风速所对应的为 B 类地貌，其平均风风剖面幂指数为 $\alpha = 0.16$，梯度风高度为 350 m。涛源金沙江大桥位于金沙江峡谷中，周边地貌为起伏较大的山区丘陵，根据《公路桥梁抗风设计规范》(JTG/T D60-01—2004)桥址区地表类别为 D 类，平均风剖面幂函数指数 α 取为 0.30，梯度风高度为 450 m。根据梯度风相等的原理可以推算出涛源金沙江大桥桥址处的设计基本风速为

$$V_{s10} = V_{10}\left(\frac{\delta_1}{z_{10}}\right)^{\alpha_1}\left(\frac{z_{10}}{\delta}\right)^{\alpha} = 38.7 \times \left(\frac{350}{10}\right)^{0.16} \times \left(\frac{10}{450}\right)^{0.30} = 21.8 \text{ m/s} \tag{4-8}$$

涛源金沙江大桥主跨由大理到永胜方向桥面设计标高逐步提高，大理和永胜侧桥塔处主梁设计标高分别为 1 265.20 m 和 1 271.60 m。按照《公路桥梁抗风设计规范》(JTG/T D60-01—2004)，取两侧桥塔处主梁平均高度+0.8×两桥塔处主梁设计标高之差作为主梁基准高度，即 1 270.3 m。根据设计方的资料，桥位处平均水位为 1 219.5 m。由此，桥面离水面高度按 50.8 m 计算，该桥桥面高度处成桥运营状态设计基准风速为

$$V_d = V_{s10}(50.8/10)^{0.30} = 21.8 \times 1.6284 = 35.5 \text{ m/s} \tag{4-9}$$

对于施工阶段，按设计方的要求，风速重现期取 10 年，参照《公路桥梁抗风设计规范》(JTG/T D60-01—2004)，风速重现期系数 $\eta = 0.84$，即

$$V_{sd} = \eta V_d = 0.84 \times 35.5 = 29.8 \text{ m/s} \tag{4-10}$$

涛源金沙江大桥主跨长 636 m，这样考虑风速的脉动影响及水平相关特性的无量纲修正系数 μ_f 可参照《公路桥梁抗风设计规范》(JTG/T D60-01—2004)，按 D 类地表类别取为 1.361 9。考虑风洞试验误差及设计、施工中不确定因素的综合安全系数 $K = 1.2$，则 100 年重现期成桥运营状态颤振检验风速为

$$[V_{cr}] = K\mu_f V_d = 1.2 \times 1.361\ 9 \times 35.5 = 58.0 \text{ m/s} \tag{4-11}$$

施工阶段的颤振检验风速为

$$[V_{scr}] = \eta[V_{cr}] = 0.84 \times 58.0 = 48.7 \text{ m/s} \tag{4-12}$$

4.1.6 桥塔基准高度风速试验结果

大理岸桥塔承台顶面标高为 1 255.72 m，塔顶标高为 1 336.72 m，桥塔承台以上高度为 81 m；桥塔基准高度为地面以上高度的 65%，即 52.65 m，对应海拔高度为 1 308.37 m。永胜岸桥塔承台顶面标高为 1 266.58 m，塔顶标高 1 343.08 m，桥塔承台以上高度为 76.5 m；桥塔基准高度为地面以上高度的 65%，即 49.725 m，对应海拔高度为 1 316.31 m。

地形模型比例为 1∶2 200，模型底部对应海拔标高为 1 219.50 m。由此，可以得到涛源金沙江大桥大理岸和永胜岸桥塔基准高度对应距离模型底部高度约为 40.4 mm 和

44.0 mm。通过对测点 1 和测点 5 距离模型底部高度 40 mm 和 44 mm 处风速测试,即可得到成桥运营状态时两岸桥塔的设计基准风速为

$$V_\mathrm{d}^\mathrm{t} = \left(\frac{V_\mathrm{dm}^\mathrm{t}}{V_\mathrm{gm}}\right) \times V_\mathrm{g} = \left(\frac{V_\mathrm{dm}^\mathrm{t}}{V_\mathrm{rm}}\right) \times V_\mathrm{g} \quad (4\text{-}13)$$

式中:V_dm^t——桥塔模型基准高度处实测平均风速。

对于施工阶段,重现期取 10 年,参照《公路桥梁抗风设计规范》(JTG/T D60-01—2004),风速重现期系数 $\eta = 0.84$,可以得到施工状态两侧桥塔设计基准风速为

$$V_\mathrm{sd}^\mathrm{t} = \eta V_\mathrm{d}^\mathrm{t} = 0.84 \times V_\mathrm{d}^\mathrm{t} \quad (4\text{-}14)$$

参照《公路桥梁抗风设计规范》(JTG/T D60-01—2004),涛源金沙江大桥两岸桥塔成桥运营状态驰振检验风速为

$$[V_\mathrm{cg}^\mathrm{t}] = 2 \times V_\mathrm{d}^\mathrm{t} \quad (4\text{-}15)$$

施工阶段涛源金沙江大桥两侧桥塔的驰振检验风速为

$$[V_\mathrm{scg}^\mathrm{t}] = \eta[V_\mathrm{cg}^\mathrm{t}] = 0.84 \times [V_\mathrm{cg}^\mathrm{t}] \quad (4\text{-}16)$$

表 4-6 给出了试验得到的 24 个风向角下测点 1(大理岸)桥塔基准高度处的实测风速与梯度风速之比以及来流方向、来流方向相对于桥塔平面的风偏角、风攻角、纵向及横向紊流度等数据。

表 4-6　大理岸桥塔基准高度处风速试验结果

风向角/(°)	实测风速/(m/s)	参考风速/(m/s)	实测风速/梯度风速	来流角度/(°)	相对桥塔平面风偏角/(°)	风攻角/(°)	I_u/%	I_v/%
0	7.84	12.38	0.633	13	75	2.6	16.8	11.9
15	7.69	12.34	0.624	24	86	2.9	13.2	12.5
30	7.89	12.33	0.640	37	81	5.6	15.1	13.2
45	9.29	12.39	0.750	44	74	−1.5	14.5	12.3
60	7.29	12.43	0.587	46	72	−0.3	18.7	15.9
75	8.21	12.40	0.662	54	64	−3.6	15.9	14.3
90	6.35	12.40	0.512	37	81	−3.5	24.6	24.4
105	3.77	12.38	0.304	31	87	5.3	40.7	35.3
120	3.20	12.36	0.259	134	16	−8.1	41.4	41.9
135	5.42	12.37	0.438	173	55	−9.5	28.9	27.8
150	6.57	12.37	0.531	168	50	−9.0	25.3	19.2
165	6.07	12.35	0.491	175	57	−7.2	22.2	18.1
180	7.86	12.38	0.635	186	68	−6.3	16.1	10.2

续表

风向角/(°)	实测风速/(m/s)	参考风速/(m/s)	实测风速/梯度风速	来流角度/(°)	相对桥塔平面风偏角/(°)	风攻角/(°)	I_u/%	I_v/%
195	9.34	12.30	0.759	197	79	−5.3	12.2	7.6
210	9.35	12.29	0.761	210	88	−4.2	10.2	7.9
225	9.96	12.26	0.812	216	82	−4.0	12.5	13.2
240	7.87	12.26	0.642	223	75	−1.8	18.3	21.3
255	8.41	12.24	0.687	229	69	−2.4	18.9	18.1
270	7.16	12.24	0.585	248	50	0.9	19.4	27.1
285	5.88	12.24	0.481	269	29	3.9	21.6	18.5
300	6.48	12.24	0.529	289	9	4.4	18.3	14.4
315	6.12	12.25	0.500	313	15	5.4	17.3	12.5
330	6.72	12.35	0.545	340	42	5.2	15.8	12.2
345	6.96	12.31	0.566	7	69	5.0	16.9	14.9

由表 4-6 试验结果可知：

（1）大理岸桥塔基准高度（模型高度为 40 mm，实际高度为 88 m）处来流的风攻角变化范围为 −9.5°~+5.6°，24 个风向角中有 14 个风攻角分布在 −5°~+5°之间。

（2）相对于桥面高度，大理岸桥塔基准高度处紊流度所有减小，顺风向和水平横风向紊流度变化范围分别为 10.2%~41.4% 和 7.6%~41.9%。总的来说，顺风向紊流度与风速之间为趋势相反关系，即风速越高，紊流度越小，风速越低，紊流度越大。

（3）大理岸桥塔基准高度处平均风速较大的风向角范围包含 0°~75° 和 180°~270°。这两个风速较大的风向角区域与桥面高度来流风速较大的范围基本一致。

（4）大理岸桥塔基准高度处平均风速较小的风向角范围为 90°~165° 和 285°~345°。这两个风速较小的风向角范围与桥面高度来流风速较小的范围基本一致。

（5）由于离地高度较大的原因，与桥面高度来流相比，大理岸桥塔基准高度处来流的紊流度有所降低。

大理岸桥塔在成桥运营和施工阶段设计基准风速和驰振检验风速见表 4-7。

表 4-7　涛源金沙江大桥桥塔设计基准风速和驰振检验风速

桥塔位置	施工阶段		成桥运营阶段	
	设计基准风速/(m/s)	驰振检验风速/(m/s)	设计基准风速/(m/s)	驰振检验风速/(m/s)
大理岸	39.5	79.0	47.0	94.1
永胜岸	39.5	79.0	47.0	94.1

表 4-8 给出了试验得到的 24 个风向角下测点 5（永胜岸）桥塔基准高度处的实测风速与梯度风速之比以及来流方向、来流方向相对于桥塔平面的风偏角、风攻角、纵向及横向紊流度等数据。

表 4-8 永胜岸桥塔基准高度处风速试验结果

风向角/（°）	实测风速/（m/s）	参考风速/（m/s）	实测风速/梯度风速	来流角度/（°）	相对桥塔平面风偏角/（°）	风攻角/（°）	I_u/%	I_v/%
0	5.37	12.37	0.434	14	76	−7.8	24.7	16.2
15	6.48	12.36	0.524	28	90	−5.7	18.1	12.7
30	7.05	12.34	0.571	43	75	−3.7	16.4	12.2
45	8.68	12.40	0.700	56	62	−5.4	15.3	11.4
60	7.84	12.43	0.631	54	64	−6.5	17.9	18.1
75	10.03	12.41	0.808	67	51	−7.9	13.6	11.4
90	10.06	12.39	0.812	66	52	−12.8	12.3	11.2
105	6.34	12.38	0.512	61	57	−12.2	30.5	34.0
120	3.48	12.34	0.282	114	4	−1.5	39.4	42.4
135	4.51	12.33	0.365	174	56	1.1	29.4	29.5
150	5.37	12.40	0.433	162	44	−0.3	27.7	28.0
165	5.03	12.36	0.407	166	48	0.9	27.6	27.3
180	6.68	12.35	0.541	183	65	1.6	23.8	16.0
195	8.11	12.32	0.658	200	82	3.5	15.3	9.7
210	7.91	12.26	0.645	218	80	5.8	14.1	10.8
225	9.11	12.26	0.743	223	75	5.2	14.5	15.4
240	8.21	12.24	0.671	234	64	4.7	17.0	19.0
255	8.16	12.25	0.666	240	58	8.3	16.2	21.9
270	8.37	12.23	0.684	255	43	6.0	12.7	14.1
285	7.50	12.24	0.613	272	26	2.6	15.8	14.9
300	7.21	12.24	0.589	282	16	3.1	15.0	11.8
315	6.48	12.26	0.528	304	6	1.6	15.9	11.3
330	6.02	12.33	0.488	337	39	−1.1	19.3	14.4
345	4.73	12.32	0.384	357	59	−2.8	32.4	22.6

由表 4-8 试验结果可知：

（1）永胜岸桥塔基准高度（模型高度 44 mm，实际高度 96.8 m）处来流的风攻角变化范围为 −12.8°~+8.3°，24 个风向角中有 13 个风攻角分布在 −5°~+5°之间。

（2）永胜岸桥塔基准高度处顺风向和水平横风向紊流度变化范围分别为 12.3%~39.4%

和 9.7%~42.4%。总的来说，顺风向紊流度与风速之间为趋势相反关系，即风速越高，紊流度越小，风速越低，紊流度越大。

（3）永胜岸桥塔基准高度处平均风速较大的风向角范围包含 30°~90°和 195°~300°。这两个风速较大的风向角区域与桥面高度来流风速较大的范围基本一致。

（4）永胜岸桥塔基准高度处平均风速较小的风向角范围为 315°~15°和 105°~180°。这两个风速较小的风向角范围与桥面高度来流风速较小的范围基本一致。

（5）由于离地高度较大的原因，与桥面高度来流相比，永胜岸桥塔基准高度处来流的紊流度有所降低。

由表 4-7、表 4-8 可知，大理岸和永胜岸桥塔设计基准风速和驰振检验风速相同。

4.2 节段模型风洞试验及全桥风振响应分析

4.2.1 节段模型颤振风洞试验

4.2.1.1 试验设备和测量仪器

节段模型测振试验在同济大学土木工程防灾国家实验室 TJ-2 边界层风洞中进行。TJ-2 边界层风洞是一座回流式低速风洞，试验段宽 3 m、高 2.5 m、长 15 m，空风洞试验风速范围为 1~68 m/s 连续可调。风致振动信号采用江苏联能电子技术有限公司生产的 CA-YD 系列压电式加速度计、美国 NI 公司的 PCI-6052E 数据采集 A/D 板，以及个人计算机和相应的信号采集、处理软件所组成的系统进行测量与分析。

4.2.1.2 相似条件与模型参数

试验采用弹簧悬挂二元刚体节段模型，节段模型通过 8 根弹簧悬挂在外置式支架上。根据实桥加劲梁断面尺寸和风洞试验段尺寸以及直接试验法的要求，选取节段模型的缩尺比为 1∶60。为了减少节段模型端部三维流动的影响，模型的总长度为 1.74 m，节段模型两端与风洞竖壁的间隙只有 3 cm。刚体节段模型的骨架由金属桁架梁构成，用 ABS 塑料板［丙烯腈（A）、丁二烯（B）、苯乙烯（S）三种单体的三元类聚物］作桥面，栏杆用 ABS 塑料板由电脑雕刻制成。图 4-4 所示为悬挂于风洞中的节段模型。

弹簧悬挂二元刚体节段模型风洞试验除了要求模型与实桥之间满足几何外形相似外，原则上还应满足以下三组无量纲参数的一致性条件：

弹性参数： $\dfrac{U}{f_v B}$，$\dfrac{U}{f_t B}$ 或 $\dfrac{f_t}{f_v}$（频率比）

惯性参数： $\dfrac{m_{eq}}{\rho b^2}$，$\dfrac{J_{meq}}{\rho b^4}$ 或 $\dfrac{r_e}{b}$（惯性半径比）

阻尼参数： ξ_v，ξ_t（阻尼比）

式中：U——平均风速；

f_v、f_t——竖向弯曲和扭转振动固有频率；

B——桥宽；

b——半桥宽；

m_{eq}、J_{meq}——单位桥长的等效质量和等效质量惯性矩；

ρ——空气密度；

r_e——回转半径；

ξ_v、ξ_t——竖向弯曲、扭转振动的阻尼比。

参照桥梁实测资料，对于钢结构大桥各阶模态阻尼比均取为 0.5%。

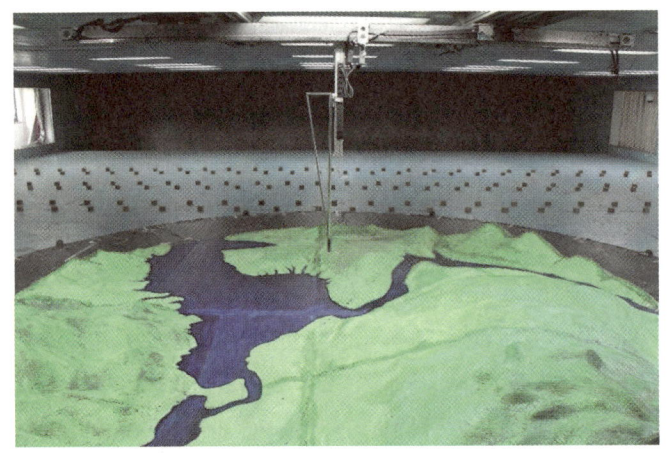

图 4-4　大气边界层风场迷你装置

试验弹性参数模拟了一阶扭转和一阶竖向弯曲振动。对于不同的模型姿态，实测竖弯和扭转阻尼比在一定的范围内稍有波动，均值在 0.5%左右。颤振和涡振试验均在均匀流场中进行，如图 4-5 所示。

（a）成桥状态

（b）施工状态

图 4-5　悬挂于 TJ-2 风洞均匀流场中桥梁主梁节段模型

4.2.1.3 成桥状态颤振试验

按实测模型的扭转频率计算成桥状态颤振试验的风速比为 1 : 7.4,最大试验风速为 16 m/s。图 4-6 展示了成桥状态节段模型在均匀流场弯扭二个自由度运动状态下的系统总阻尼随试验风速变化(ξ-U)曲线,颤振风速结果见表 4-9。

从图 4-6 和表 4-9 可以看出,在 0°~+5°攻角范围内,均出现了负阻尼发散现象;对应实桥结构阻尼比 0.5%(钢结构)在 0°、+3°、+5°攻角时,成桥状态的颤振临界风速分别为 97.8 m/s、82.6 m/s、70.5 m/s,均大于实桥成桥状态颤振检验风速;对于 -3°和 -5°攻角,在试验风速范围内均未出现颤振现象,其颤振临界风速超过 118 m/s。由此可见,该桥成桥状态具有足够的颤振稳定性。

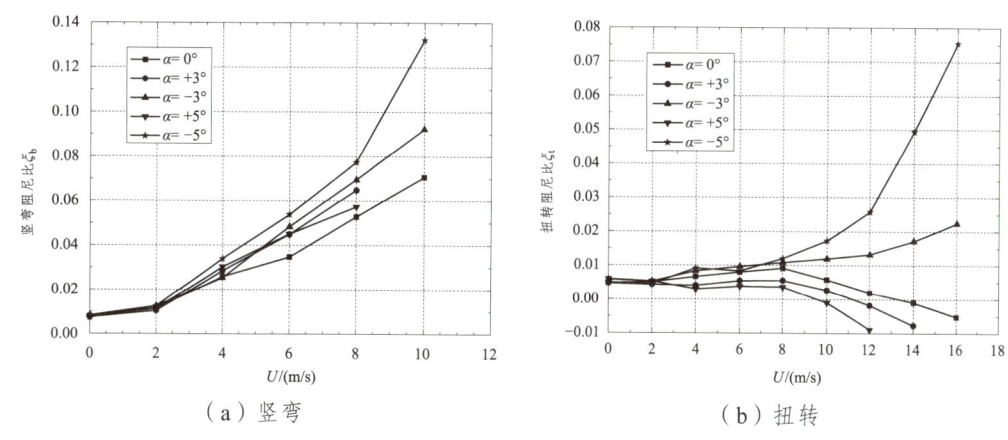

(a) 竖弯　　　　　　　　　　　(b) 扭转

图 4-6　成桥状态系统阻尼比-试验风速曲线

表 4-9　桥梁施工图设计颤振风速

状态	来流攻角/(°)	颤振临界风速/(m/s)	颤振检验风速/(m/s)
成桥状态	+5	70.5	42.6
	+3	82.6	66.6
	0	97.8	
	-3	118	
	-5	118	65.9
10%拼装率施工状态	+5	32.3	35.8
	+3	31.9	55.9
	0	35.2	
	-3	33.9	
	-5	31.7	55.4
80%拼装率施工状态	+5	45.0	35.8
	+3	57.0	55.9
	0	58.2	
	-3	56.4	
	-5	64.5	55.4

4.2.1.4 施工状态颤振试验

考虑到施工阶段10%拼装率为抗风稳定性的最不利状态,对10%拼装率施工状态进行了颤振试验。按实测模型的扭转频率计算施工状态颤振试验的风速比为1:10,最大试验风速为6 m/s。图4-7展示了该施工状态节段模型在均匀流场弯扭二个自由度运动状态下的系统总阻尼随试验风速变化(ξ-U)曲线,颤振风速结果见表4-9。从图4-7和表4-9表可以看出,在$-5°\sim +5°$攻角范围内,都出现了负阻尼发散现象。对应实桥结构阻尼比0.5%(钢结构)在$-5°$、$-3°$、$0°$、$+3°$、$+5°$攻角时施工状态的颤振临界风速分别为31.7 m/s、33.9 m/s、35.2 m/s、31.9 m/s、32.3 m/s,均低于该桥梁施工阶段的颤振检验风速。可见,在10%拼装率施工状态下,该桥梁不能满足抗风稳定性的要求。

同时,对80%拼装率施工状态进行了颤振试验,颤振风速结果见表4-9。从表4-9可知,在80%拼装率施工状态下,该桥梁各攻角下颤振性能满足抗风稳定性的要求。因此,基于颤振稳定性的安全要求,该桥梁在小于80%拼装率的施工阶段都应该避开强风季节。

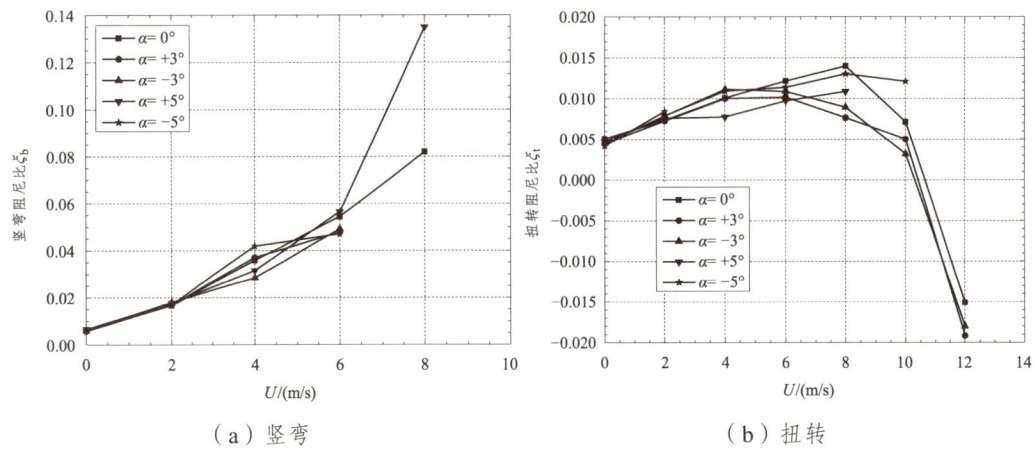

(a) 竖弯   (b) 扭转

图4-7 施工状态系统阻尼比-试验风速曲线

4.2.1.5 气动导数测定

施工图设计主梁颤振导数测定试验用的是测振试验的同一个节段模型,整个试验在均匀流场中进行。针对成桥和施工状态在$0°$、$+3°$、$-3°$攻角范围内采用了竖弯和扭转两自由度耦合振动,进行了颤振导数测定试验,其中,气动自激力的表达式为

$$L_{se} = \rho U^2 B \left[KH_1^*(K)\frac{\dot{h}}{U} + KH_2^*(K)\frac{B\dot{\alpha}}{U} + K^2 H_3^*(K)\alpha + K^2 H_4^*(K)\frac{h}{B} \right] \quad (4-17)$$

$$M_{se} = \rho U^2 B \left[KA_1^*(K)\frac{\dot{h}}{U} + KA_2^*(K)\frac{B\dot{\alpha}}{U} + K^2 A_3^*(K)\alpha + K^2 A_4^*(K)\frac{h}{B} \right] \quad (4-18)$$

式中:L_{se}——自激升力;

M_{se}——自激俯仰扭矩；

ρ——空气密度，ρ=1.225 kg/m³；

B——桥面宽度；

U——风速；

K——约化频率 $K=B\omega/U$；

H、α——竖向运动、扭转运动位移；

$(\dot{\ })$——对时间的导数。

从所记录的耦合振动信号中识别出各折减风速下的 8 个颤振导数 A_i^* 和 H_i^*（i=1,…,4），用于颤振分析和抖振分析。

4.2.2 主梁涡激共振试验

涡激振动试验在均匀流场中进行，试验攻角选择+3°、0°、−3°。在成桥状态下，所有涡振试验模型系统的竖向和扭转运动阻尼比约为 0.5%。根据《公路桥梁抗风设计规范》（JTG/T D60-01—2004）的规定，成桥状态和施工阶段主梁竖弯和扭转涡激共振振幅限值如下：

成桥状态竖弯涡激共振振幅限值为

$$[h_b]_{成桥}=0.04/f_b=0.04/0.220\ 5=0.181\ \text{m}$$

成桥状态扭转涡激共振振幅限值为

$$[\theta\alpha]_{成桥}=4.56/Bf_t=4.56/(31.4\times0.551\ 3)=0.263°$$

为了考虑全桥振动的三维空间效应，涡激共振节段模型的质量和质量惯性矩同样需要按实桥主梁的等效质量和等效质量惯性矩来模拟。此外，在由试验结果计算实桥的涡激共振幅值时，除了按几何缩尺比换算外，还需要引入如下式定义的振型修正系数，用来考虑实桥振型函数的影响：

$$y_{\max}=C_{Rv}C_{\varphi v,\max}y_{0m}/\lambda_L \qquad (4-19)$$

式中：$y_{\max}$——实桥主梁涡激共振位移幅值沿桥跨方向的最大值；

y_{0m}——为试验所得节段模型涡激共振位移幅值；

λ_L——为几何缩尺比；

C_{Rv}——小于 1.0 折减系数，用来考虑由于紊流等因素引起的涡激力沿桥跨方向不完全相关效应，当涡激共振发生时，由于结构振动对涡脱的诱导作用，涡激力沿桥跨方向相关性要高于非共振时的涡激力相关性，因此，在实际应用中可偏安全地认为 C_{Rv}=1.0；

$C_{\varphi v,\max}$——为涡激共振最大幅值振型修正系数，即

$$C_{\varphi v,\max} = \varphi_{v\max} \int_0^{L_g} \left|\varphi_{yv}(x)\right| dx \bigg/ \int_0^{L_g} \varphi_{yv}^2(x) dx \qquad (4\text{-}20)$$

其中：$\varphi_{v\max}$——主梁竖弯或扭转固有模态的振型函数沿桥跨方向的最大值；

$\varphi_{yv}(x)$——主梁上坐标为 x 处的竖弯或扭转振型对应的竖弯振型函数值；

L_g——主梁长度。根据有限元模态分析得到的振型结果，按式（4-20）可计算得到涛源金沙江大桥成桥运营状态竖弯或扭转基本模态对应的涡激共振振幅修正系数分别为 1.42 和 1.30。

对该桥梁成桥状态 3 个风攻角的竖弯和扭转涡振位移测试，结果见表 4-10 和图 4-8 所示。可见，在 +3°攻角出现了竖弯涡振，但幅值不超过规范限值；在 0°和 −3°均未出现明显的竖弯涡振和扭转涡振，满足规范要求。考虑到实际的大气边界层中通常具有一定的紊流度，对 5% 紊流度来流情况下主梁的涡振进行了测试，成桥状态节段模型在各个来流攻角下均未见明显的涡激共振现象。

表 4-10　风洞试验成桥状态下原始断面涡激共振特征参数表

成桥状态	涡振形态	攻角/（°）	主锁定风速（m/s）	最大振幅（单峰值）	振幅限值
主梁断面	竖弯	−3	—	—	0.181 m
		0	—	—	
		+3	9.9～15.3	0.170 m	
	扭转	−3	—	—	0.263°
		0	—	—	
		+3	—	—	

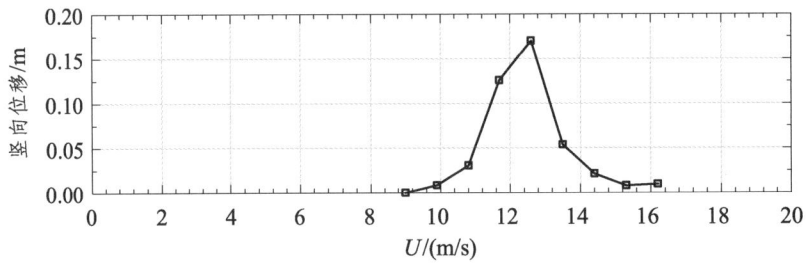

（a）3°风攻角位移结果

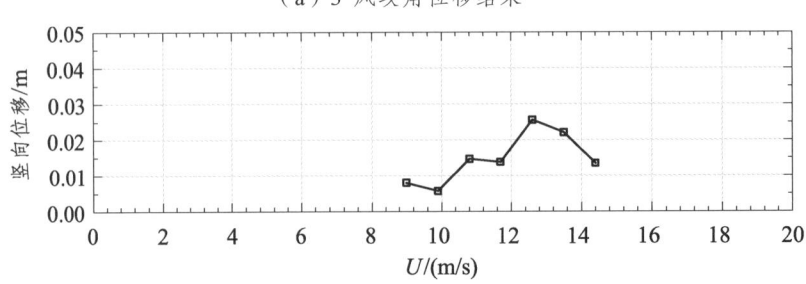

（b）0°风攻角位移结果

图 4-8　成桥状态竖向风振位移-风速曲线

4.2.3 节段模型测力风洞试验

4.2.3.1 试验设备和测量仪器

涛源金沙江大桥加劲梁气动力系数测试节段模型风洞试验在同济大学 TJ-2 边界层风洞中进行.气动力系数测试节段模型采用风致振动试验中的节段模型。在试验中,节段模型被竖直地安装在风洞中的转盘上,由位于风洞底板下、转盘机构上的自行开发的高灵敏度底支式五分量应变天平支撑,作用在节段模型上的气动力由该五分量应变天平进行测量。测试分施工状态(无桥面栏杆和防撞栏)和成桥状态(有桥面栏杆、防撞栏)两个工况进行,试验风速为 8 m/s。图 4-9 所示为置于风洞中的测力节段模型。模型的几何参数为:模型长度 L=1.74 m,模型宽度 B=0.523 m,模型高度 H=0.051 m。

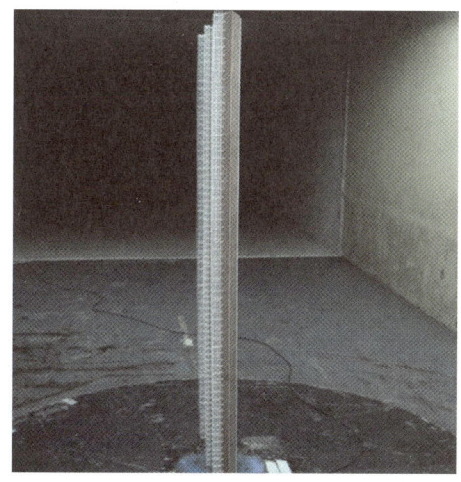

图 4-9 气动三分力测试现场

4.2.3.2 加劲梁断面三分力系数

如图 4-10 所示,作用在加劲梁上的气动三分力可用体轴系中的竖向气动力 F_V、横向气动力 F_H 和绕纵轴气动俯仰力矩 M 来表示,也可以用风轴系中的气动阻力 F_D、气动升力 F_L 和气动俯仰力矩 M 来表示。其中两个参考坐标系中的气动俯仰力矩一致。体轴系下的三分力系数定义为

横向气动力系数: $$C_H = \frac{F_H}{1/2\rho U_\infty^2 HL} \quad (4-21)$$

竖向气动力系数: $$C_V = \frac{F_V}{1/2\rho U_\infty^2 BL} \quad (4-22)$$

气动俯仰力矩系数: $$C_M = \frac{M}{1/2\rho U_\infty^2 B^2 L} \quad (4-23)$$

式中：U_∞——试验风速；

ρ——空气密度，$\rho = 1.225 \text{ kg/m}^3$；

L——节段模型长度；

H——加劲梁高度；

B——加劲梁宽度；

α——风攻角。

桥面结构静气动力坐标系如图 4-10 所示。风轴系气动力三分力系数的定义及其与体轴系气动力系数之间的转换关系为

风轴气动阻力系数：$$C_D = \frac{F_D}{1/2 \rho U_\infty^2 HL} = C_H \cos\alpha + C_V B/H \sin\alpha \qquad (4\text{-}24)$$

风轴气动升力系数：$$C_L = \frac{F_L}{1/2 \rho U_\infty^2 BL} = -C_H H/B \sin\alpha + C_V \cos\alpha \qquad (4\text{-}25)$$

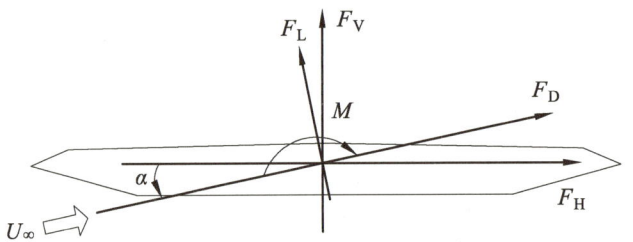

图 4-10 桥面结构静气动力坐标系

试验所得的施工图方案成桥状态加劲梁断面气动力系数随风攻角变化曲线如图 4-11 所示。试验所得的施工图方案施工状态加劲梁断面气动力系数随风攻角变化曲线如图 4-12 所示。

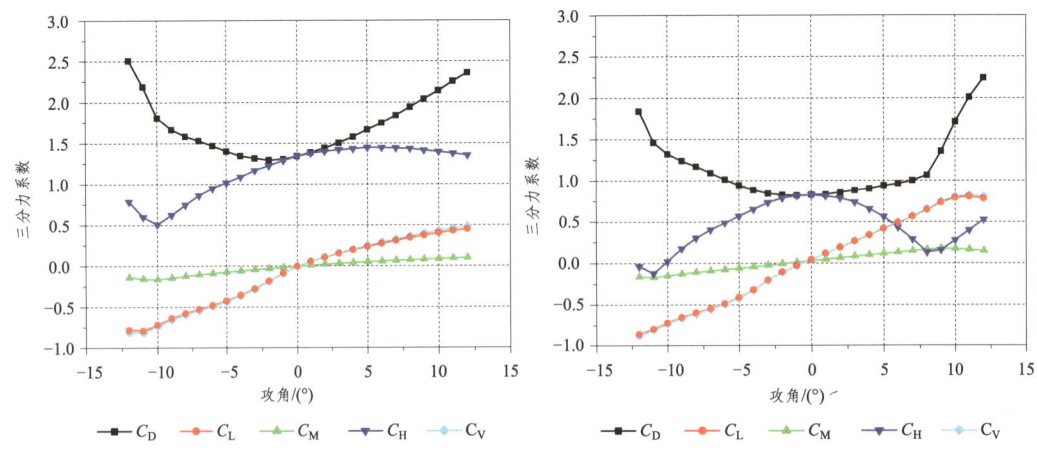

图 4-11 主梁断面三分力系数曲线（成桥状态）　　图 4-12 主梁断面三分力系数曲线（施工状态）

4.2.4 三维静风稳定性分析

在大跨径桥梁结构设计中，必须保证该桥梁结构在正常的设计风速下不出现静风失稳现象。因此，大跨径桥梁都需要进行静风稳定性分析。

桥梁结构静风稳定性分析在成桥内力状态的基础上进行。大跨径桥梁结构具有很强的非线性特征，因而在静风稳定性分析中，必须考虑桥梁结构的几何非线性。由于静风荷载本身也随结构变形而发生变化，静风力分析中，不仅需要考虑桥梁结构的几何非线性，还应该考虑静风力的荷载非线性特征。静风荷载计算包含了主梁、斜拉索和桥塔上的平均风荷载。主梁和桥塔截面静力三分力系数采用前面章节的试验和计算结果，主缆和吊杆截面的风阻力系数取为 0.8，并考虑了平均风速随高度的变化。

该桥成桥状态 0°来流攻角下主梁跨中竖向、横向和扭转位移随平均风速的变化情况如图 4-13 所示。在 0°来流自然攻角时，该桥成桥状态和最不利施工状态静风失稳风速超过 120 m/s，远大于静风失稳检验风速。可见，该桥不会发生静风失稳现象。

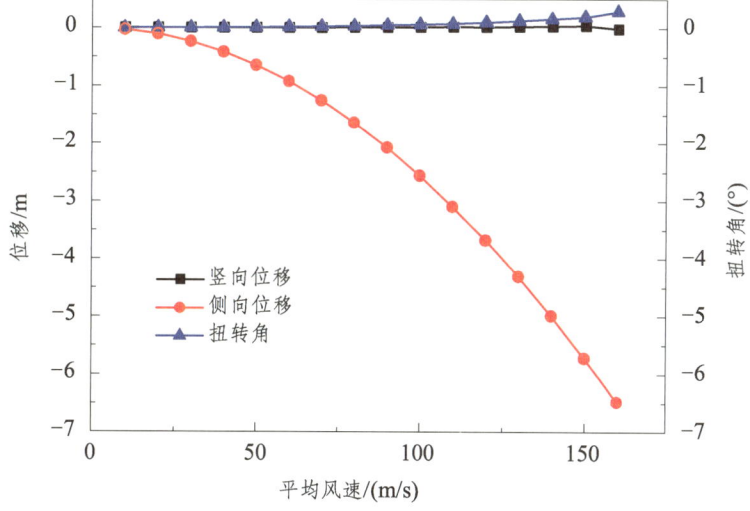

图 4-13 成桥状态主梁跨中静风位移随平均风速的变化情况

4.2.5 结构风荷载响应分析

作用于桥梁结构上的风荷载由设计基准风速下的静风荷载和抖振力风荷载叠加而成，因而桥梁结构的风荷载响应包括静风荷载响应和抖振荷载响应，分述如下。对于该桥梁来说，高桥塔的风荷载响应通常比低桥塔要大，因此以下给出高桥塔的风荷载响应。

4.2.5.1 静风荷载响应

对于该桥成桥状态在 0°来流攻角，且设计基准风速 40.7 m/s 下时，主梁中跨跨中和四分点以及桥塔顶静风位移的详细结果见表 4-11，主梁和桥塔各主要截面的静风载内力的详细结果见表 4-12 和表 4-13。将顺桥向定义为整体坐标系的 X 轴，竖向向上定义为 Y

轴，Z 轴符合右手法则，表中位移响应与整体坐标轴同向为正，反之为负，由于风向的变化，内力响应可能在不同的方向上出现，因而正负号无实际意义。

表 4-11 成桥状态横桥向风作用下各主要节点静风位移值

节点位置	节点编号	顺桥向位移/m	竖向位移/m	侧向位移/m	绕顺桥向轴转角/rad	绕竖轴转角/rad	绕横桥向轴转角/rad
主梁跨中	27	6E-05	-0.002	-0.43	2E-04	7E-06	-1E-06
主梁四分点	14	1E-04	-0.003	-0.307	2E-04	1.5E-03	-7E-07
塔顶	301	1E-04	9E-05	-0.003	-1E-05	1E-05	-4E-06

注：表中 E 表示 10 的幂，6E-05 表示 6×10^{-5}。

表 4-12 成桥状态横桥向风作用下主梁主要截面静风内力

截面编号	截面位置	轴力/N	竖向剪力/N	横桥向剪力/N	扭矩/(N·m)	横桥向弯曲弯矩/(N·m)	竖向弯曲弯矩/(N·m)
B1	1-I	1.70E+01	1.64E+03	1.20E+06	3.98E+05	-3.98E+03	8.84E+00
B2	27-I	-3.07E+04	8.88E+02	5.74E+05	2.24E+05	-1.43E+08	-9.90E+04
B3	52-I	-6.38E+04	3.79E+02	1.78E+04	-2.05E+04	-1.89E+08	7.52E+04
B4	78-J	-3.13E+04	-8.30E+02	-5.69E+05	-2.79E+05	-1.45E+08	-1.01E+05
B5	104-I	2.07E+01	2.02E+03	-1.24E+06	-4.75E+05	4.75E+03	-8.89E+00

表 4-13 成桥状态横桥向风作用下桥塔主要截面静风内力

截面编号	截面位置	轴力/N	塔面内剪力/N	塔面外剪力/N	扭矩/(N·m)	塔面外弯曲弯矩/(N·m)	塔面内弯曲弯矩/(N·m)
T1	211-J	-2.33E+04	2.37E+05	1.77E+04	-1.45E-08	-7.85E+04	1.07E+06
T2	212-I	-6.11E+05	2.00E+05	-1.44E+03	2.32E+05	1.64E+05	-7.00E+06
T3	241-I	1.44E+04	-5.90E+05	1.75E+04	-2.31E+05	2.44E+05	8.07E+06
T4	217-J	-6.11E+05	2.08E+05	1.87E+03	2.32E+05	1.99E+05	8.63E+05
T5	223-J	-6.70E+05	1.42E+06	2.01E+04	2.32E+05	-1.60E+05	1.75E+07

各状态主要截面的静风位移见表 4-14，主梁跨中截面（B3 截面）静风内力见表 4-15，桥塔柱根部（T5 截面）静风内力见表 4-16。计算结果表明，在横桥向风作用下，成桥状态主梁跨中静风位移：竖向为 0.002 m，侧向为 0.43 m；80% 拼装率施工状态中跨主梁端部静风位移：竖向为 0.022 m，侧向为 1.08 m。

表 4-14 主要截面静风位移

结构状态	截面位置	纵向位移/m	竖向位移/m	侧向位移/m
成桥状态	中跨跨中	6E-05	0.002	0.43
	塔顶	1E-04	9E-05	0.003
施工状态（80%）	中跨悬臂端	7E-04	0.022	1.08
	塔顶	3E-04	1E-04	0.005

表 4-15 主梁跨中截面静风内力

结构状态	轴力/kN	竖向剪力/kN	横桥向剪力/kN	扭矩（kN·m）	横桥向弯曲弯矩/(kN·m)	竖向弯曲弯矩(kN·m)
成桥状态	64	378.8	17 800	−20 450	−189 000 000	75 180
施工状态（80%）	2	−2 562	−4 759	24 170	−2 384 000	172 800

表 4-16 桥塔柱根部静风内力

结构状态	轴力/kN	塔面内剪力/kN	塔面外剪力/kN	扭矩/(kN·m)	塔面外弯矩/(kN·m)	塔面内弯矩/(kN·m)
成桥状态	670	1 416	20	232	160	17 540
施工状态（80%）	880	319	28	2 340	468	12 940

4.2.5.2 耦合抖振响应

基于有限元 CQC 方法的 AutoFBA 程序的多振型耦合抖振分析模块，对涛源金沙江大桥成桥状态及 80%拼装率施工状态在 0°攻角时横桥向风作用下的抖振响应进行了分析。在分析中，有关参数取值如下：反映空间相关性的纵向和竖向脉动风速指数衰减系数均取为 7；脉动风谱按规范规定公式计算；桥梁跨中桥面离水面高度约 45.0 m，地貌为 D 类，平均风剖面幂函数指数为 0.30，地面粗糙长度取为 1.0 m；桥梁结构各固有模态的结构阻尼比均取为 0.005；气动导纳分别按 1.0 和 Sears 函数的 Liepmann 简化公式两种情况计算；抖振响应峰值因子均取为 3.5；成桥运营状态桥面高度处的抖振计算风速取设计基准风速 40.7 m/s。施工状态桥面高度处的抖振计算风速取为 34.2 m/s。

各状态主梁和桥塔各主要截面沿主要方向的抖振位移峰值见表 4-17，主梁跨中截面（截面 B3）抖振内力峰值见表 4-18，桥塔柱根部（截面 T5）抖振内力峰值见表 4-19。计算结果表明，在横桥向风作用下，成桥状态主梁跨中抖振位移峰值：竖向为 1.397 ~ 1.771 m，侧向为 0.219 ~ 1.145 m；80%拼装率施工状态中跨主梁端部抖振位移峰值：竖向为 0.728 ~ 1.378 m，侧向为 2.383 ~ 3.105 m。其中，下限和上限分别对应于气动导纳为 Sears 和气动导纳为 1 的情况。

表 4-17 主要截面抖振位移峰值

结构状态	截面位置	纵向位移/m		竖向位移/m		侧向位移/m	
		气动导纳 Sears	气动导纳 1	气动导纳 Sears	气动导纳 1	气动导纳 Sears	气动导纳 1
成桥状态	中跨跨中	1.615	2.174	1.397	1.771	0.219	1.145
	塔顶	0.091	0.098	0.002	0.002	0.004	0.006
施工状态（80%）	中跨悬臂端	1.156	2.108	0.728	1.378	2.383	3.105
	塔顶	0.034	0.069	5E-04	1E-03	0.009	0.012

表 4-18 主梁跨中截面抖振内力峰值

结构状态		轴力/kN	竖向剪力/kN	横桥向剪力/kN	扭矩/(kN·m)	侧向弯曲弯矩/(kN·m)	竖向弯曲弯矩/(kN·m)
成桥状态	导纳 Sears	269	87 885	33 096	56 280	144 305	275 625
	导纳 1	399	152 460	76 615	25 204	588 000	479 850
施工状态（80%）	导纳 Sears	269	87 885	33 096	56 280	144 305	275 625
	导纳 1	399	152 460	76 615	25 204	588 000	479 850

表 4-19 桥塔柱根部抖振内力峰值

结构状态		轴力/kN	桥面外剪力/kN	桥面内剪力/kN	扭矩/(kN·m)	塔面外弯曲弯矩/(kN·m)	塔面内弯曲弯矩/(kN·m)
成桥状态	导纳 Sears	11 445	11 603	24 217	44 730	161 910	38 675
	导纳 1	12 299	46 060	21 133	16 933	158 655	131 215
施工状态（80%）	导纳 Sears	4 155	9 548	7 102	14 165	52 990	45 290
	导纳 1	8 344	12 565	17 301	29 400	119 175	59 465

4.2.5.3 总风荷载响应

用于桥梁结构设计的总风荷载响应应取为由平均风引起的静风荷载响应和由脉动风引起的抖振响应峰值的不利组合，即极大值。各状态主梁和桥塔各主要截面沿主要方向的总风荷载位移极大值见表 4-20，主梁跨中截面（截面 B3）总风荷载内力极大值见表 4-21，桥塔柱根部（截面 T5）总风荷载内力极大值见表 4-22。计算结果表明，在横桥向风作用下，成桥状态主梁跨中总风荷载位移极大值：竖向为 1.399~1.773 m，侧向为 0.649~1.575 m；80%拼装率施工状态中跨主梁端部总风荷载位移极大值：竖向为 0.750~

1.400 m，侧向为 3.463～4.185 m。其中下限和上限分别对应于气动导纳为 Sears 和气动导纳为 1 的情况。

从计算结果可以看出，成桥状态主要断面总风载内力的主要结果如下（气动导纳为 1）：主梁跨中轴力为 463 kN，侧弯（横桥向弯曲）弯矩为 776 500 kN·m，竖弯弯矩为 479 925 kN·m；塔根轴力为 12 969 kN，塔平面外弯曲弯矩为 158 815 kN·m，面内弯曲弯矩为 148 755 kN·m。80%拼装率施工状态主要断面总风载内力的主要结果如下（气动导纳为 1）：主梁跨中截面轴力为 647 kN，侧弯弯矩为 114 839 kN·m，竖弯弯矩 372 923 kN·m；塔根轴力为 9 224 kN，面外弯矩为 119 643 kN·m，面内弯矩为 72 405 kN·m。

表 4-20 主要截面总风荷载位移极大值

结构状态	截面位置	纵向位移/m		竖向位移/m		侧向位移/m	
		气动导纳 Sears	气动导纳 1	气动导纳 Sears	气动导纳 1	气动导纳 Sears	气动导纳 1
成桥状态	中跨跨中	1.615	2.174	1.399	1.773	0.649	1.575
	塔顶	0.092	0.098	0.002	0.002	0.007	0.01
施工状态（80%）	中跨悬臂端	1.156	2.108	0.75	1.4	3.463	4.185
	塔顶	0.034	0.069	6E-04	0.001	0.013	0.016

表 4-21 主梁跨中截面总风荷载内力极大值

结构状态		轴力/kN	竖向剪力/kN	横桥向剪力/kN	扭矩/(kN·m)	侧向弯曲弯矩/(kN·m)	竖向弯曲弯矩/(kN·m)
成桥状态	导纳 Sears	333	87 885	33 114	56 300	332 805	275 700
	导纳 1	463	152 460	76 633	25 224	776 500	479 925
施工状态（80%）	导纳 Sears	368	55 898	14 386	11 858	56 179	174 963
	导纳 1	647	119 178	28 820	25 546	114 839	372 923

表 4-22 桥塔柱根部总风荷载内力极大值

结构状态		轴力/kN	桥面外剪力/kN	桥面内剪力/kN	扭矩/(kN·m)	塔面外弯曲弯矩/(kN·m)	塔面内弯曲弯矩/(kN·m)
成桥状态	导纳 Sears	12 115	13 019	24 237	44 962	162 070	56 215
	导纳 1	12 969	47 476	21 153	17 165	158 815	148 755
施工状态（80%）	导纳 Sears	5 034	9 867	7 129	16 505	53 458	58 230
	导纳 1	9 224	12 884	17 328	31 740	119 643	72 405

4.3 全桥气动弹性模型风洞试验

4.3.1 全桥气弹模型的设计和制作

4.3.1.1 全桥气弹模型设计的基本原则

在全桥气弹模型风洞试验中，除了要保证模型与实桥主要部件的几何外形相似外，原则上还应该满足表 4-23 所示的无量纲参数中一些关键参数的一致性条件。显然，对于常规低速风洞试验，模型和原型之间的流体密度比 $\lambda_\rho=1$，流体的黏性系数比 $\lambda_\mu=1$，重力加速度比 $\lambda_g=1$。由表 4-23 中的定义可知，在上述无量纲参数中，只有当几何缩尺比 $\lambda_L=1$ 时，重力参数和黏性参数才有可能同时满足。由于全桥气弹模型的几何缩尺比 $\lambda_L \ll 1$，因此，在全桥气弹模型低速风洞试验中，黏性参数的一致性条件一般很难得到满足。鉴于此，按照通常的做法，在涛源金沙江大桥主桥全桥气动弹性模型设计时，放松了对黏性参数（Reynolds 数）的相似要求。

表 4-23 全桥气动弹性模型相似参数

无量纲参数	表达式	力学意义
弹性参数（Cauchy 数）	$\dfrac{E}{\rho U^2}$	$\dfrac{结构物弹性力}{气动惯性力}=\dfrac{EL^2}{\rho L^2 U^2}$
惯性参数（密度比）	$\dfrac{\rho_s}{\rho}$	$\dfrac{结构物惯性力}{气动惯性力}=\dfrac{\rho_s L^2 U^2}{\rho L^2 U^2}$
重力参数（Froude 数）	$\dfrac{gB}{U^2}$	$\dfrac{气动惯性力}{结构物重力}=c\dfrac{\rho L^2 U^2}{g\rho_s L^3}$
黏性参数（Reynolds 数）	$\dfrac{\rho UB}{\mu}$	$\dfrac{气动惯性力}{空气黏性力}=\dfrac{\rho L^2 U^2}{\mu LU}$
阻尼参数（对数衰减率）	δ	$\dfrac{一个周期的耗散能量}{振动总能量}$

4.3.1.2 模型设计和制作

涛源金沙江大桥全桥气弹模型在同济大学土木工程防灾国家重点实验室的 TJ-3 大型边界层风洞中进行。该风洞是一座竖向回流式闭口低速风洞，试验段尺寸为宽 15 m、高 2 m、长 14 m。并列的 7 台风扇由直流电机驱动，每台电机额定功率为 45 kW。空风洞最高风速可达 17.6 m/s，且流场性能优异，其中速度不均匀性小于 1%，紊流度小于 2%，平均气流偏角小于 0.2°。

鉴于全桥气动弹性模型试验的要求以及涛源金沙江大桥和 TJ-3 边界层风洞试验段的尺寸，本次试验的模型几何缩尺比 λ_L 为 1/94，模型全长约为 9.957 m。为准确模拟紊流场，模型底面标高需与桥位处最低通航水位保持一致，据此计算，模型高度约为 1.334 m。

表 4-24 展示了基于无量纲参数一致性条件,通过量纲分析方法推导出的全桥模型与实桥之间的相似关系。例如,由于试验中空气密度和重力加速度与实际情况一致,即密度缩尺比 $\lambda_\rho = 1$,加速度缩尺比 $\lambda_L = \lambda_g = 1$,于是由重力参数(Froude 数)一致性条件可以得到风速比为 $\lambda_U = \sqrt{\lambda_L} = 1/\sqrt{94} = 1/9.695$,频率比为 $\lambda_f = \lambda_v/\lambda_L = 1/\sqrt{\lambda_L} = \sqrt{94}/1 = 9.965/1$。对于气动弹性模型一般综合考虑弹性参数、惯性参数、重力参数和阻尼参数一致性条件,对单位长度质量(m)和质量惯性矩(J_m)、轴向刚度(EA)、弯曲刚度(EI)和扭转刚度(GJ_d)进行模拟。

表 4-24 模型与实桥之间的相似关系($n = 94$)

相似参量	相似参数	相似关系	相似参量	相似参数	相似关系
长度	λ_L	$1/n$	加速度	λ_a	$1/1$
轴向刚度	λ_{EA}	$1/n^3$	风速	λ_V	$1/\sqrt{n}$
空气密度	λ_ρ	$1/1$	线位移	λ_d	$1/n$
单位长度质量	λ_m	$1/n^2$	频率	λ_f	$\sqrt{n}/1$
单位长度质量惯性矩	λ_{J_m}、λ_{I_m}	$1/n^4$	时间	λ_t	$1/\sqrt{n}$
弯曲刚度	λ_{EI}	$1/n^5$	阻尼比	λ_ξ	$1/1$

模型主梁由芯梁、外衣和配重组成。其中,芯梁具有槽形横截面,采用铝材制作,用来模拟原型主梁的竖向弯曲刚度、横桥向弯曲刚度和自由扭转刚度。模拟主梁几何外形的外衣按 2 个索距分段,用豪适板(高密度泡沫塑料)切割而成,相邻两段之间留约 1 mm 的缝隙,标准段长 258.6 mm。外衣通过钢横梁与铝芯梁相连。横梁的位置与斜拉索和主梁连接处相对应。配重对称地安装在主梁模型外衣内,用来调整主梁模型的质量和质量惯性矩以满足相似条件。整个外衣的重量(包括配重)通过铝横梁传到铝芯梁上。在本次全桥气弹模型试验中,对于成桥运营状态,模拟了检修轨道、护栏、防撞栏以及桥面系二期质量和质量惯性矩。

桥塔模型由铝芯棒、ABS 工程塑料外衣和配重构成。其中,铝芯棒模拟结构刚度,外衣模拟桥塔外形,配重用于调整模型的质量及质量分布以满足相似要求。为了较好地模拟实际桥塔结构及提高桥塔结构固有动力特性的模拟精度,在模型设计与制作时,铝芯棒塔柱与横梁交界处的截面尺寸可适当放大,以考虑实际相应位置处刚性区域的影响。对模型进行反复动力特性分析的试算方法来适当调整铝芯棒各部分的截面尺寸,以尽可能地提高桥塔模型与实际桥塔之间的固有动力特性的相似性。

辅助墩、边墩按照附属模型的要求进行设计和制作。主梁在桥墩和桥塔处的约束条件通过微型滚珠轴承和限位装置来模拟。全桥气弹模型还根据阻力相似原则模拟了主缆的外形,主缆的质量和拉力也进行了模拟。表 4-25 给出了全桥气动弹性模型设计的主要参数。图 4-14、图 4-15 所示分别为置于 TJ-3 风洞中的成桥运营状态和主要施工状态的全桥气动弹性模型照片。

表 4-25 全桥气动弹性模型设计主要参数（$n=94$）

	名称		单位	实桥值	缩尺比	模型要求值
总体	桥长		m	936	$1/n$	9.957 4
	桥宽		m	31.4	$1/n$	0.334 0
	模态阻尼比		—	0.005	1/1	0.005
	梁高		m	3.0	$1/n$	0.031 9
钢主梁	质量		kg/m	2.056×10^4	$1/n^2$	2.326 8
	质量惯矩		kg·m²/m	1.820×10^6	$1/n^4$	0.023 3
	弯曲刚度（EI）	竖向	N·m²	3.96×10^{11}	$1/n^5$	53.96
		侧向	N·m²	1.877×10^{13}	$1/n^5$	2 557.56
	扭转刚度（GJ_d）		N·m²	4.31×10^{11}	$1/n^5$	58.73
大理岸桥塔	塔高		m	82.8	$1/n$	0.881
	质量		kg/m	$4.332\times10^4 \sim 4.715\times10^4$	$1/n^2$	4.902 ~ 5.336
	弯曲刚度（EI）	纵向	N·m²	$0.959\times10^{12} \sim 1.282\times10^{12}$	$1/n^5$	130.7 ~ 174.6
		侧向	N·m²	$0.866\times10^{12} \sim 0.961\times10^{12}$	$1/n^5$	181.0 ~ 222.1
	扭转刚度（GJ_d）		N·m²	$1.351\times10^{12} \sim 1.630\times10^{12}$	$1/n^5$	118.0 ~ 130.9
永胜岸桥塔	塔高		m	78.3	$1/n$	0.833
	质量		kg/m	$4.332\times10^4 \sim 4.581\times10^4$	$1/n^2$	4.902 ~ 5.185
	弯曲刚度（EI）	纵向	N·m²	$0.959\times10^{12} \sim 1.245\times10^{12}$	$1/n^5$	130.7 ~ 169.7
		侧向	N·m²	$0.866\times10^{12} \sim 0.934\times10^{12}$		181.0 ~ 215.8
	扭转刚度（GJ_d）		N·m²	$1.351\times10^{12} \sim 1.584\times10^{12}$	$1/n^5$	118.0 ~ 127.2
缆索	主缆轴向刚度（EA）		N	$3.170 6\times10^{10}$	$1/n^3$	38 173
	吊杆轴向刚度（EA）		N	2.564×10^8	$1/n^3$	308.7

（a）均匀流场 0°风攻角　　　　　　　（b）紊流场 0°风攻角

图 4-14　TJ-3 风洞中的成桥运营状态全桥气弹模型

(a) 均匀流场 0°风攻角　　　　　　　(b) 紊流场 0°风攻角

图 4-15　TJ-3 风洞中的施工状态全桥气弹模型

4.3.1.3　全桥气弹模型结构动力特性检验

在全桥气弹模型安装完成后、试验开始之前,采用初始激励自由衰减振动法测试了成桥运营状态下结构模态的固有频率、固有振型和阻尼比。

成桥运营状态全桥气动弹性模型动力特性检验选取了 3 个测量截面。其中,截面 S1～S3 分别位于中跨 1/2、1/4 和 3/4 跨处。在 3 个截面处各布置了 2 个竖向传感器(对称布置,两传感器间距约 180 mm)和 1 个横桥向传感器。这样,竖向共布置了 6 个传感器,用来测量主梁的竖向和扭转振动位移信号。各截面的竖向振动位移为其 2 个竖向位移传感器测得位移的平均值;扭转角则根据 2 个传感器测得的位移差与横向间距计算得出。横桥向共布置了 3 个位移传感器,用于测量主梁的横桥向振动位移。

模态测试得到了全桥气动弹性模型成桥运营状态的模态,模型主要固有动力特性测试结果见表 4-26。为了便于比较,表 4-26 中还同时给出了对应的实桥固有振型特点、模型固有频率设计值、模型固有频率实测值及模型实测和设计频率之间的偏差。图 4-16 给出了通过模态测试得到的全桥气弹模型设计目标与实测振型图,包括一阶主梁对称竖弯振型、一阶主梁反对称竖弯振型、一阶主梁对称侧弯振型和一阶主梁对称扭转振型。这些振型均为对主桥抗风性能影响最显著的低阶振型。由图 4-16 可知,全桥气弹模型振型实测点与设计振型相当吻合。由表 4-26 可知,成桥运营状态测出的各阶振型频率实测值与设计值之间的偏差都在 4.0%以内;模态阻尼比除主梁对称侧弯为 0.21%,其他振型的阻尼比均在 0.3%～0.5%之间。

综上所述,涛源金沙江大桥全桥气弹模型在成桥运营状态时固有振型频率实测值与设计值之间的偏差较小,且对桥梁抗风性能影响显著的模型阻尼比也基本符合《公路桥梁抗风设计规范》(JTG/T D60-01—2004)中钢桥 0.5%的模态阻尼要求值。这些都说明本次试验的模型设计、制造和安装是成功的。

表 4-26 成桥运营状态模型主要固有动力特性

振型号	振型特点	模型频率/Hz			模型实测阻尼比/%
		设计值	实测值	误差/%	
2	一阶主梁对称侧弯	1.309	1.318	0.7	0.21
3	一阶主梁反对称竖弯	1.658	1.611	−0.3	0.40
4	一阶主梁对称竖弯	2.133	2.124	−0.4	0.43
7	二阶主梁对称竖弯	2.850	2.954	3.6	—
9	一阶主梁对称扭转	5.342	5.396	1.0	0.31
21	一阶主梁反对称扭转	7.495	7.324	−2.3	—

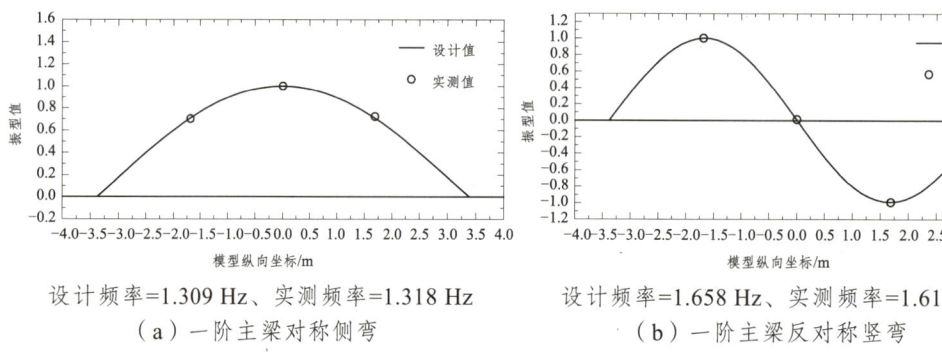

设计频率=1.309 Hz、实测频率=1.318 Hz
（a）一阶主梁对称侧弯

设计频率=1.658 Hz、实测频率=1.611 Hz
（b）一阶主梁反对称竖弯

设计频率=2.133 Hz、实测频率=2.124 Hz
（c）一阶主梁对称竖弯

设计频率=5.342 Hz、实测频率=5.396 Hz
（d）一阶主梁对称扭转

图 4-16 全桥气弹模型设计目标及实测振型

4.3.2 大气边界层风场模拟试验工况及试验风速

本次试验在均匀流场和大气边界层风场（简称紊流场）中进行。其中，风洞紊流场的模拟主要考虑风速剖面、紊流度剖面和脉动风谱。根据对桥址处的风环境分析，在同济大学 TJ-3 大气边界层风洞中，用尖塔和粗糙元模拟了缩尺比为 1∶94 的 D 类地貌之紊流风场（图 4-17），风速剖面指数 α 的目标值为 0.30，梯度风高度取 450 m。在大气边界层模拟风场的调试中风速特性采用由澳大利亚 TFI 公司生产的眼镜蛇探头、个人计算机和专用软件所组成的系统来测量。该系统可以用来测量风洞中模拟流场的平均风速剖面，紊流强度（湍流度）剖面以及脉动风的功率谱等流场数据。

图 4-17　大气边界层紊流风场模拟装置

由实测数据拟合得到的模拟风场风速剖面指数为 0.30，实测平均风剖面与要求剖面相近（图 4-18）。模拟风场实测顺风向紊流度剖面如图 4-19 所示。在 0.519 m 的中跨跨中桥面高度处（$Z/Z_g \approx 0.108$）的实测顺风向紊流度和紊流尺度分别为 17.5% 和 0.512 m，竖向紊流度和紊流尺度分别为 14.0% 和 0.217 m。图 4-20 为模拟风场在高度 $Z = 0.519$ m 处的实测顺风向脉动风功率谱与各经验风谱的比较图；图 4-21 为模拟风场在高度 $Z = 0.987$ m 处的实测竖向脉动风功率谱与各经验风谱的比较图。由于在模型制作时考虑了承台，安装时又增加了垫板，所以模型桥面离风洞底板的高度略高度根据实桥标高和缩尺比计算的值。

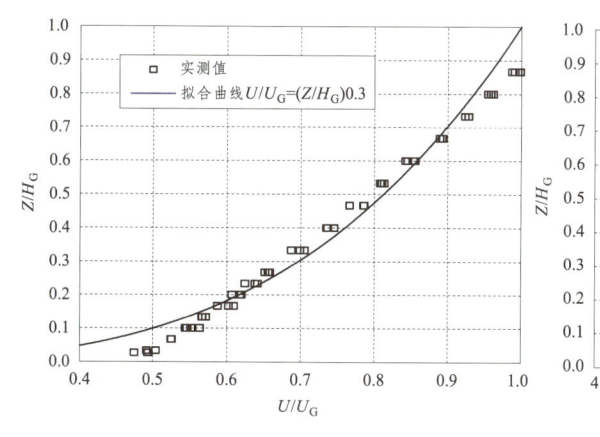

图 4-18　模拟 D 类大气边界层紊流风场平均风剖面

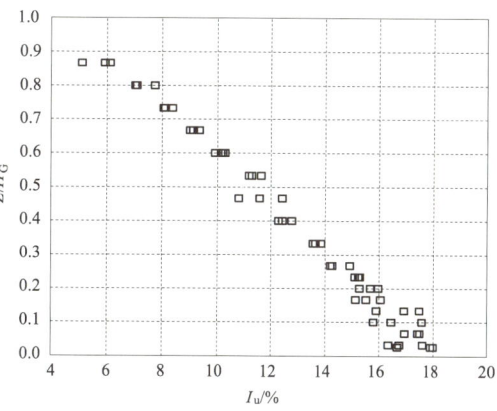

图 4-19　模拟 D 类大气边界层紊流风场平均风剖面

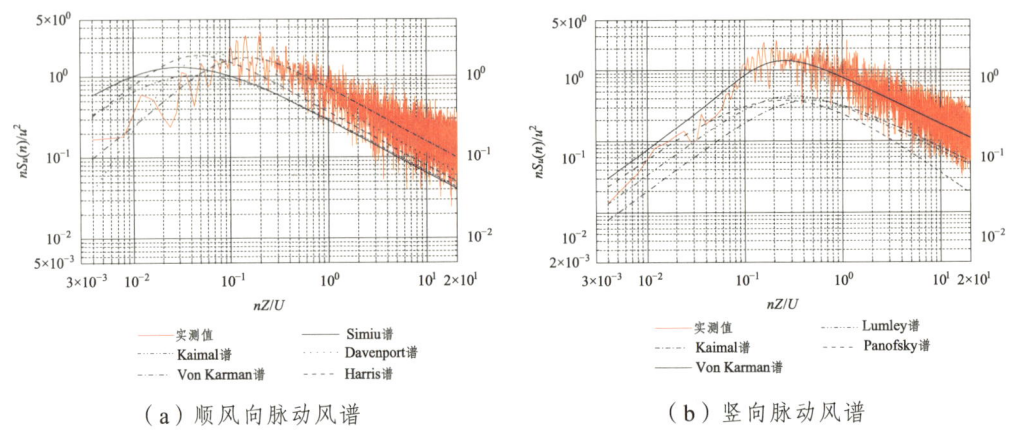

（a）顺风向脉动风谱　　　　　　　　（b）竖向脉动风谱

图 4-20　模拟 D 类大气边界层紊流风场 0.519 m 高度处脉动风谱

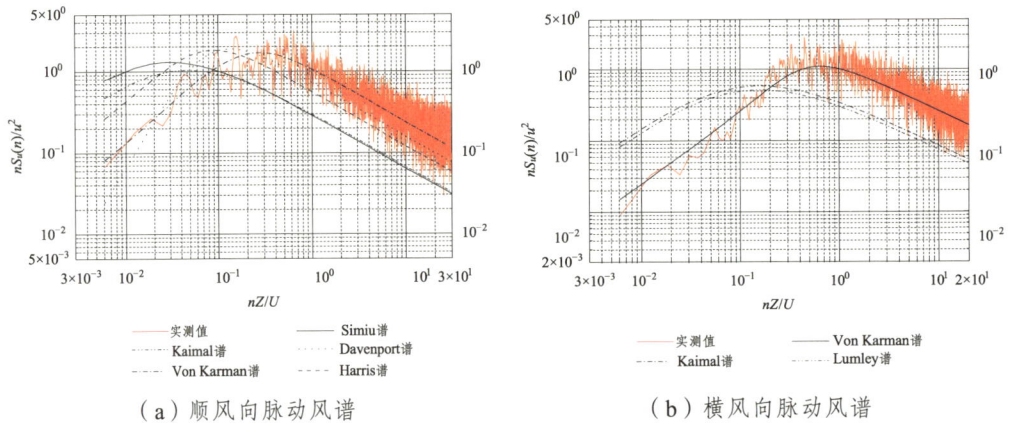

（a）顺风向脉动风谱　　　　　　　　（b）横风向脉动风谱

图 4-21　模拟 D 类大气边界层紊流风场 0.987 m 高度处脉动风谱

本次试验针对涛源金沙江大桥全桥气动弹性模型，对成桥运营状态和主要施工状态在均匀流场进行了颤振稳定性和静风稳定性测试，对成桥运营状态和主要施工状态在紊流场中进行了颤振稳定性、静风稳定性和风载位移响应测试，共有 28 个工况。

试验中风速参考点设在离地 0.519 m 高度（相当于主梁基准高度）处，位于全桥气弹模型主梁纵轴线所在风洞截面上，距离模型一定距离，不受模型干扰，且离开风洞洞壁边界层足够远的区域中。试验风速通过安装在参考点处的皮托管以及与之相连的电子微压计来监控。对于所有试验工况，参考点处的最高试验风速所对应的实桥风速均已超出相应状态颤振检验风速。

4.3.3　风振响应测试

4.3.3.1　风振响应测量系统

风致振动测试分析系统由信号传感器、数据采集装置、个人计算机以及分析软件组成。信号传感器采用日本 Matsushita 公司 MLS LM10 ANR1215 型激光位移传感器,对模型振动位移进行测量。数据采集装置采用东方振动与噪声技术研究所 INV306D 盒式数据采集仪和个人计算机。分析软件为风致振动信号处理程序 LSDSP。试验中还采用 HP35670A 型动态信号分析仪对试验信号进行实时监测。

4.3.3.2 测点布置和位移方向的定义

成桥运营状态:在主梁上共布置了3个测量截面,即跨中 $L/2$ 处的 S1 截面、右主跨 $L/4$ 处的 S2 截面、左主跨 $3L/4$ 处的 S3 截面;在塔顶处各布置了一个测量截面,即 S4 截面和 S5 截面。试验中,在主梁上的 S1、S2 和 S3 测量截面处各安装了一个横桥向和两个对称的竖向激光位移传感器(上下游各一个,间距约为 180 mm),以测量这些截面处主梁的竖向、扭转和横桥向风振响应。其中,竖向位移等于两个竖向传感器所测得位移的平均值,扭转角由两个竖向传感器所测得的位移之差及横桥向间距计算得到。在塔顶 S4 截面和 S5 测量截面处安装了一个横桥向和两个纵桥向激光位移传感器,以测量桥塔塔顶处的纵桥向、扭转和横桥向风振响应。

10%拼装率施工状态:在主梁布置了两个测量截面,即右主跨悬臂端处的 S2 截面、左主跨悬臂端处的 S3 截面;在塔顶处各布置了一个测量截面,即 S4 截面和 S5 截面。试验中,在主梁上的 S2 和 S3 测量截面处各安装了一个横桥向和两个对称的竖向激光位移传感器(上下游各一个,间距约为 180 mm),以测量这些截面处主梁的竖向、扭转和横桥向风振响应。其中,竖向位移等于两个竖向传感器所测得位移的平均值,扭转角由两个竖向传感器所测得的位移之差及横桥向间距计算得到。在塔顶 S4 截面和 S5 测量截面处安装了一个横桥向和两个纵桥向激光位移传感器,以测量桥塔塔顶处的纵桥向、扭转和横桥向风振响应。

20%~100%拼装率施工状态:在主梁布置了三个测量截面,即跨中 $L/2$ 处的 S1 截面、右主跨悬臂端处的 S2 截面、左主跨悬臂端处的 S3 截面;在塔顶处各布置了一个测量截面,即 S4 截面和 S5 截面。试验中,在主梁上的 S1、S2 和 S3 测量截面处各安装了一个横桥向和两个对称的竖向激光位移传感器(上下游各一个,间距约为 180 mm),以测量这些截面处主梁的竖向、扭转和横桥向风振响应。其中,竖向位移等于两个竖向传感器所测得位移的平均值,扭转角由两个竖向传感器所测得的位移之差及横桥向间距计算得到。在塔顶 S4 截面和 S5 测量截面处安装了一个横桥向和两个纵桥向激光位移传感器,以测量桥塔塔顶处的纵桥向、扭转和横桥向风振响应。

试验中采用激光位移传感器所测得的主梁横桥向位移以指向上风侧为正,主梁竖弯位移以主梁向上运动为正,主梁扭转以主梁上风侧向上运动、下风侧向下运动为正。桥塔横桥向位移以沿桥塔平面指向上风侧为正,纵桥向位移以垂直桥塔平面指向主跨跨中为正。

4.3.4 均匀流场试验结果

均匀流场中的试验共有 21 个工况，对涛源金沙江大桥主桥成桥运营状态和主要施工状态在均匀流场中的颤振稳定性、静风稳定性和涡激共振特性进行了详细的研究，具体见表 4-27。

表 4-27 全桥气动弹性模型风洞试验工况一览

序号	结构状态	风攻角/(°)	试验内容	风速比	试验风速范围/(m/s)	风场
1	成桥运营状态	0	颤振稳定性；静风稳定性	1∶9.695	0.0～10.5	均匀流场
2		3			0.0～7.0	
3		5			0.0～5.6	
4		0	颤振稳定性；静风稳定；风振响应		0.0～8.0	紊流场
5	100%拼装率施工状态	0	颤振稳定性；静风稳定性	1∶9.695	0.0～8.5	均匀流场
6		3			0.0～8.0	
7		5			0.0～7.0	
8		0	颤振稳定性；静风稳定性；风振响应		0.0～6.0	紊流场
9	80%拼装率施工状态	0	颤振稳定性；静风稳定性	1∶9.695	0.0～8.4	均匀流场
10		3			0.0～7.5	
11		5			0.0～7.3	
12		0	颤振稳定性；静风稳定性；风振响应		0.0～6.0	紊流场
13	60%拼装率施工状态	0	颤振稳定性；静风稳定性	1∶9.695	0.0～8.5	均匀流场
14		3			0.0～8.0	
15		5			0.0～7.1	
16		0	颤振稳定性；静风稳定性；风振响应		0.0～6.0	紊流场

4.3.4.1 均匀流场颤振稳定性检验

表 4-28 列出了全桥气弹模型风洞试验所得到的涛源金沙江大桥成桥运营状态颤振临界风速试验结果汇总情况。试验结果表明：由于特征紊流的作用，均匀流场中桥梁的风振位移根方差响应并不为零，而是随着风速的增加而增大。该桥成桥运营状态在各风攻角均匀流作用下的颤振临界风速大于成桥运营状态颤振检验风速。

表 4-28 颤振临界风速试验结果汇总

结构状态	流场	风攻角/(°)	全桥气弹模型试验结果/(m/s)	节段模型试验结果/(m/s)	颤振检验风速/(m/s)
成桥运营状态	均匀流场	5	54.3	70.5	42.6
		3	67.7	82.6	66.6
		0	101.8	97.8	
	紊流场	0	>77.0	—	
10%拼装率施工状态	均匀流场	5	>72.7	32.3	35.8
		3	>77.5	31.9	55.9
		0	83.3	35.2	
	紊流场	0	>58.2	—	
20%拼装率施工状态	均匀流场	5	71.7		35.8
		3	>77.5		55.9
		0	>82.4		
	紊流场	0	>58.2	—	
40%拼装率施工状态	均匀流场	5	69.8		35.8
		3	>77.5		55.9
		0	>82.4		
	紊流场	0	>58.2	—	
60%拼装率施工状态	均匀流场	5	69.3		35.8
		3	>77.5		55.9
		0	>82.4		
	紊流场	0	>58.2	—	
80%拼装率施工状态	均匀流场	5	70.8	45.0	35.8
		3	>72.7	57.0	55.9
		0	81.4	58.2	
	紊流场	0	>58.2	—	
100%拼装率施工状态	均匀流场	5	67.9	—	35.8
		3	>72.7		55.9
		0	>82.4		
	紊流场	0	>58.2	—	

注：紊流场中颤振临界点以主梁跨中或悬臂端截面扭转角响应根方差等于 0.5°，且此时主梁振动表现为明显的单频或窄带扭转振动这两个条件为判断标准。

由表 4-28 可知，主桥各个施工状态在 0°和 3°均匀流作用下均未出现竖向、横桥向弯曲振动和扭转振动的发散现象，在 5°均匀流作用下，最低的颤振临界风速为 67.9 m/s，均大于相应攻角下的施工状态颤振检验风速。

4.3.4.2 均匀流场静风稳定性检验

表 4-29 列出了全桥气弹模型风洞试验所得到的涛源金沙江大桥主桥成桥运营状态静风失稳临界风速试验汇总情况。试验结果表明：涛源金沙江大桥该桥成桥运营状态在各风攻角均匀流作用下的静风失稳临界风速大于成桥运营状态静风失稳检验风速。

表 4-29 各拼装率时施工状态模型主要模态阻尼比

拼装率	正对称竖弯	正对称扭转	反对称竖弯	反对称扭转	正对称侧弯	反对称侧弯
10	0.30	0.11	0.20	—	0.11	—
20	0.22	0.15	0.17	—	0.12	0.30
40	0.24	0.55	0.39	—	0.10	0.30
60	0.24	0.28	0.33	0.48	0.07	0.17
80	0.38	0.48	0.49	0.49	0.11	0.15
100	0.29	0.52	—	—	—	—

由表 4-30 可知，直至风速达到 72.7 m/s，主桥各个施工状态在 0°和 3°均匀流作用下均未出现竖向、横桥向弯曲振动和扭转静风失稳发散现象，在 5°均匀流作用下，静风失稳临界风速大于 67.9 m/s，均大于相应攻角下的施工状态静风失稳检验风速。

表 4-30 静风失稳临界风速试验结果汇总

结构状态	流场	风攻角/(°)	全桥气弹模型试验结果/(m/s)	静风失稳检验风速/(m/s)
成桥运营状态	均匀流场	5	>54.3	43.4
		3	>67.7*	67.9
		0	>101.8	
	索流场	0	>77.0	
10%拼装率施工状态	均匀流场	5	>72.7	36.4
		3	>77.5	57.0
		0	>83.3	
	索流场	0	>58.2	

续表

结构状态	流场	风攻角/(°)	全桥气弹模型试验结果/(m/s)	静风失稳检验风速/(m/s)
20%拼装率施工状态	均匀流场	5	>71.7	36.4
		3	>77.5	57.0
		0	>82.4	
	紊流场	0	>58.2	
40%拼装率施工状态	均匀流场	5	>69.8	36.4
		3	>77.5	57.0
		0	>82.4	
	紊流场	0	>58.2	
60%拼装率施工状态	均匀流场	5	>69.3	36.4
		3	>77.5	57.0
		0	>82.4	
	紊流场	0	>58.2	
80%拼装率施工状态	均匀流场	5	>70.8	36.4
		3	>72.7	57.0
		0	>81.4	
	紊流场	0	>58.2	
100%拼装率施工状态	均匀流场	5	>67.9	36.4
		3	>72.7	57.0
		0	>82.4	
	紊流场	0	>58.2	

*：均匀流场中，在成桥运营状态、3°风攻角工况下，主桥在 67.7 m/s 风速下发生颤振失稳现象，因此在该工况下不会发生静风失稳。

4.3.5 紊流场试验结果

紊流场中的试验共有 7 个工况，对涛源金沙江大桥主桥的成桥运营状态和主要施工状态在 D 类大气边界层紊流场中 0°风攻角来流作用下的颤振、静风稳定性以及风振响应进行了详细的研究，具体见表 4-31。

表 4-31 全桥气动弹性模型风洞试验工况一览

序号	结构状态	风攻角/(°)	试验内容	风速比	试验风速范围/(m/s)	风场
1	成桥运营状态	0	颤振稳定性；静风稳定性	1∶9.695	0.0~10.5	均匀流场
2		3			0.0~7.0	
3		5			0.0~5.6	
4		0	颤振稳定性；静风稳定；风振响应		0.0~8.0	紊流场
5	100%拼装率施工状态	0	颤振稳定性；静风稳定性	1∶9.695	0.0~8.5	均匀流场
6		3			0.0~8.0	
7		5			0.0~7.0	
8		0	颤振稳定性；静风稳定性；风振响应		0.0~6.0	紊流场
9	80%拼装率施工状态	0	颤振稳定性；静风稳定性	1∶9.695	0.0~8.4	均匀流场
10		3			0.0~7.5	
11		5			0.0~7.3	
12		0	颤振稳定性；静风稳定性；风振响应		0.0~6.0	紊流场
13	60%拼装率施工状态	0	颤振稳定性；静风稳定性	1∶9.695	0.0~8.5	均匀流场
14		3			0.0~8.0	
15		5			0.0~7.1	
16		0	颤振稳定性；静风稳定性；风振响应		0.0~6.0	紊流场

4.3.5.1 紊流场颤振稳定性检验

图 4-22 ~ 图 4-24 分别给出了涛源金沙江大桥主桥在成桥运营状态、紊流场 0°风攻角来流作用下，主梁 S1~S3 截面竖向、扭转和横桥向振动位移根方差响应随风速的变化曲线。其中，风速和位移响应已按相似关系换算为实桥值（后同）。

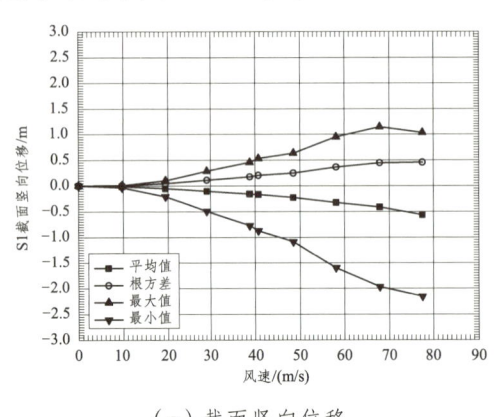

（a）截面竖向位移

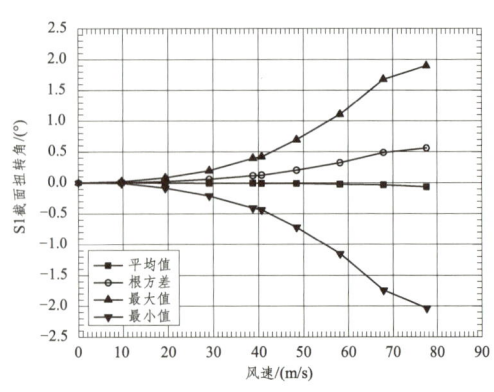

（b）截面扭转角

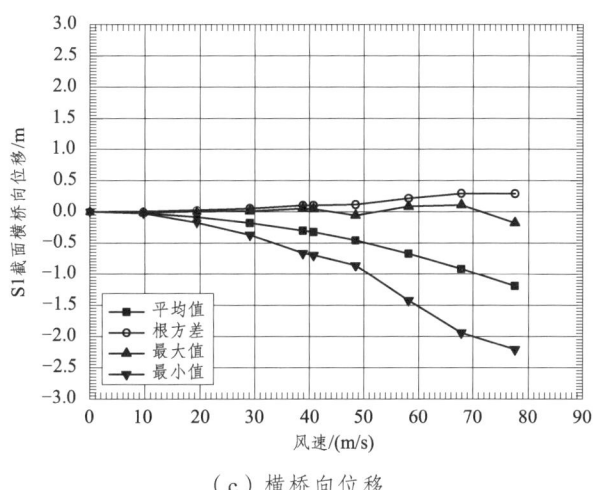

(c) 横桥向位移

图 4-22 成桥运营状态主梁 S1 截面位移-风速曲线（紊流场）

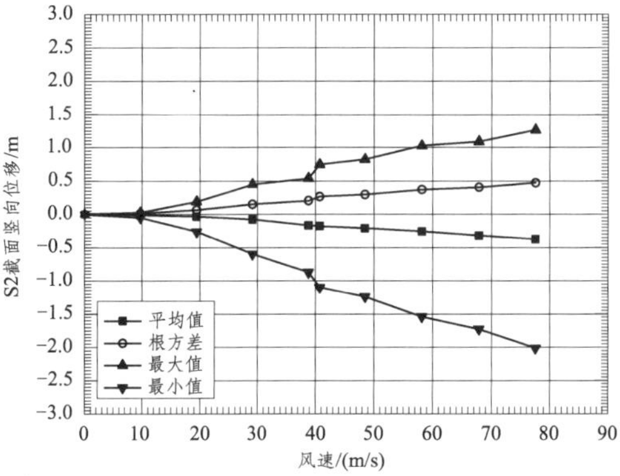

(a) 截面竖向位移 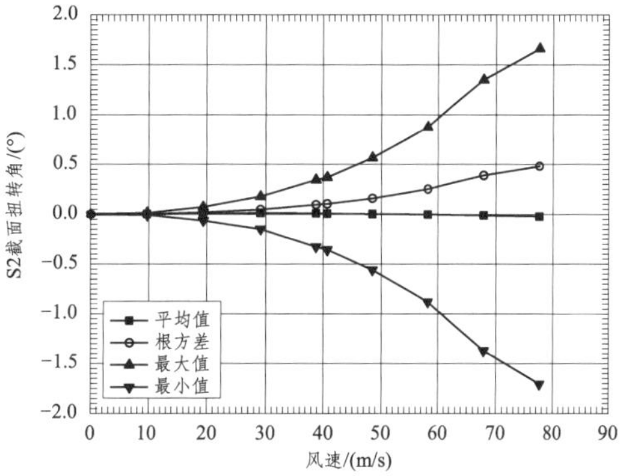   (b) 截面扭转角

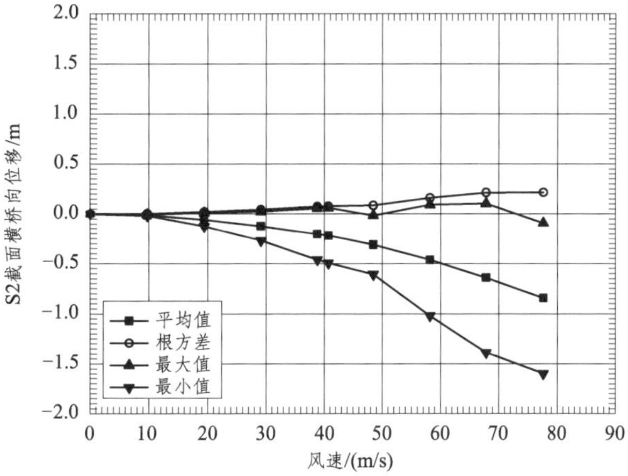

(c) 横桥向位移

图 4-23 成桥运营状态主梁 S2 截面位移-风速曲线（紊流场）

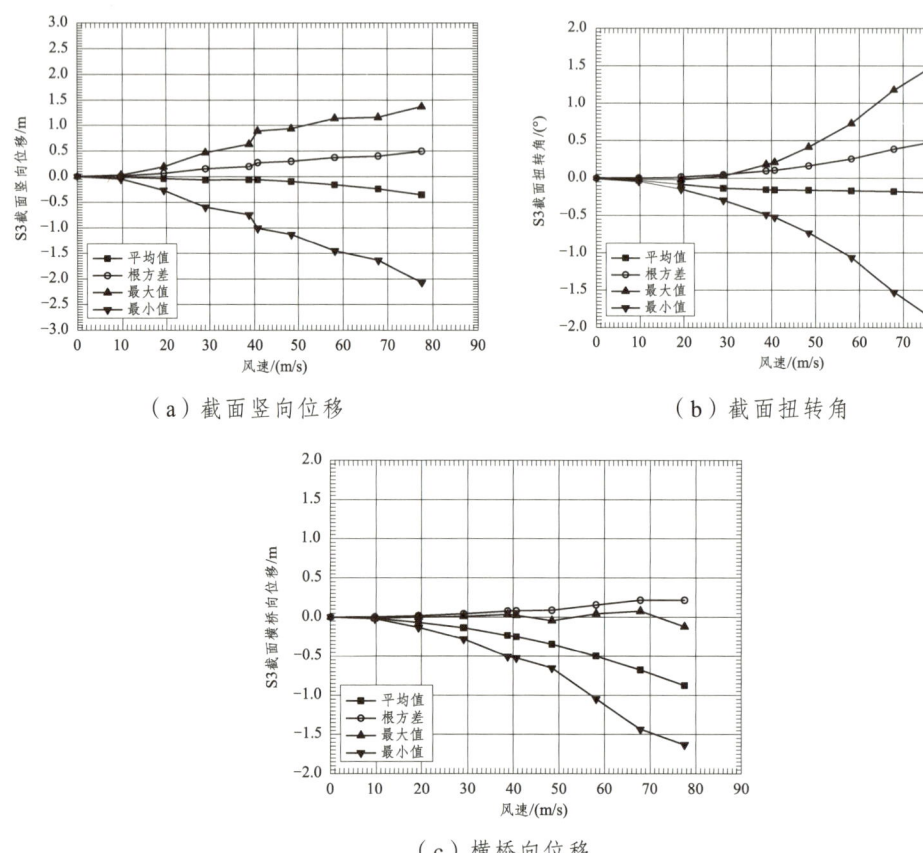

(a) 截面竖向位移　　　　　　　(b) 截面扭转角

(c) 横桥向位移

图 4-24　成桥运营状态主梁 S3 截面位移-风速曲线（紊流场）

试验结果表明：由于来流紊流和特征紊流的作用，紊流场中桥梁的风振位移根方差响应随着风速的增加而增大，并且明显大于其在均匀流场中的风振位移响应根方差值。直至风速达到 77.0 m/s，桥梁振动响应未出现明显的突然发散现象，涛源金沙江大桥成桥运营状态在 0°风攻角来流作用下的颤振临界风速高于 77.0 m/s，大于 -3°~+3°风攻角成桥运营状态颤振检验风速 66.6 m/s，具有足够的颤振稳定性。

4.3.5.2　紊流场施工状态静风稳定性检验

对主桥 10%、20%、40%、60%、80%、100%拼装率施工状态在紊流场 0°风攻角来流作用下，主梁 S1~S3 截面的竖向、扭转和横桥向振动位移根方差响应以及桥塔塔顶 S4、S5 截面的纵桥向、扭转和横桥向位移根方差响应随风速的变化进行试验。

试验结果表明：直至风速达到 58.0 m/s，桥梁振动响应未出现明显的突然发散现象，涛源金沙江大桥各个施工状态在 0°风攻角来流作用下的颤振临界风速均高于 58.0 m/s，大于 -3°~+3°风攻角施工状态颤振检验风速 55.9 m/s，具有足够的颤振稳定性。

4.3.5.3 紊流场静风稳定性检验

图 4-25 和图 4-26 分别给出了桥塔塔顶 S4、S5 截面的纵桥向、横桥向平均位移及平均扭转角随风速的变化曲线。

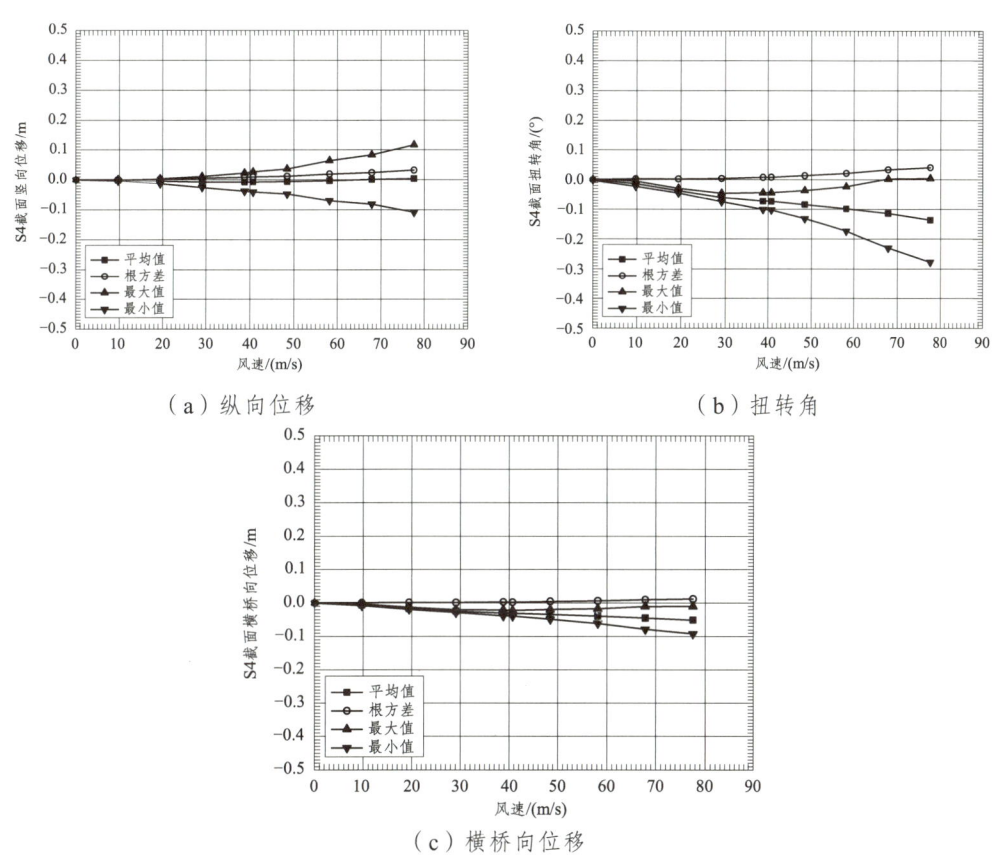

图 4-25　成桥运营状态主梁 S4 截面位移-风速曲线（紊流场）

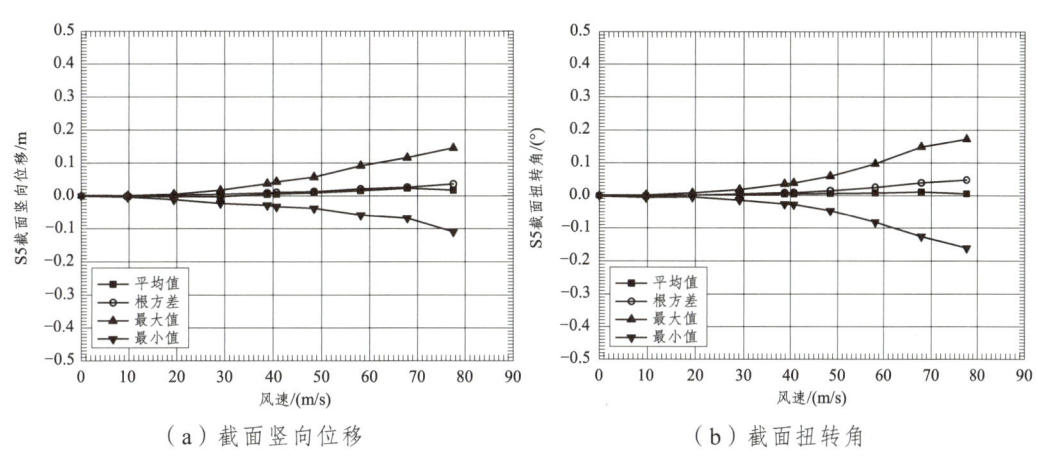

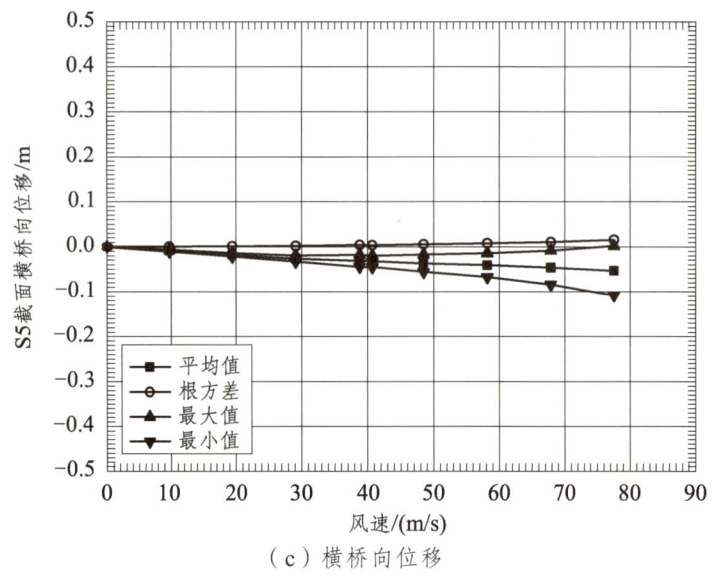

(c)横桥向位移

图 4-26　成桥运营状态主梁 S5 截面位移-风速曲线（紊流场）

试验结果表明：紊流场中主梁平均位移和平均扭转角随着风速的增加而增大。直至风速达到 77.0 m/s，主桥未出现竖向、横桥向和扭转静风失稳现象，涛源金沙江大桥主桥成桥运营状态在紊流场 0°风攻角来流作用下静风失稳临界风速高于 77.0 m/s，大于 -3°~+3°风攻角成桥运营状态静风失稳检验风速 67.9 m/s，具有足够的静风稳定性。

对主桥 10%、20%、40%、60%、80%、100%拼装率施工状态在紊流场 0°风攻角来流作用下，主梁 S1~S3 截面的竖向、横桥向平均位移、平均扭转角以及桥塔塔顶 S4、S5 截面的纵桥向、横桥向平均位移、平均扭转角随风速的变化进行试验研究。

试验结果表明：紊流场中各施工状态下主梁平均位移和平均扭转角随着风速的增加而增大。直至风速达到 58.2 m/s，主桥未出现竖向、横桥向和扭转静风失稳现象，涛源金沙江大桥主桥各施工状态在紊流场 0°风攻角来流作用下静风失稳临界风速高于 58.2 m/s，大于 -3°~+3°风攻角施工状态静风失稳检验风速 57.0 m/s，具有足够的静风稳定性。

4.3.5.4　风载位移响应测试

图 4-22~图 4-26 分别给出了在 0°风攻角来流作用下，主梁 S1、S2、S3 截面的竖向位移、扭转角和横桥向位移响应以及桥塔塔顶 S4、S5 截面的纵桥向位移、扭转角和横桥向位移的平均值、根方差值、最大值和最小值随风速的变化曲线。其中，最大（小）值等于平均值加（减）振动响应峰值（按 3.5 倍根方差计算）。涛源金沙江大桥主桥成桥运营状态桥面高度处的设计基准风速为 40.7 m/s，在 0°风攻角来流作用下，成桥运营状态各测量截面处的风振响应见表 4-32。

试验结果表明：成桥运营状态在设计基准风速下主梁中跨跨中 S1 截面的竖向风致位移响应最大值为 0.532 m，最小值为 -0.871 m；横桥向风致位移响应最大值为 0.045 m，

最小值为 -0.694 m；风致扭转响应最大值为 0.421°，最小值为 -0.435°。桥塔塔顶截面的纵桥向风致位移响应最大值为 0.043 m，最小值为 -0.033 m；横桥向风致位移响应最大值为 -0.020 m，最小值为 -0.045 m。

表 4-32 成桥运营状态紊流场风振响应（$\alpha = 0°$，$U = 40.7$ m/s）

截面		纵桥向位移/m				横桥向位移/m				扭转角/(°)			
		平均值	根方差值	最大值	最小值	平均值	根方差值	最大值	最小值	平均值	根方差值	最大值	最小值
主梁	S1	-0.170	0.201	0.532	-0.871	-0.325	0.106	0.045	-0.694	-0.007	0.122	0.421	-0.435
	S2	-0.180	0.263	0.742	-1.101	-0.218	0.079	0.061	-0.496	0.006	0.104	0.369	-0.356
	S3	-0.062	0.271	0.886	-1.010	-0.252	0.078	0.022	-0.525	-0.156	0.105	0.211	-0.524
桥塔	S4	-0.007	0.010	0.026	-0.041	-0.031	0.002	-0.022	-0.039	-0.073	0.008	-0.044	-0.102
	S5	0.005	0.011	0.043	-0.033	-0.033	0.004	-0.020	-0.045	0.005	0.009	0.038	-0.028

注：最大（小）值按平均值加（减）3.5 倍根方差值计算。风速为主梁设计标高处设计基准风速。

对主桥 10%、20%、40%、60%、80%、100%拼装率施工状态在 0°风攻角来流作用下，主梁 S1、S2、S3 截面竖向位移、扭转角和横桥向位移响应以及桥塔塔顶 S4、S5 截面纵桥向位移、扭转角和横桥向位移的平均值、根方差值、最大值和最小值随风速的变化进行试验研究。涛源金沙江大桥主桥施工状态桥面高度处的设计基准风速为 34.2 m/s，在 0°风攻角来流风速作用下，各个拼装率施工状态各测量截面处的风振响应见表 4-33 ~ 表 4-38。

表 4-33 10%拼装率施工状态紊流场风振响应（$\alpha = 0°$，$U = 34.2$ m/s）

截面		纵桥向位移/m				横桥向位移/m				扭转角/(°)			
		平均值	根方差值	最大值	最小值	平均值	根方差值	最大值	最小值	平均值	根方差值	最大值	最小值
主梁	S1	—	—	—	—	—	—	—	—	—	—	—	—
	S2	0.023	0.158	0.576	-0.529	-1.233	0.269	-0.293	-2.173	0.086	0.362	1.354	-1.182
	S3	0.025	0.160	0.585	-0.536	-1.243	0.268	-0.305	-2.180	0.057	0.366	1.338	-1.224
桥塔	S4	-0.015	0.006	0.005	-0.034	-0.019	0.002	-0.012	-0.025	-0.042	0.007	-0.017	-0.068
	S5	-0.009	0.007	0.017	-0.036	-0.022	0.002	-0.013	-0.030	-0.003	0.009	0.030	-0.036

注：最大（小）值按平均值加（减）3.5 倍根方差值计算。风速为主梁设计标高处设计基准风速。

表 4-34　20%拼装率施工状态紊流场风振响应（$\alpha=0°$，$U=34.2$ m/s）

截面		纵桥向位移/m				横桥向/m				扭转角/(°)			
		平均值	根方差值	最大值	最小值	平均值	根方差值	最大值	最小值	平均值	根方差值	最大值	最小值
主梁	S1	0.001	0.093	0.327	−0.325	−1.004	0.225	−0.215	−1.793	0.120	0.202	0.827	−0.586
	S2	−0.025	0.192	0.648	−0.697	−1.004	0.230	−0.197	−1.810	0.123	0.173	0.728	−0.482
	S3	0.015	0.190	0.678	−0.649	−1.006	0.231	−0.198	−1.814	0.035	0.177	0.654	−0.585
桥塔	S4	−0.016	0.005	0.002	−0.034	−0.023	0.002	−0.016	−0.029	−0.054	0.008	−0.027	−0.082
	S5	−0.010	0.006	0.011	−0.031	−0.025	0.002	−0.018	−0.033	−0.002	0.011	0.036	−0.040

注：最大（小）值按平均值加（减）3.5倍根方差值计算。风速为主梁设计标高处设计基准风速。

表 4-35　40%拼装率施工状态紊流场风振响应（$\alpha=0°$，$U=34.2$ m/s）

截面		纵桥向位移/m				横桥向/m				扭转/(°)			
		平均值	根方差值	最大值	最小值	平均值	根方差值	最大值	最小值	平均值	根方差值	最大值	最小值
主梁	S1	−0.031	0.129	0.422	−0.484	−0.809	0.175	−0.197	−1.420	0.095	0.119	0.511	−0.322
	S2	−0.037	0.293	0.988	−1.063	−0.808	0.186	−0.157	−1.459	0.120	0.141	0.614	−0.373
	S3	0.034	0.297	1.072	−1.005	−0.812	0.194	−0.133	−1.490	0.042	0.141	0.534	−0.450
桥塔	S4	−0.014	0.007	0.012	−0.039	−0.025	0.002	−0.018	−0.031	−0.053	0.007	−0.027	−0.079
	S5	−0.008	0.008	0.020	−0.036	−0.025	0.002	−0.018	−0.033	0.003	0.008	0.032	−0.027

注：最大（小）值按平均值加（减）3.5倍根方差值计算。风速为主梁设计标高处设计基准风速。

表 4-36　60%拼装率施工状态紊流场风振响应（$\alpha=0°$，$U=34.2$ m/s）

截面		纵桥向位移/m				横桥向/m				扭转/(°)			
		平均值	根方差值	最大值	最小值	平均值	根方差值	最大值	最小值	平均值	根方差值	最大值	最小值
主梁	S1	−0.054	0.145	0.454	−0.562	−0.779	0.247	0.086	−1.644	0.050	0.132	0.511	−0.410
	S2	−0.060	0.255	0.833	−0.954	−0.793	0.283	0.198	−1.784	−0.016	0.187	0.638	−0.670
	S3	0.051	0.245	0.910	−0.808	−0.772	0.293	0.252	−1.796	0.034	0.197	0.723	−0.654
桥塔	S4	−0.011	0.007	0.012	−0.035	−0.026	0.002	−0.019	−0.033	−0.048	0.009	−0.016	−0.080
	S5	−0.006	0.007	0.018	−0.030	−0.026	0.003	−0.017	−0.035	−0.001	0.009	0.032	−0.034

注：最大（小）值按平均值加（减）3.5倍根方差值计算。风速为主梁设计标高处设计基准风速。

表 4-37　80%拼装率施工状态紊流场风振响应（$\alpha = 0°$，$U = 34.2$ m/s）

截面		纵桥向位移/m				横桥向位移/m				扭转角/(°)			
		平均值	根方差值	最大值	最小值	平均值	根方差值	最大值	最小值	平均值	根方差值	最大值	最小值
主梁	S1	-0.083	0.184	0.560	-0.726	-0.737	0.213	0.007	-1.482	0.080	0.152	0.611	-0.451
	S2	-0.017	0.180	0.613	-0.646	-0.758	0.254	0.131	-1.647	0.085	0.214	0.834	-0.663
	S3	0.012	0.190	0.678	-0.654	-0.740	0.268	0.199	-1.679	-0.051	0.233	0.763	-0.865
桥塔	S4	-0.014	0.007	0.011	-0.038	-0.032	0.003	-0.023	-0.041	-0.070	0.010	-0.036	-0.105
	S5	-0.006	0.007	0.018	-0.030	-0.032	0.003	-0.023	-0.041	0.001	0.010	0.036	-0.034

注：最大（小）值按平均值加（减）3.5 倍根方差值计算。风速为主梁设计标高处设计基准风速。

表 4-38　100%拼装率施工状态紊流场风振响应（$\alpha = 0°$，$U = 34.2$ m/s）

截面		纵桥向位移/m				横桥向位移/m				扭转角/(°)			
		平均值	根方差值	最大值	最小值	平均值	根方差值	最大值	最小值	平均值	根方差值	最大值	最小值
主梁	S1	-0.070	0.187	0.586	-0.725	-0.552	0.080	-0.270	-0.833	0.005	0.124	0.437	-0.427
	S2	-0.181	0.217	0.578	-0.941	-0.406	0.063	-0.186	-0.625	0.123	0.110	0.508	-0.261
	S3	0.036	0.213	0.781	-0.708	-0.277	0.062	-0.059	-0.496	-0.103	0.103	0.259	-0.465
桥塔	S4	-0.014	0.006	0.007	-0.034	-0.031	0.002	-0.023	-0.040	-0.072	0.006	-0.049	-0.095
	S5	-0.003	0.007	0.020	-0.026	-0.032	0.002	-.025	-.039	0.007	0.007	0.033	-0.019

注：最大（小）值按平均值加（减）3.5 倍根方差值计算。风速为主梁设计标高处设计基准风速。

试验结果表明：

（1）10%拼装率施工状态：在设计基准风速下主梁中跨端部截面的竖向风致位移响应最大值为 0.585 m，最小值为 -0.536 m；横桥向风致位移响应最大值为 -0.293 m，最小值为 -2.180 m；风致扭转响应最大值为 1.354°，最小值为 -1.224°。桥塔塔顶截面的纵桥向风致位移响应最大值为 0.017 m，最小值为 -0.036 m；横桥向风致位移响应最大值为 -0.013 m，最小值为 -0.030 m；风致扭转响应最大值为 0.030°，最小值为 -0.036°。

（2）20%拼装率施工状态：在设计基准风速下主梁中跨端部截面的竖向风致位移响应最大值为 0.678 m，最小值为 -0.697 m；横桥向风致位移响应最大值为 -0.197 m，最小值为 -1.814 m；风致扭转响应最大值为 0.728°，最小值为 -0.585°。桥塔塔顶截面的纵桥向风致位移响应最大值为 0.011 m，最小值为 -0.034 m；横桥向风致位移响应最大值为 -0.016 m，最小值为 -0.033 m；风致扭转响应最大值为 0.036°，最小值为 -0.082°。

（3）40%拼装率施工状态：在设计基准风速下主梁中跨端部截面的竖向风致位移响应最大值为 1.072 m，最小值为 -1.063 m；横桥向风致位移响应最大值为 -0.133 m，最小值为 -1.490 m；风致扭转响应最大值为 0.614°，最小值为 -0.450°。桥塔塔顶截面的纵桥向风致位移响应最大值为 0.020 m，最小值为 -0.039 m；横桥向风致位移响应最大值为-0.018 m,最小值为-0.033 m;风致扭转响应最大值为0.032°,最小值为-0.079°。

(4) 60%拼装率施工状态在设计基准风速下主梁中跨端部截面的竖向风致位移响应最大值为0.910 m,最小值为-0.954 m;横桥向风致位移响应最大值为0.252 m,最小值为-1.796 m;风致扭转响应最大值为0.723°,最小值为-0.670°。桥塔塔顶截面的纵桥向风致位移响应最大值为0.018 m,最小值为-0.035 m;横桥向风致位移响应最大值为-0.017 m,最小值为-0.035 m;风致扭转响应最大值为0.032°,最小值为-0.080°。

(5) 80%拼装率施工状态:在设计基准风速下主梁中跨端部截面的竖向风致位移响应最大值为0.678 m,最小值为-0.654 m;横桥向风致位移响应最大值为0.199 m,最小值为-1.679 m;风致扭转响应最大值为0.834°,最小值为-0.865°。桥塔塔顶截面的纵桥向风致位移响应最大值为0.018 m,最小值为-0.038 m;横桥向风致位移响应最大值为-0.023 m,最小值为-0.041 m;风致扭转响应最大值为0.036°,最小值为-0.105°。

(6) 100%拼装率施工状态:在设计基准风速下主梁中跨跨中S1截面的竖向风致位移响应最大值为0.586 m,最小值为-0.725 m;横桥向风致位移响应最大值为-0.270 m,最小值为-0.833 m;风致扭转响应最大值为0.437°,最小值为-0.427°。桥塔塔顶截面的纵桥向风致位移响应最大值为0.020 m,最小值为-0.034 m;横桥向风致位移响应最大值为-0.023 m,最小值为-0.040 m;风致扭转响应最大值为0.033°,最小值为-0.095°。

4.4 小 结

由于涛源金沙江大桥结构轻而柔、阻尼较小,对风的作用十分敏感,抗风性能将是控制该桥设计和建造的关键因素之一。本章首先基于云南省交通规划设计研究院提供的气象台数据,随后针对成桥运营状态和主要施工状态进行了结构动力特性分析、主梁节段模型风洞试验、全桥非线性静风稳定性分析以及全桥三维抖振响应与风载内力分析,最后对主桥的成桥运营状态和主要施工状态开展了全桥气动弹性模型风洞试验研究。主要结论如下:

(1) 采用地形模型风洞试验方法得到涛源金沙江大桥主桥桥面高度处来流风攻角分布在-9.8°~+3.2°范围内,应当按照风攻角范围给出不同的颤振检验风速。在成桥运营状态下,风攻角在-10.0°~-7.0°、-7.0°~-5.0°、-5.0°~-3.0°、-3.0°~+3.0°、+3.0°~+5.0°范围内的颤振检验风速分别为25.9 m/s、62.8 m/s、65.9 m/s、66.6 m/s、42.6 m/s;施工阶段颤振检验风速在相应攻角范围内则分别为21.8 m/s、52.8 m/s、55.4 m/s、55.9 m/s、42.6 m/s。采用地形模型风洞试验方法得到涛源金沙江大桥主桥桥塔成桥运营阶段的设计基准风速和驰振检验风速分别为47.0 m/s和94.1 m/s,施工阶段的设计基准风速和驰振检验风速分别为 39.5 m/s 和 79.0 m/s。

（2）桥梁节段模型风洞试验结果表明：对于 –5°、–3°、0°、+3°、+5°攻角，成桥状态颤振临界风速的试验结果均大于实桥成桥状态颤振检验风速。该桥成桥状态具有足够的颤振稳定性。对于施工阶段最不利的 10%拼装率状态，在各个攻角下施工状态的颤振临界风速均低于该桥梁施工阶段的颤振检验风速。可见，在 10%拼装率施工状态下，该桥梁不能满足抗风稳定性的要求。在 80%拼装施工状态下，该桥梁各攻角下颤振性能满足抗风稳定性的要求，因此，基于颤振稳定性的安全要求，该桥梁在小于 80%拼装率的施工阶段都应该避开强风季节。

（3）该桥主桥 10%、20%、40%、60%、80%、100%拼装率施工状态在均匀流场 0°、+3°和+5°风攻角以及大气边界层 D 类紊流场 0°风攻角作用下的颤振临界风速均超过施工阶段相应攻角范围内的颤振检验风速，因而具有足够的颤振稳定性。该桥成桥运营状态在均匀流场 0°、+3°和 +5°风攻角以及大气边界层 D 类紊流场 0°攻角作用下的静风失稳临界风速均超过成桥运营状态相应攻角范围内的静风失稳检验风速，因而具有足够的静风稳定性。该桥主桥 10%、20%、40%、60%、80%、100%拼装率施工状态在均匀流场 0°、+3°和+5°风攻角以及大气边界层 D 类紊流场 0°风攻角作用下的静风失稳临界风速均超过施工阶段相应攻角范围内的静风失稳检验风速，因而具有足够的静风稳定性。

第 5 章　高烈度近场强震区深厚覆盖层下的悬索桥锚碇设计关键技术研究

本章基于不同层位地层物理力学特性的差异，研究锚碇基础与地层相互作用的机理。遵循几何、本构、应力状态和动态过程的仿真建模原则，建立能够反映施工全过程各种变形特征的锚碇沉降耦合模型。结合室内试验、工程类比及工程监测成果，并考虑岩土体和接触面参数的不确定性，建立确定性与不确定性两类分析模型，从而构建能够预测不均匀沉降及长期变形的数值计算模型及相应理论。通过合理设计，减少锚碇开挖方量，加快施工进度。

5.1　锚碇结构

涛源金沙江大桥路段拟建路线海拔高程最低点位于 K76+330（金沙江），高程为 1 180 m，最高点位于寨子隧道顶点 K77+400，高程为 1 410 m，相对高差为 230 m，除寨子隧道前后起伏较大外，其余路段地形起伏不大，前段及后段相对平缓。主要特征地形有以下两种：

（1）构造溶蚀地形。

构造溶蚀地形主要分布于本路段中间部分 K74+300~K78+300 段，出露地层主要为泥盆系中统（D_2）灰岩、白云质灰岩及泥质灰岩等。自然坡度 25°~5°不等，局部陡立，坡面植被不发育，受断裂、溶蚀破坏，局部悬崖切割形成陡峭崖，由于长期的溶蚀作用，基岩露头较零星，多被残坡积物掩盖，山体基本为南北向延伸，岩溶多以溶槽、溶孔、溶隙为主（图 5-1）。

图 5-1　构造溶蚀地形

（2）河谷阶地地形。

河谷阶地地形主要分布于 K74+400～K75+600 段，出露地层为第四系全新统（Q_h）冲洪积角砾土、及地表崩塌堆积（Q_{col}）碎石土夹卵砾石等；地形平缓，地形纵坡为 1‰～10‰，植被较少，多为坡地（图 5-2）。

图 5-2　河谷阶地地形

总体而言，根据工程地质调绘及钻探揭露，拟建桥址区范围地层岩性等地质结构十分复杂，对地层岩性按照工程力学性能并结合工程特征划分工程地质单元层，自上而下如下：

（1）第四系全新统崩坡积层。

粉质黏土、红黏土为硬塑状，在桥址小里程岸浅部广泛分布，厚 5～20 m 不等，局部含较多角砾、碎石，部分土层为灰岩碎块石分化而成。角砾土为稍～中密状，在桥址小里程岸广泛分布，厚 5～30 m 不等，局部夹较多碎石块石，成分和密实度差异较大，砾石碎块石成分为灰岩。碎石土夹块石为稍～中密状，在桥址小里程岸广泛分布，在大里程永胜岸锚碇区也分布较厚，厚 30～70 m 不等，角砾、黏性土充填，成分及密实度差异较大，碎块石成分为灰岩，碎块石多呈棱角～次棱角状。块石为稍～中密状，在桥址小里程岸广泛分布，在大里程永胜岸锚碇区也分布较厚，厚 10～25 m 不等，角砾、碎石充填，成分及密实度差异较大，碎块石成分为灰岩，碎块石多呈棱角～次棱角状。

（2）第四系更新统冲洪积层。

粉质黏土为硬塑，在拟建桥址区域广泛分布，厚 2.5～11.0 m。粉细砂土为中密、密实状不均，稍湿，该土层多以弱胶结、近半成岩状，水平薄层状层理，主要由粉粒、砂粒等组成，含有少量黏粒，偶夹卵石，手搓有砂感，原状土立壁性好，厚度 1.8 m。粉土为中密、密实状不均，稍湿，该土层多以弱胶结、近半成岩状，水平薄层状层理，敲击易碎，质软，在桥址区域广泛分布，厚度大。

（3）泥盆系。

灰岩夹泥质灰岩为中风化、晶粒结构、块状构造，节理裂隙发育，岩溶发育以溶隙、溶孔为主，裂隙及溶隙间有土质充填，岩层普遍较为破碎，岩体多呈角砾碎石碎裂结构、碎石块碎块镶嵌结构不均。该岩层多分布于大里程永胜岸，基岩埋深浅，而小里程大理岸路线范围下的灰岩埋深较大（50～120 m 不等）。

1. 锚碇区地质结构

大理岸锚碇区地质断面图如图 5-3 ~ 图 5-5 所示，左幅、右幅及路中线的工程地质情况变化很大。大理岸锚碇区的地质结构比较复杂，地表为崩坡堆积的碎石土、块石土，厚度达 30 ~ 55 m 不等，浅表碎块石土层多呈松散、稍密状不均，厚度及结构性质差异较大，局部块石还存在架空现象。碎块石土层成分与密实度差异较大，其下方 30 ~ 55 m 处为厚层第四系更新统（Q_P）粉细砂、粉土层（水平薄层状、弱胶结而成近半成岩），该土层土质较均匀、厚度较大、层位及土层性质较稳定。锚碇基础埋深约 42 m，大部分锚碇基础底面处于碎块石土层内或靠近碎石土底部、小部分锚碇基础底面处于弱胶结较均匀的粉细砂土层内。

由于锚碇基底标高处于中密状块石土层内、最高地下水位之上，对于锚碇地基基础的稳定及承载力较为有利，加之局部夹块石较多，碎石土弱胶结，呈密实状，锚碇基底下的碎石土地基整体承载力及摩阻力较大，可满足重力锚的承载力及抗剪强度要求。

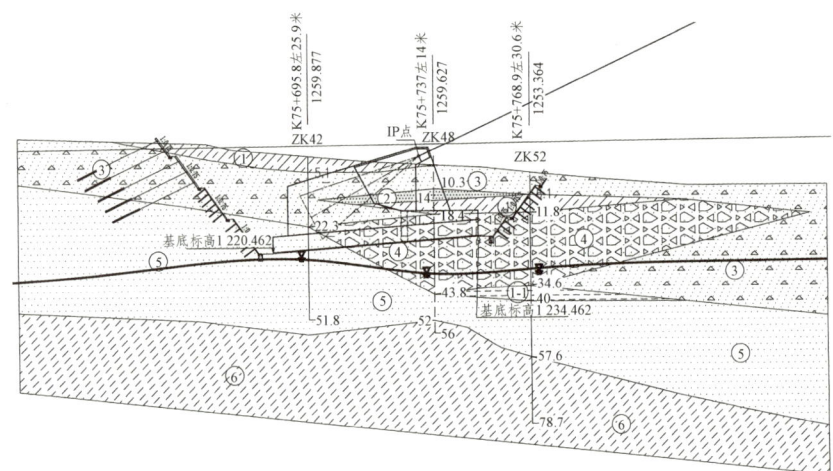

图 5-3　大理岸锚碇区左幅工程地质断面

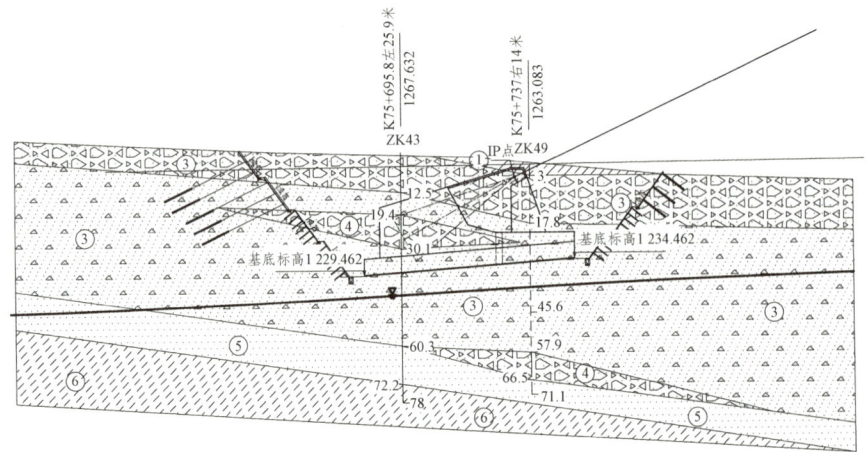

图 5-4　大理岸锚碇区右幅工程地质断面

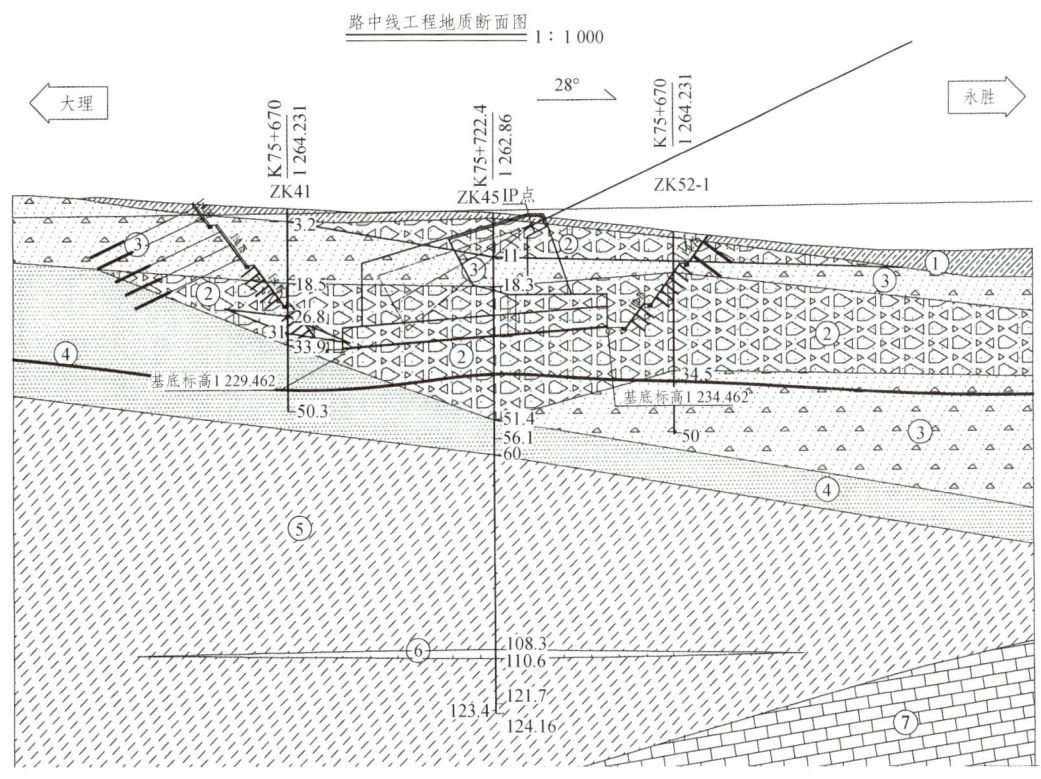

图 5-5 大理岸锚碇区路中线工程地质断面

2. 锚碇区岩体力学参数

为获取桥址区各土层的物理力学性质,通过勘察对桥位进行原位测试,根据勘察的资料及以往类似工程经验,大理岸锚碇区岩土的物理力学参数如下:

(1)稍~中密状块石土:地基容许承载力$[f_{ak}]$=450 kPa,变形模量 E_0=20 MPa;土体抗剪强度区间 C'=5~10 kPa,Φ'=30°~35°;土体与混凝土抗剪强度区间 C'=2~5 kPa,Φ'=25°~30°,摩擦系数 μ=0.45。

(2)中密状碎石土:地基容许承载力$[f_{ak}]$=450 kPa,变形模量 E_0=18.5 MPa;土体抗剪强度区间 C'=10~15 kPa,Φ'=25°~35°;土体与混凝土抗剪强度区间 C'=7~10 kPa,Φ'=20°~30°,摩擦系数 μ=0.4。

(3)状粉砂夹粉土(中密状,弱胶结近半成岩,薄层状):地基容许承载力$[f_{ak}]$=400 kPa,变形模量 E_0=14.5 MPa;土体抗剪强度参数区间 C'=15~20 kPa,Φ'=15°~25°;土体与混凝土抗剪强度区间 C'=10~15 kPa,Φ'=12°~20°,摩擦系数 μ=0.25。

锚碇设计紧密结合锚碇处的地形地质条件、结构受力的合理性和结构造型的景观效果等条件,采用深埋扩大基础重力式锚碇结构形式。图 5-6 所示为锚碇及上方的引桥桥梁支墩施工。

图 5-6 大理岸锚碇施工

5.1.1 锚碇总体布置

大理岸锚碇以块石土、碎石土、粉砂作为主要持力层。大理岸锚碇采用重力锚形式，由基础、锚块、锚室、散索套支墩等部分构成。基础采用扩大基础。锚块主要承受钢拉杆锚固系统传递的主缆索股拉力，支墩主要承受自重及散索套传递的主缆压力。锚室为封闭空间，对主缆索股起保护作用。将大理岸引桥桥墩置于锚碇的锚块和散索套支墩基础位置，以增加整体受力，其总体构造如图 5-7、图 5-8 所示。

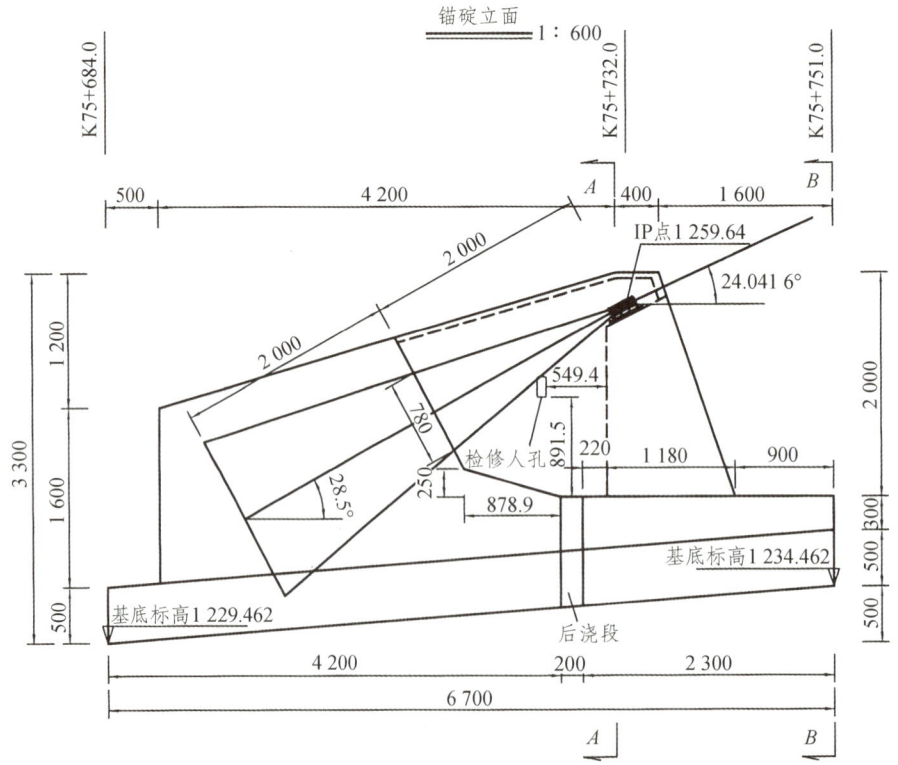

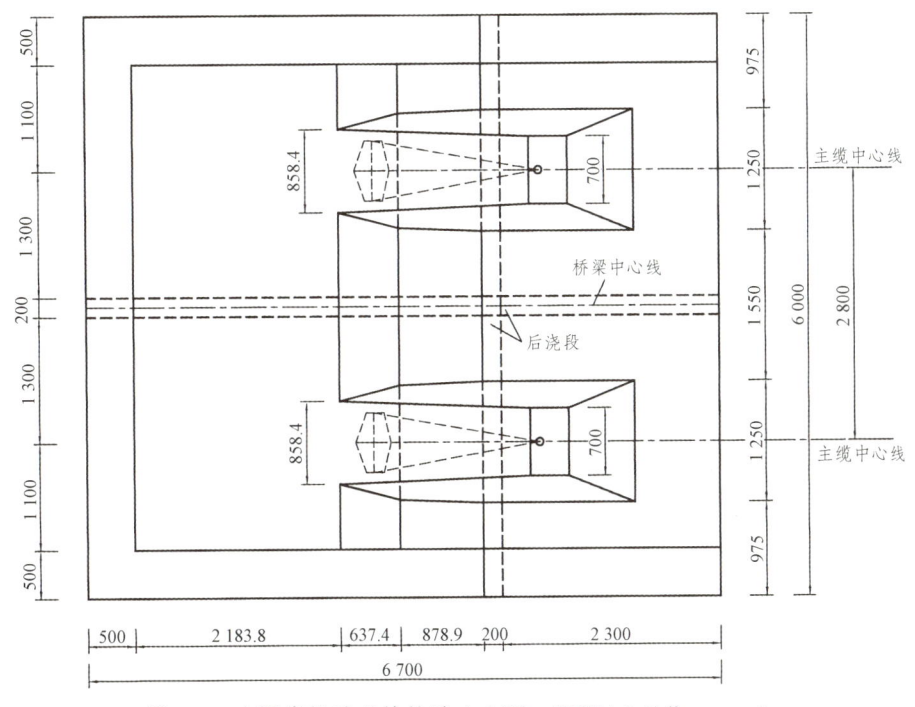

图 5-7 大理岸锚碇总体构造（立面、平面）（单位：mm）

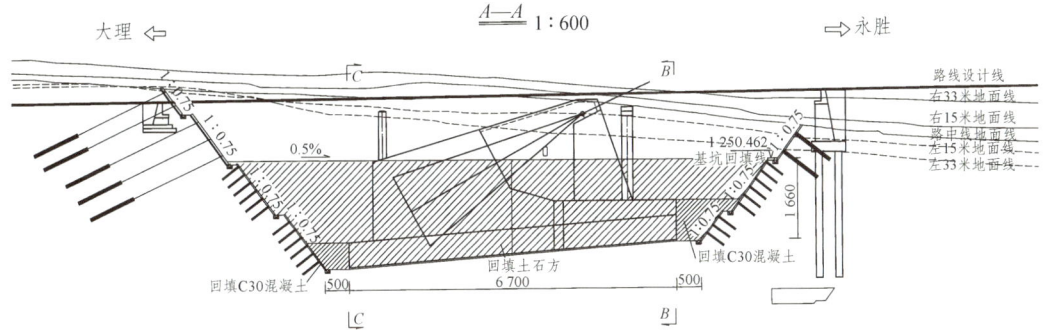

图 5-8 大理岸锚碇与引桥桥墩相对空间位置（单位：mm）

5.1.2 锚碇结构形式与锚固方式

5.1.2.1 锚碇结构形式

大理岸锚碇扩大基础布置为矩形，基础整体平面尺寸为顺桥向长度为 67 m，横桥向长度为 60 m，高度为 5 m，基础前端标高为+1 234.462 m，后端标高为+1 229.462 m，锚碇最高点距基础后端高程为 33 m。大理岸锚碇根据主缆距离设置 2 个分离式散索套支墩，横桥向中心间距为 28 m，单个支墩倾角为 70.7°，顺桥向支墩高度由 15.18 m 变化到最高 17.91 m，顺桥向宽 11.80 m，支墩厚度由入锚处的 7 m 变化到底部的 12.5 m。锚体横桥向宽 60 m，两侧各设置 5 m 的襟边，顺桥向平面长度 42 m，前后锚面距离为 40 m。

5.1.2.2 锚固方式

锚碇锚固系统采用高强钢拉杆锚固系统,包括索股锚固系统和钢拉杆系统两个子系统。图 5-9 所示索股锚固系统由拉杆组件、连接器平板组成。钢拉杆系统由高强钢拉杆、固定端螺母、张拉端螺母、垫板等构成。锚固钢拉杆采用表面涂抹水溶性防锈油和孔道灌注纯水泥浆的防腐体系。索股锚固系统的拉杆直径为 68 mm,钢拉杆系统的高强钢拉杆直径分别为 80 mm 和 110 mm,高强钢拉杆由两根高强钢拉杆通过连接器组件接长。主缆索股拉力通过连接器平板转换为钢拉杆拉力。钢拉杆拉力通过钢垫板直接传递给锚块混凝土。

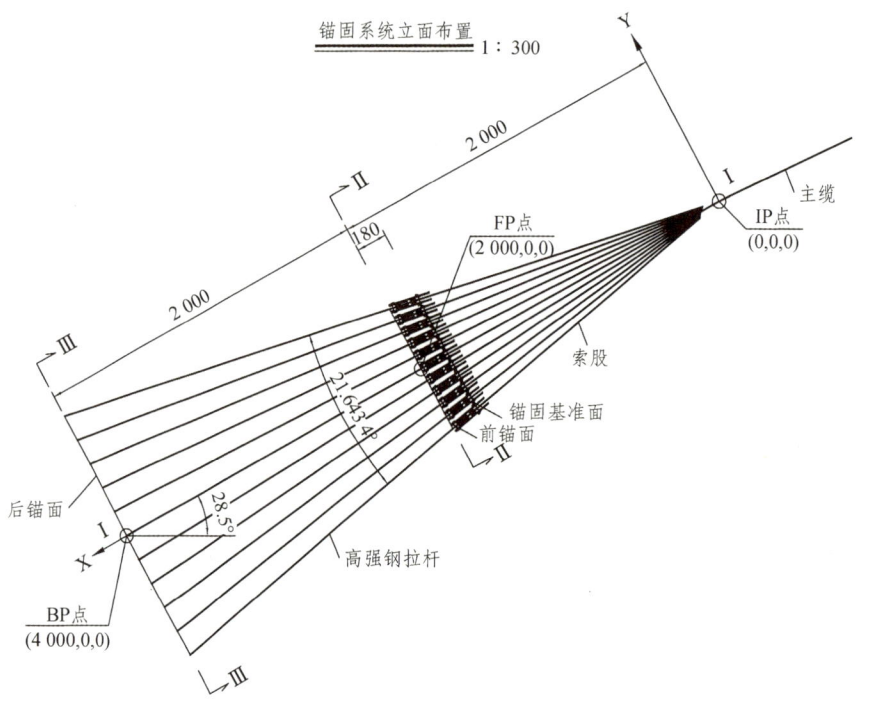

图 5-9　锚碇锚固系统

主缆索股在锚碇前锚室内的散索长度为 20 m,锚固系统的锚固长度为 20 m,主缆在锚碇处入射角为 24.041 6°。根据入射角及散索鞍主缆平面稳定性的要求,确定前锚室主缆中心线的水平角为 28.5°。考虑锚碇受力,并保证锚体最低点高程高于平均高水位,确定锚碇理论散索点(IP 点)高程为+1 259.64 m。

大理岸锚碇处单根主缆成桥缆力为 89 400 kN,标准组合下,最大缆力为 105 087 kN,基本组合下最大缆力为 140 664 kN。单根主缆在散索鞍处布置为 91 束主缆索股,对应的在前锚面位置分别由 27 个单索股锚固单元、32 个双索股锚固单元进行锚固。索股锚固连接构造分为单索股锚固单元和双索股锚固单元,单索股锚固单元由 2 根拉杆和单索股连接器平板构成,双索股锚固单元由 4 根拉杆和双索股连接器平板构成,单索股拉杆的张拉控制力为 1 832.6 kN,双索股拉杆的张拉控制力为 3 581.2 kN,均按双控原则张拉。

5.1.3 锚碇施工

锚体的锚块、散索套支墩及其基础属大体积混凝土结构，平面分四块进行浇筑，块间设置 2 m 宽的后浇段。后浇段施工顺序为先顺桥向后横桥向。锚体每块采取分层立模进行混凝土浇筑，层厚 2 m 左右。如图 5-10 所示，锚碇施工主要分为以下 8 个流程：

① 基坑开挖、边坡防护，坑内排水确保基坑干开挖，再进行地基表面处理平整基底并浇筑垫层混凝土；② 分层、分块浇筑锚块、基础混凝土，并及时通水冷却以防温度裂缝开裂，浇筑过程中加强温度监控；③ 对锚块和基础混凝土进行二次冷却达到设计温度，之后分层浇筑散索套支墩混凝土，并及时通水冷却以防温度裂缝开展，浇筑过程中加强温度监控；④ 绑扎后浇段钢筋浇筑后浇段混凝土并养生，后浇段施工按先顺桥向后横桥向顺序进行；⑤ 安装支架模板，绑扎前锚室侧墙钢筋，浇筑前锚室侧墙混凝土；⑥ 待混凝土强度达到设计强度 100%时按要求分批对称张拉锚固系统预应力钢拉杆，安装主缆索股锚固构件，架设猫道准备架设主缆；⑦ 安装散索套，架设主缆，而后进行主缆索股力调整及锚固，主缆架设完毕后，浇筑前锚室顶板混凝土，待主梁吊装完成后，浇筑前锚室前墙；⑧ 施工引桥桥墩、桥台及主梁，附属设施的安装及基坑回填压实。

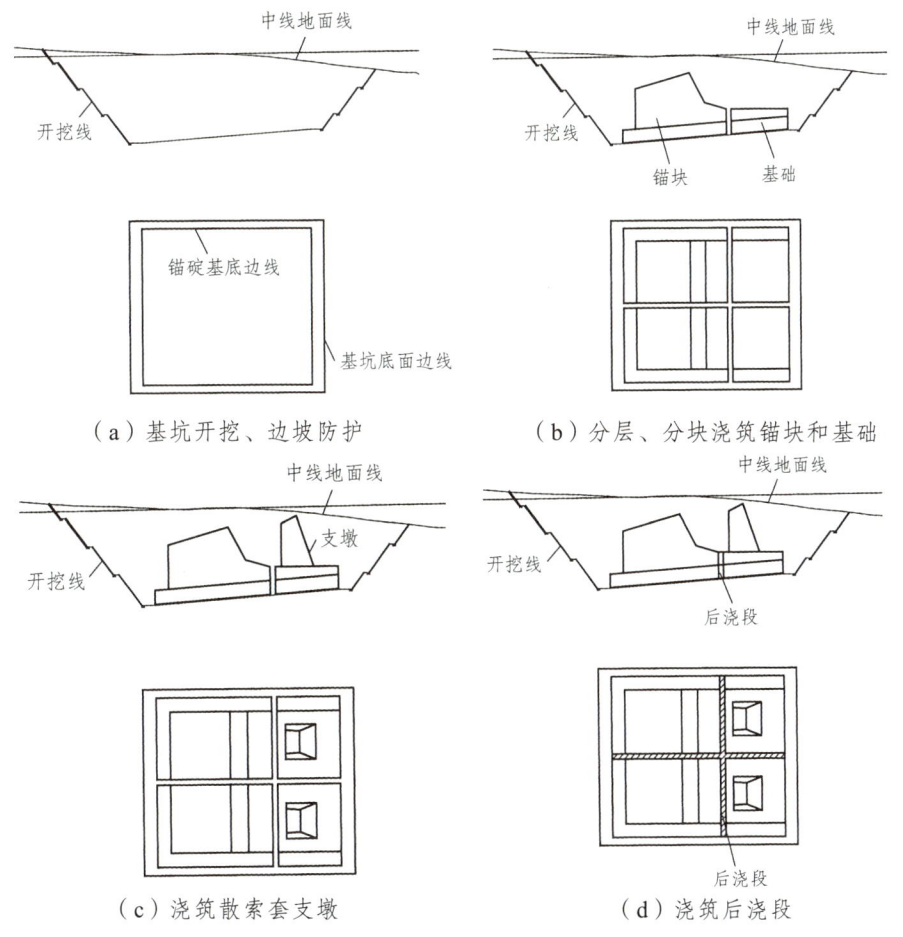

（a）基坑开挖、边坡防护　　（b）分层、分块浇筑锚块和基础

（c）浇筑散索套支墩　　　　（d）浇筑后浇段

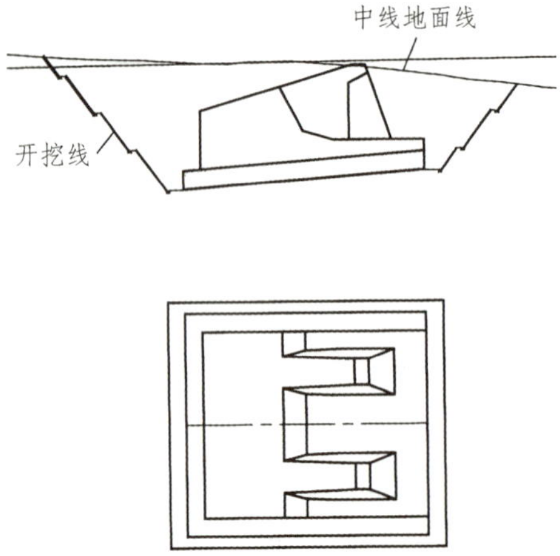

(e) 浇筑前锚室侧墙 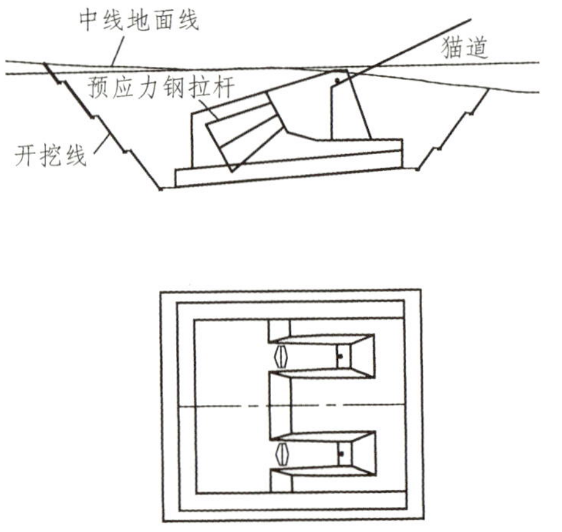　　　　　　（f) 张拉锚固系统预应力钢拉杆

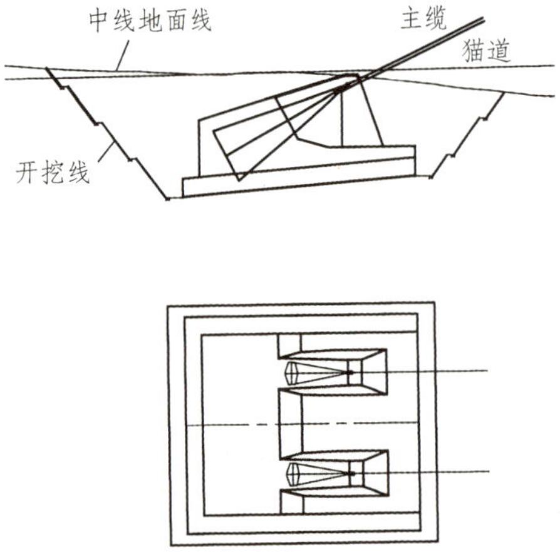

(g) 安装散索套及主缆索股锚固 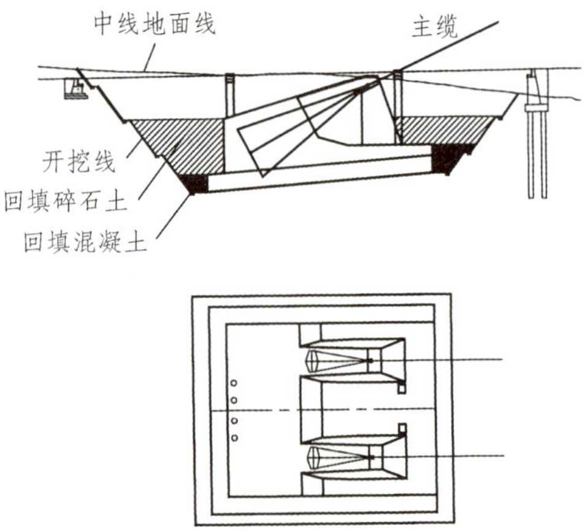　　（h) 基坑回填及路基施工

图 5-10　锚碇施工过程

5.1.4　锚碇主要材料

锚体除前锚室采用 C40 混凝土外，其余部位均采用 C30 混凝土。锚碇大体积混凝土宜采用低热水泥，各后浇段均采用 C30 微膨胀混凝土。锚碇结构采用抗渗等级为 P8 的防水混凝土，前锚室作为锚碇防水的重点，采用抗渗等级为 P12 的防水混凝土。

预应力钢绞线直径为 15.2 mm，抗拉强度标准值为 1 860 MPa，锚下张拉控制应力为 1 395 MPa。普通钢筋主要采用 HRB400 和 HPB300。其中，钢筋直径 $D \geqslant 12$ mm 时，采用 HRB400 钢筋；钢筋直径 $D < 12$ mm 时，采用 HPB300 钢筋。钢筋直接机械接头的质量等级为 Ⅰ 级，在锚体外露表面（基础底面除外）钢筋保护层内均需设置一层直径为 6 mm、间距为 10 cm×10 cm 的防裂带肋钢筋焊网。锚固系统高强钢拉杆采用 40CrNiMo 钢，单索股拉杆直径为 80 mm，双索股拉杆直径为 110 mm，连接器采用的 MJ68 拉杆采用 42CrMo 钢，螺母、垫圈采用 42CrMo 钢，支撑筒、连接器、垫板均采用 45 号钢（锻造），

预埋管及连接钢管采用 Q235B 钢。重力锚锚前及锚后基础顶面以下采用 C30 混凝土回填，回填方量为 7 697.7 m³。两侧回填碎石土，土石方回填量为 69 239.5 m³，分层厚度 30~50 cm，压实度控制在 90%以上。

5.2 锚碇结构有限元模型

5.2.1 概述

随着我国公路桥梁建设的不断发展，悬索桥越来越多地应用于工程中。锚碇是悬索桥主要的承力结构物，是保证全桥主体结构受力稳定的关键部位，因此，对锚碇采用合理的分析方法和参数分析是非常重要的。有限元法能方便地处理分析复杂形状及边界条件的问题，能够考虑材料的物理非线性特性，并且能够模拟施工过程，故有限元已成为目前土工计算中最为常用的数值分析方法。本节针对涛源金沙江大桥大理岸的重力式锚碇采用通用有限元程序 Abaqus 建立空间有限元模型对其结构进行了有限元分析。

5.2.2 本构模型及屈服准则

在施工过程中，基础工程中岩土体的应力、应变状态会受到一定的破坏，这种破坏会造成土体具有比较复杂的受力状态。在小变形的情况下，如果在加载的过程中，岩土体非线性材料不仅产生了可恢复的弹性变形，也产生了不可恢复的塑性变形，即材料产生了更复杂的应力-应变关系。考虑到岩土体材料的复杂特性，在建立有限元数学模型时，必然涉及岩土体的弹塑性本构关系、屈服破坏准则等一系列复杂问题，而且岩土体的变形与荷载大小的变化及加载的应力路径都有关。

土体有多种本构模型，经常采用的为弹塑性模型，例如莫尔-库仑（Mohr-Coulomb）模型、邓肯-张（Duncan-Chang）模型和德鲁克-普拉格（Drucker-Prager）模型。

土的 Mohr-Coulomb 模型中，土体抗剪强度一般采用莫尔-库仑破坏准则中的黏聚力 c 和摩擦角 φ 来表达，可以描述为

$$F = \sigma_m \sin\varphi + \left(\frac{\cos\theta}{\sqrt{3}} - \frac{\sin\theta\sin\varphi}{\sqrt{3}}\right) - c \cdot \cos\varphi \tag{5-1}$$

同时土的 Mohr-Coulomb 屈服准则中，黏聚力 c 和内摩擦角 φ 为基本材料参数。该准则有效地体现了在破坏面上剪应力与正应力的关系，且主要应用于岩土工程。

破坏条件为

$$\tau = c + \sigma_n \tan\varphi \tag{5-2}$$

式中：c——土的黏聚力；

φ——土的内摩擦角；

σ_n、τ——滑移面上的正应力与切应力。

5.2.3 建模过程

大理岸锚碇是大桥全线工程的关键结点,本文采用通用有限元程序 Abaqus 建立空间有限元模型对其结构进行了有限元分析。

5.2.3.1 土体模型

土体模型建模过程中考虑土体计算范围,为了消除边界条件对计算结果的影响,土体模型竖直方向取 91 m,顺桥向方向取 141 m,横桥向取 90 m。计算中,X 轴沿顺桥向,Z 轴沿横桥向,Y 轴竖直向上。

建立土体模型前,要考虑土体的分层及各层土的力学参数,结合工程地质勘查资料表及根据路中线地质剖面图,将本模型中土体简化分为三层,土体分类及力学参数见表 5-1。

表 5-1 锚碇区土体分类及力学参数

土层参数	弹性模量 E/MPa	泊松比 v	摩擦角 φ/(°)	黏聚力 c/kPa	密度 ρ/(kg/m³)
碎石	46.25	0.2	15	100	2 150
块石	60.00	0.18	35	125	2 250
粉砂及粉土	29.00	0.3	20	25	1 950

建好二维土体模型之后,进行网格划分,并拉伸成三维模型。Abaqus 软件可将各土层区域分别赋予材料属性。综合几何与材料非线性,土体采用八节点六面体实体单元。土体的非线性变形特性比较明显,不仅随荷载大小而异,而且与应力路径有关。实际上,土体还会屈服,产生不可恢复的塑性变形。土体这种非线性应力应变关系用弹塑性模型模拟比较理想,但大多数弹塑性模型参数较难确定,结合上一节中的本构模型,土体可以假定为 Mohr-Coulomb 理想弹塑性模型,剪切破坏服从 Mohr-Coulomb 屈服准则。地基土开挖前、开挖后三维仿真模型如图 5-11、图 5-12 所示。

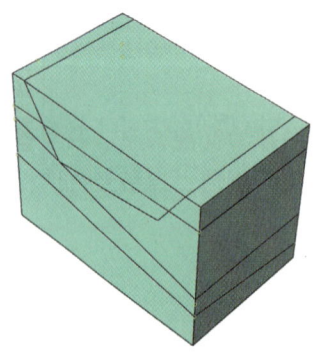

图 5-11 开挖前土体模型

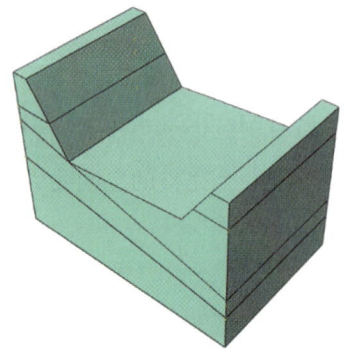

图 5-12 开挖后土体模型

5.2.3.2 初始地应力平衡

地应力平衡是为了使数值模拟获得一个存在初始应力而无初始应变的状态。当考虑自重场是产生地应力场的主要因素时，重力是外力，初始应力场是内力，即根据已建立的土体模型、材料特性、边界条件及所受重力荷载计算土体整个模型而得出各节点的应力（初始地应力）。将提取的内力施加于数值模拟后再施加重力，使内力与外力平衡，从而获得较精确的没有人为因素干扰情况下的数值模型的初始状态。图 5-13 所示为基坑开挖前进行的地应力平衡，平衡前后应力数量级不变而土体位移的数量级达到 10^{-4}（单位为 m），即可以认为初始地应力平衡结果可以接受，对后续分析工作无太大影响。

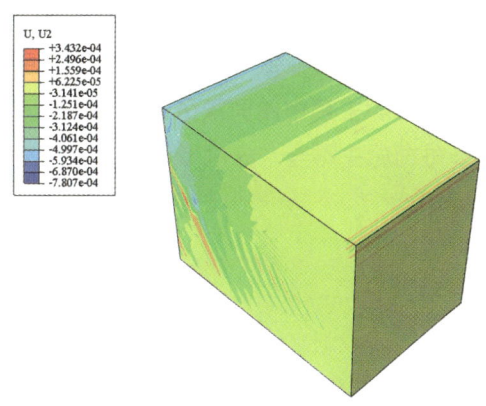

图 5-13 初始地应力平衡

5.2.3.3 锚碇模型

锚体模型是整个建模过程中最为复杂的模型。用先建立平面二维模型，再"拉伸"成三维模型的方法来建立模型。另外，通过一系列扫掠、切割，以及布尔运算、切角等来进行上部锚体的建模。建模的时候应该合理简化几何模型，忽略次要的建模细节，在保证能够有效模拟研究的前提下方便建模。

在 Abaqus 中建立锚碇部件，如图 5-14 所示，将锚体分为锚块、散索鞍支墩、鞍部、后浇段、前锚室、后锚室等部分。建成的锚碇部件如图 5-15 所示。其中，后浇段又可分为横向的鞍部后浇段、纵向前侧的支墩基础后浇段、后侧的锚块后浇段三部分。基础顶板实际也是锚体的一部分，两者相互融为一体。散索鞍支墩主要承受由散索鞍传递的主缆压力，锚块主要承受预应力锚固系统传递的主缆索股拉力。前锚室、散索鞍支墩、鞍部与锚块形成一个完整的空间受力结构。前锚室由底板、侧墙、顶板及前墙构成封闭空间，对主缆索股起保护作用。

锚体除前锚室采用 C40 混凝土外，其余部位均采用 C30 混凝土。由于锚碇的安全是以稳定性来控制的，基础中的混凝土材料的应力水平较低，故采用线弹性模型是合适的。锚碇整体结构材料力学参数见表 5-2。

图 5-16 所示锚体内用于施加预应力及主缆拉力荷载的钢拉杆采用两节点空间桁架

单元,采用膨胀系数为 0.000 357,采用埋入锚碇实体单元为主要接触方式,单根主缆对应地采用 27 个单索股拉杆单元和 32 个双索股拉杆单元进行模拟,单索股拉杆单元横截面积设为 0.005 026 m²,双索股拉杆单元横截面积设为 0.009 503 m²。

表 5-2 锚碇结构材料力学参数

参数部件名称	材料强度等级	弹性模量 E/MPa	泊松比 ν	密度 ρ/(kg/m³)
前锚室	C30 混凝土	29 791	0.3	2 500
其余部位	C40 混凝土	32 599	0.2	2 500
高强钢拉杆	40CrNiMo 钢	209 000	0.2	8 341

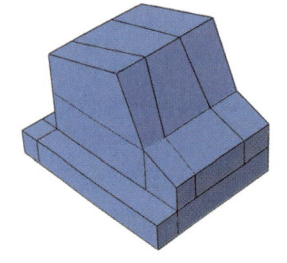

(a)锚块

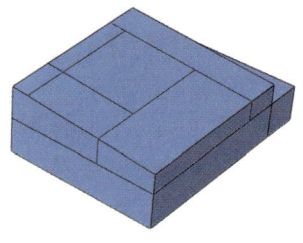

(b)散索鞍支墩基础

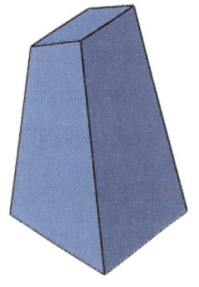

(c)散索鞍支墩

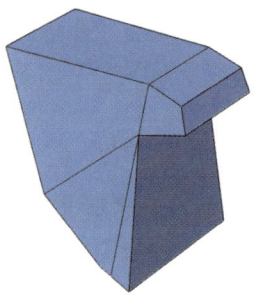

(d)前锚室

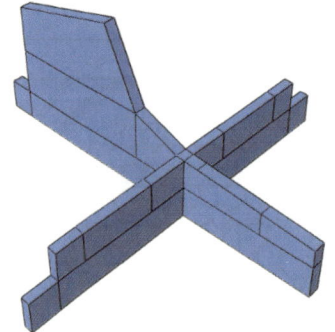

(e)后浇段

图 5-14 锚碇组成部分

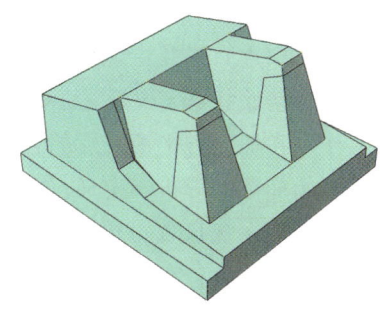
图 5-15 锚碇部件

图 5-16 钢拉杆部件

在运用大型通用程序 Abaqus 对重力式锚碇结构进行详细的局部应力分析时采用了实体单元 C3D8R，如图 5-17 所示。

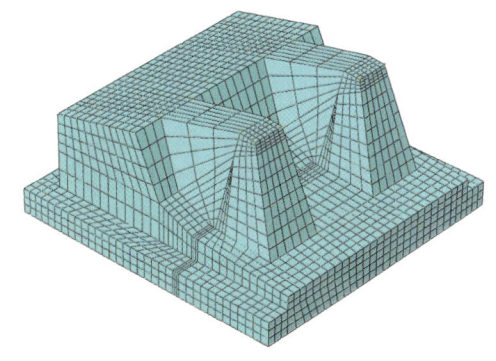
图 5-17 锚碇整体网格划分

C3D8R 单元为八结点线性六面体单元，与完全积分单元比较，线性缩减积分单元仅在单元中心包含一个积分点。通常，C3D8R 单元对位移的求解结果比较明确，且网格存在扭曲变形时，分析的精度不会受到太大的影响，因此产生的计算结果较好。为了能够顺利地进行网格划分，避免出现因为网格奇异、退化等一系列影响计算精度的操作，保证网格能够均匀密布，锚碇结构采用 C3D8R 单元，共计 8 007 个单元，9 884 个节点。

5.2.3.4 接触设置及边界条件处理

在对锚碇有限元模型的边界条件进行处理时，根据地质勘测书，锚碇设计紧密结合了锚碇处的地形地质条件、结构受力的合理性和结构造型的景观效果等条件，采用深埋扩大基础重力式锚碇结构形式。对土体施加边界条件时，假定前、后、右及底面边界距锚碇结构为无穷远，模型前、后侧约束 Z 轴方向位移；模型左右两侧面约束 X 轴方向水平位移；模型底面边界约束 X、Y、Z 轴三个方向位移；顶面边界为自由边界。计算模型中，重力式锚碇的扩大基础（包括后浇段）与地基土之间设置接触约束，包括切向接触和法向硬接触，切向接触摩擦系数取 $\tan(0.75\varphi)$（φ 为地基土的内摩擦角）。

5.2.3.5 荷载施加

三维有限元模型需要定义三个荷载状态,以更好地模拟重力锚在主缆拉力作用下的变形及受力特征:第一个荷载状态为初始地应力平衡,在初始状态定义,之后每分析步继承并传递;第二个荷载状态为重力锚自重的施加,作用在地应力平衡之后的各个分析步;第三个载荷状态为作用在重力锚的拉力作用,在开始加载的分析步定义。

对锚体模型最不利工况进行分析。该工况荷载包括锚碇系统自重、预应力、主缆拉力、引桥竖向力。锚碇的自重通过材料的物理属性容重自动计入;有效预应力则通过施加于锚固系统的钢拉杆采用两节点空间桁架单元,并运用等效降温法来模拟预应力对结构的影响。具体计算方法为,在预应力荷载步中对钢拉杆施加与张拉力相对应的等效降温荷载。主缆拉力主要体现在对散索鞍支墩的斜向均布压力作用,以及通过钢拉杆对锚体的集中力作用。钢拉杆在模型中采用桁架单元进行模拟,并以埋入锚体单元为主要接触方式。主缆力按单根主缆拉力为基本组合下最大缆力为 140 664 kN,施加于预应力单元在前锚面的钢拉杆单元节点(共 59 个节点),单个节点集中力为 2 384 kN 桥墩引桥竖向作用力因对阻止锚碇向前倾覆起有利作用,因此在这里不予考虑。本节不考虑施工过程中的施工荷载,因为其荷载值不够稳定且相对较小。

5.2.3.6 计算假定

计算中,不考虑锚碇结构的材料非线性特性,将结构视为均质弹性体,以弹性模量和泊松比表示结构的材料特性。锚碇结构除前锚室采用 C30 混凝土外,其余部位均采用 C40 混凝土。锚碇结构刚度较大,为了分析锚碇不同部位受力,建模过程中可以不考虑配筋。将锚碇区地质结构简化考虑,按大理岸锚碇区路中线工程地质断面图进行地层分区,横桥向不考虑地层性质变化。由于计算对象为锚碇,不考虑针对基坑边坡的支护及抗滑桩等影响。

5.2.3.7 计算步骤

为确保模型计算与实际工程相吻合,并提高计算结果的精确性,应尽量按照实际施工过程进行模拟。通过对施工过程的简化,锚体与地层模型的有限元分析主要分为以下几个工况进行研究:初始地应力的平衡;基坑开挖过程模拟;分块浇筑锚块、基础、散索套支墩混凝土(图 5-18、图 5-19);浇筑后浇段混凝土(图 5-20);浇筑前锚室侧墙、顶板、前墙混凝土(图 5-21);钢拉杆张拉预应力;运营阶段主缆索力的施加 Abaqus 中锚碇的施工过程可以通过单元生死定义来实现,在 Abaqus 中有专门的称呼,就是 modelchange。"杀死"某单元就是从模型删除指定的单元,并且所删除区域的力逐渐线性降低,以确保单元删除对模型影响的平顺性。同时,对被删除的单元不再做进一步的计算。被删除的单元在后续部中保持无效,直到被重新激活。而"激活"某单元就是把已"杀死"过的单元恢复到其本身的质量和刚度,此时的单元没有初始应变和初始应力。本模型通过控制相应单元的"生死"来模拟施工过程,从而实现对实际工程的求解。

第5章 高烈度近场强震区深厚覆盖层下的悬索桥锚碇设计关键技术研究

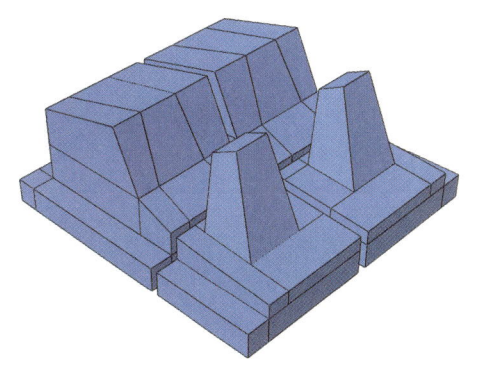

图 5-18 分块浇筑锚体

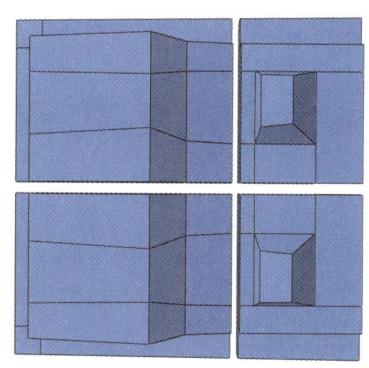

图 5-19 分块浇筑锚体

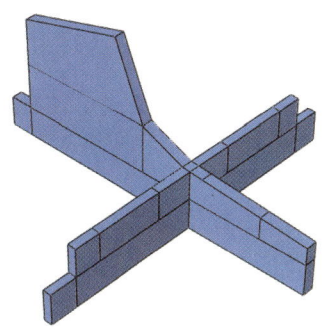

图 5-20 浇筑后浇段混凝土

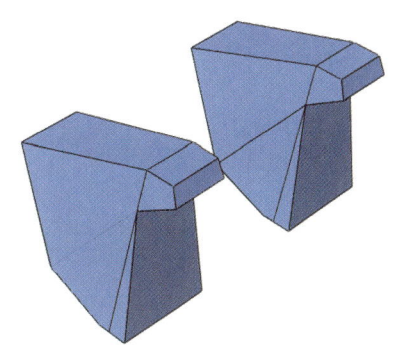

图 5-21 浇筑前锚室

5.3 锚碇沉降与变位监测研究

5.3.1 规范要求

锚碇基础的设计与计算应考虑以下问题：

（1）构造要求参考《公路悬索桥设计规范》（JTG/T D65-05—2015）。平面尺寸应大于锚体外轮廓尺寸，并设置 1.5~3 m 的襟边，襟边与厚度的关系应满足刚性角要求，刚性角不宜大于 45°。锚碇内主缆中心线的折射角、散索长度应根据主缆的入射角、主缆索股在散索鞍鞍槽内的稳定性等综合确定。

（2）变位计算应严格限制锚碇水平位移量和下沉量，以避免锚碇位移给桥梁带来不利影响，可以根据结构的要求来确定锚碇水平位移和下沉量的容许值。成桥之后散索转折点的水平位移容许值小于大桥总跨径的 1/6 000；在非岩石地基条件下，锚碇承受主缆拉力时不可避免地要发生水平位移和沉降变位，而成桥状态锚碇的变位将对全桥受力产生影响，参考《公路悬索桥设计规范》（JTG/T D65-05—2015），运营阶段锚碇允许水平变位不宜大于 0.000 1 倍的主跨跨径，竖向变位不宜大于 0.000 2 倍的主跨跨径。

（3）局部应力不应过大。

（4）主缆拉力和锚碇自重作用下的基底应力不应有大的突变，基础底面所有点的竖向应力要小于持力层地基的容许承载力。

5.3.2 深厚覆盖层下锚碇结构变位监测研

施工现场对高烈度近场强震区深厚覆盖层下锚碇结构进行系统监测研究，主要针对锚碇重力式基础的4个角点（J1~J4）的沉降和水平变形进行监测。其中，J1、J2为锚碇后侧锚块基底的两个角点，J3、J4为锚碇前侧支墩基底的两个角点。

通过有限元分析得到锚碇基础4个角点（J1~J4）的沉降有限元计算值、顺桥向水平位移计算值以及横桥向水平位移值，为了方便对比，根据实际施工工况，以基坑开挖后为初始状态，共选择5个工况进行对比：工况1为分块浇筑锚块、基础、散索套支墩混凝土；工况2为浇筑后浇段混凝土；工况3为浇筑前锚室侧墙、顶板、前墙混凝土，工况4为施加预应力；工况5为运营阶段主缆索力的施加。将实际监测值与有限元结果对比见表5-3~表5-5。

表5-3 锚碇基础四个角点沉降值

工况	角点沉降值/cm							
	J1角点		J2角点		J3角点		J4角点	
	实测值	计算值	实测值	计算值	实测值	计算值	实测值	计算值
1	-16.21	-18.043	-17.44	-18.044	-10.351	-10.422	-10.476	-10.424
2	-17.381	-18.913	-18.55	-18.913	-11.281	-11.071	-11.37	-11.072
3	-17.92	-19.14	-19.06	-19.14	-11.65	-11.453	-11.71	-11.454
4	-17.81	-19.127	-19.15	-19.131	-11.24	-11.444	-11.36	-11.443
5	-12.55	-14.138	-13.75	-14.175	-13.36	-13.183	-13.58	-13.216

表5-4 锚碇基础四个角点顺桥向水平位移值

工况	角点顺桥向水平位移值/cm							
	J1角点		J2角点		J3角点		J4角点	
	实测值	计算值	实测值	计算值	实测值	计算值	实测值	计算值
1	-2.512	-2.212	-2.342	-2.212	-2.831	-2.628	-2.776	-2.628
2	-2.64	-2.25	-2.56	-2.25	-2.876	-2.672	-2.789	-2.672
3	-2.68	-2.269	-2.58	-2.269	-2.89	-2.673	-2.794	-2.672
4	-2.71	-2.276	-2.63	-2.276	-2.92	-2.672	-2.861	-2.671
5	3.096	3.432	3.25	3.367	3.361	3.53	3.642	3.466

表 5-5 锚碇基础四个角点横桥向水平位移值

工况	角点横桥向水平位移值/cm							
	J1 角点		J2 角点		J3 角点		J4 角点	
	实测值	计算值	实测值	计算值	实测值	计算值	实测值	计算值
1	0.081	0.099	0.093	0.099	0.083	0.086	0.079	0.086
2	0.092	0.105	0.098	0.106	0.087	0.093	0.088	0.093
3	0.094	0.106	0.102	0.107	0.098	0.097	0.094	0.097
4	0.089	0.102	0.095	0.101	0.101	0.096	0.092	0.096
5	0.102	0.109	0.043	0.034	0.082	0.074	0.147	0.151

由表 5-3～表 5-5 可知：

（1）4 个角点的沉降实测值与计算值有一定的差异。这是由于锚碇区地质情况复杂，使得扩大基础沉降计算结果与实测结果存在一定差距。但计算结果较好地预测了锚碇基础的沉降变形规律。基础 4 个角点的水平变位情况的实测值与计算值差异不大，随不同工况的变化情况符合一致规律。

（2）对于工况 1～5，基础 4 个角点的沉降值逐渐增加，但后侧锚块基底 J1 和 J2 角点的沉降值大于前侧支墩基底 J3 和 J4 角点的沉降值，导致锚碇基础朝后侧转动。这是由上部锚碇结构偏心荷载作用引起的。

（3）在同一工况下，数值模拟的 J1 和 J2 角点的沉降值、J3 和 J4 角点的沉降值差异不大，这是由于在有限元建模时假定横桥向土层性质无差异。实际情况中，由于锚碇区地质情况复杂，扩大基础底部持力层分布不均匀会引起 J1 和 J2 角点的沉降值、J3 和 J4 角点的沉降值差异很大。

（4）由计算结果可知，与锚碇基础沉降值相比，基础的水平位移值相对较小，表明沉井基础以沉降变形为主。通过上述锚碇基础沉降和水平位移分析可知：大理岸引桥的 1 号墩采用双柱式桥墩，2 号墩采用方形门架墩，墩底与锚碇直接相连，锚碇基础的转动带动桥墩也发生了转动。因此，需要注意引桥建设过程中锚碇基础沉降带来的影响，确保大理岸引桥段梁体的精确合龙。

5.3.3 施工阶段深厚覆盖层下锚碇受力特性研究

根据上节中锚碇变位的数值模拟结果与实测值差异不大，证明锚碇的数值模拟研究基本符合实际规律。下面针对计算步骤中的几个重要工况的数值模拟结果进行施工阶段深厚覆盖层下锚碇受力特性研究，以确保锚碇构件的整体强度。研究结果为配筋设计提供依据，为安全性评价提供参考，尤其对一些应力集中处更需要进行应力分析，以便更好地指导实际施工过程。

5.3.3.1 分块浇筑锚体的应力分析

图 5-22 所示为分块浇筑锚块、基础、散索套支墩混凝土完成后的最大主应力分布云图，锚体和支墩下部基础出现了大量的拉应力，锚碇后侧基础应力变化梯度大于前侧。并且如图 5-23 所示，在锚碇后侧基础底部出现了拉应力集中，最大拉应力值为 1.997 MPa，位于后侧基础底部。

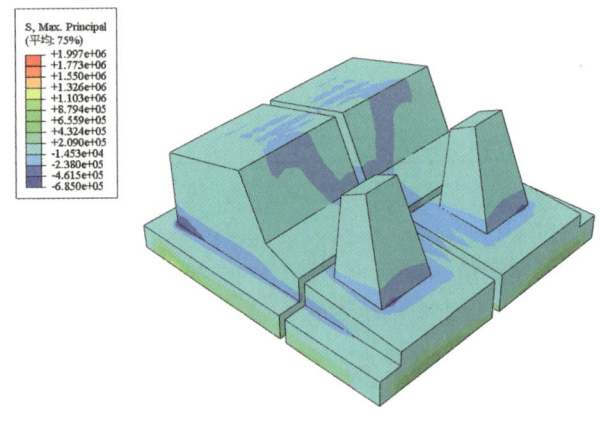

图 5-22 分块浇筑锚碇的最大主应力

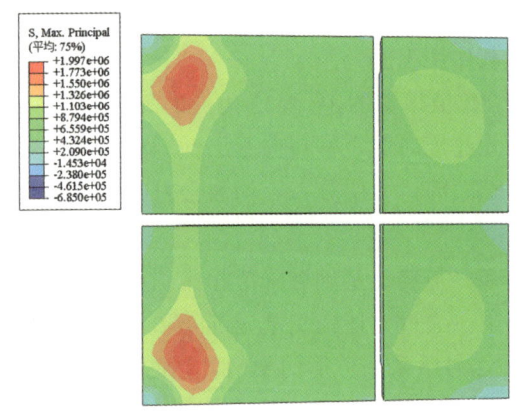

图 5-23 锚体和支墩混凝土基底的最大主应力

图 5-24 所示为分块浇筑锚块、基础、散索套支墩混凝土完成后的最小主应力分布云图，可以看出锚体整体呈现压应力状态。由图 5-25 可知，锚碇各组成部分压应力都不太大，不会出现混凝土被压碎的情况。当锚碇分四块浇筑完毕后，上部锚体应力分布较下部扩大基础均匀，分别在锚块与锚块基础相接处、支墩与支墩基础接触部分出现了较大局部压应力。图 5-26 所示的取锚块基础上部与支墩基础上部接触面进行细化分析，可以观察到外侧角点处的压应力变化梯度很大，尤其是锚块的基础上部角点连接处，最大主压应力发生在锚块基础的外侧角点处，为 5.467 Mpa。因此，实际施工过程中要注意角点处的压应力集中。

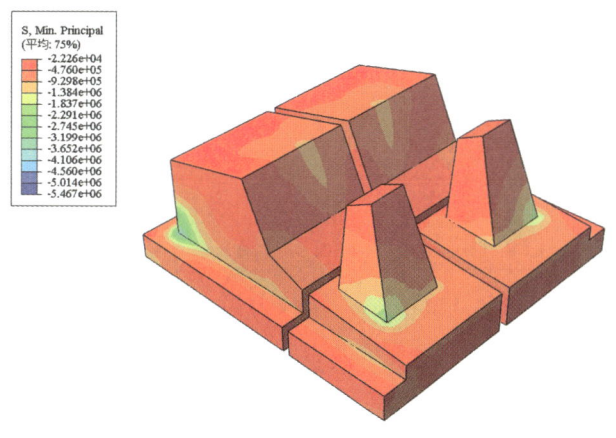

图 5-24　分块浇筑锚碇的最小主应力

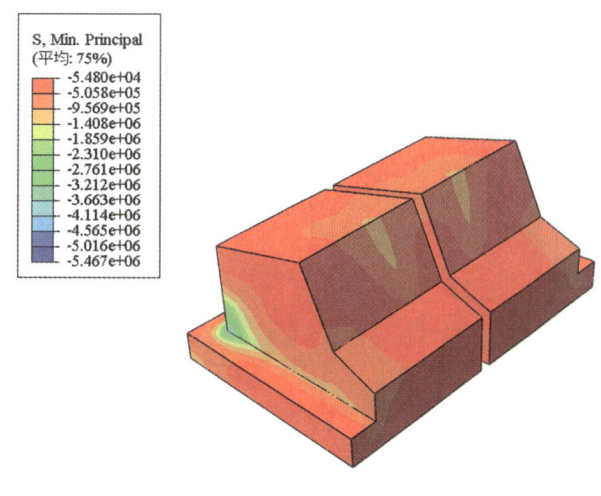

（a）锚块

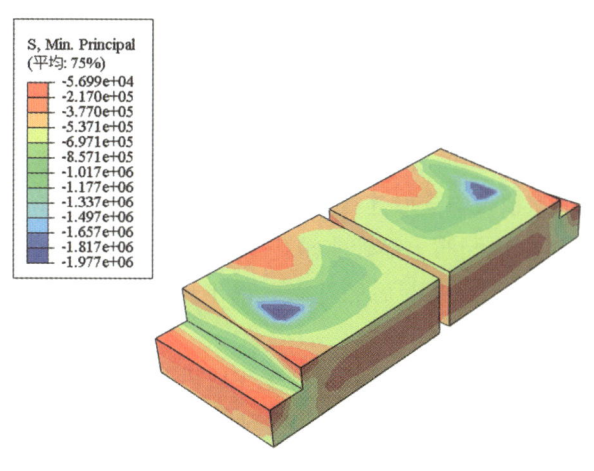

（b）散索鞍支墩基础

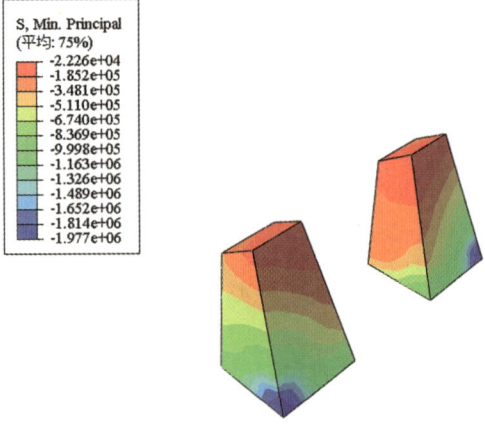

（c）散索鞍支墩

图 5-25　各组成部分的最小主应力

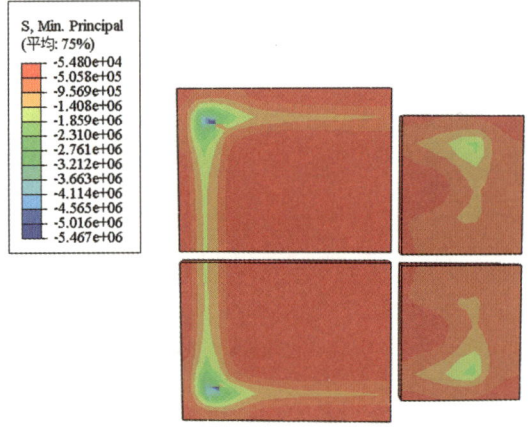

图 5-26　分块浇筑锚碇的最小主应力

5.3.3.2　浇筑后浇段和前锚室后的应力分析

图 5-27 所示为浇筑后浇段及前锚室混凝土完成后锚体的最大主应力分布云图，锚碇的整体应力变化不大，在横向的后浇段处出现少量拉应力。如图 5-28 所示，在前锚室侧墙与锚体连接处、前锚室顶板与支墩连接处也出现少量拉应力集中，拉应力范围在 0.13～0.46 MPa，需要有针对性地配筋。锚碇前侧基础底部拉应力梯度略有增大，出现一定拉应力集中。如图 5-29 所示在锚碇后侧基础底部出现了拉应力集中，最大拉应力值为 2.099 MPa，位于后侧基础底部。

图 5-30 所示为浇筑后浇段及前锚室混凝土完成后锚体的最小主应力分布云图，可以看出锚体整体呈现压应力状态。图 5-31 所示为对锚碇各组成部分的压应力细化分析，发现相比于上一工况，整体压应力变化不大。当浇筑后浇段混凝土完成后，上部锚体应力分布较下部扩大基础均匀，分别在锚体与锚体基础相接处、支墩与支墩基础接触部分出

现了较大局部压应力。取锚块基础上部与支墩基础上部接触面进行细化分析，如图 5-32 所示，与上一工况相比受力情况差异不大。最大主压应力仍然发生在锚块基础的外侧角点处，为 5.467 MPa；在前锚室与锚块上部接触角点处发现有部分压应力集中，但影响较小，仅有 1.92 MPa 左右。

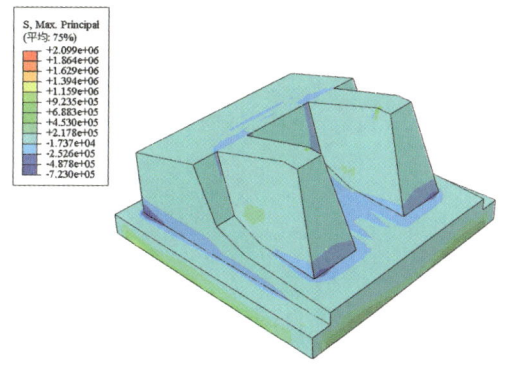

图 5-27　浇筑后浇段及前锚室后锚碇的最大主应力

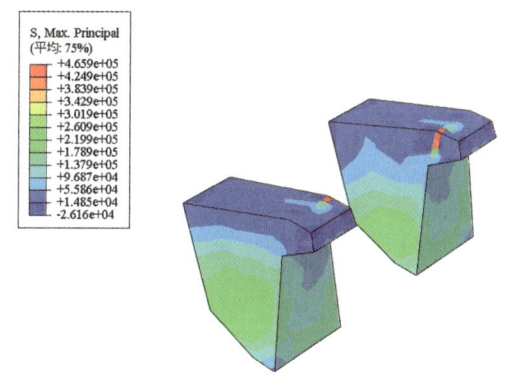

图 5-28　浇筑后浇段及前锚室后前锚室的最大主应力

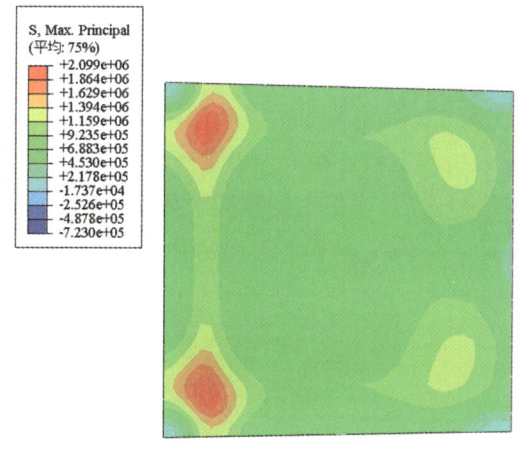

图 5-29　浇筑后浇段及前锚室后锚碇基底的最大主应力

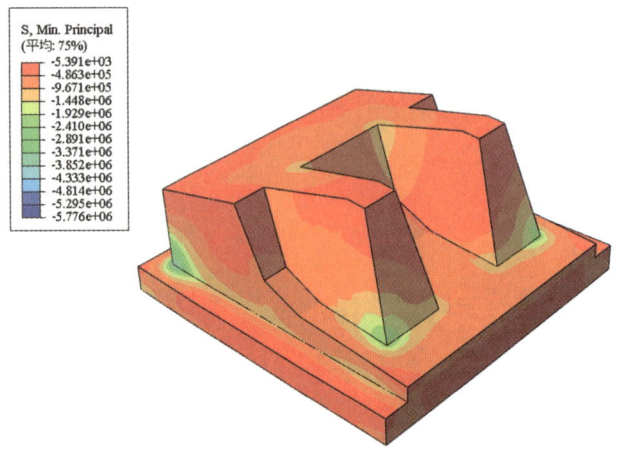

图 5-30 浇筑后浇段及前锚室后锚碇的最小主应力

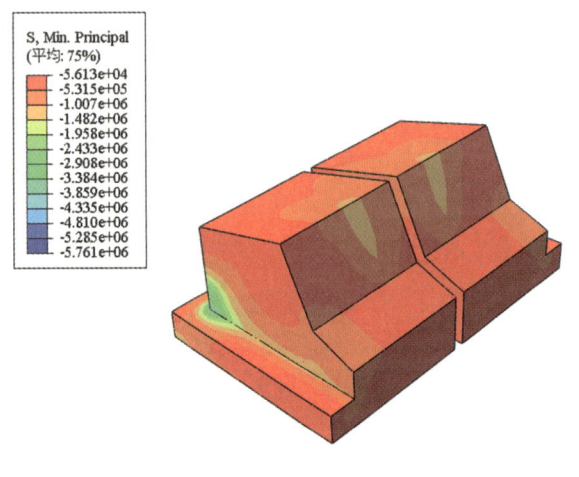

（a）锚块

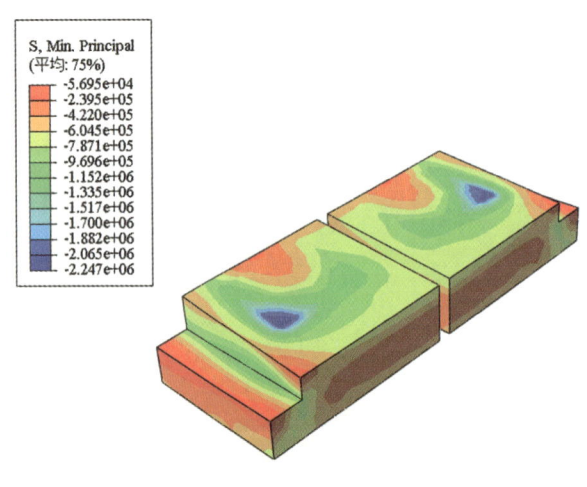

（b）散索鞍支墩基础

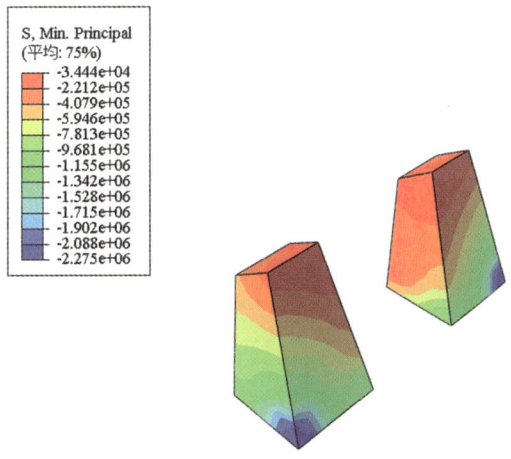

（c）散索鞍支墩

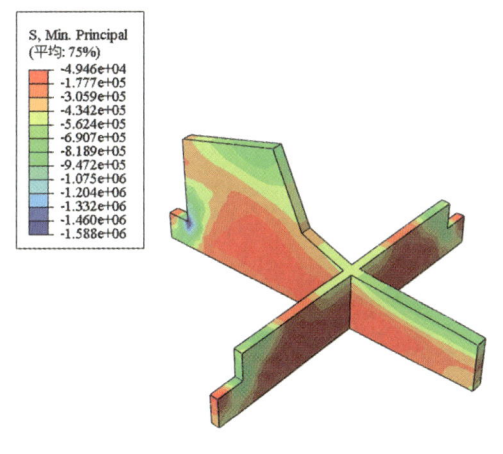

（d）后浇段

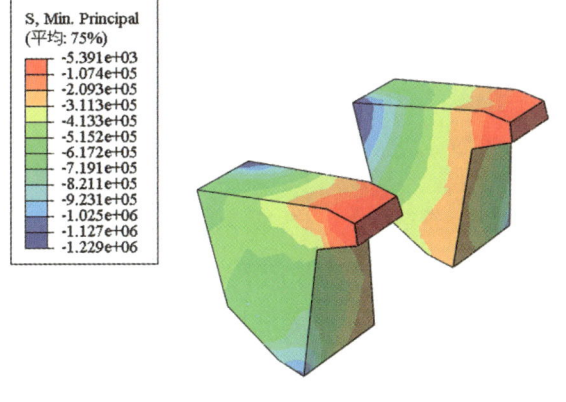

（e）前锚室

图 5-31　各组成部分的最小主应力

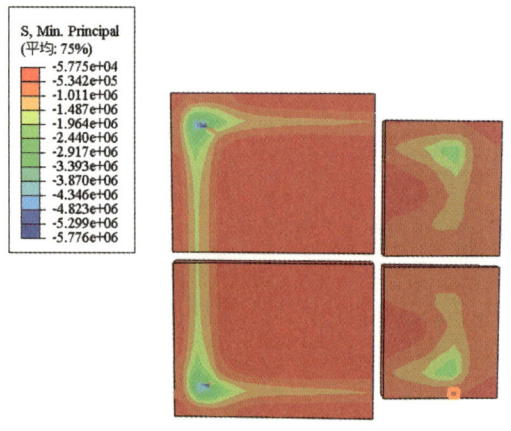

图 5-32 浇筑后浇段及前锚室后锚碇的最小主应力

5.3.3.3 主缆索力施加后的应力分析

主缆力按单根主缆拉力为基本组合下最大缆力为 140 664 kN，施加于预应力单元在前锚面的钢拉杆单元节点（共 59 个节点），单个节点集中力为 2 384 kN。图 5-33 所示为基本组合下主缆索力施加后钢拉杆主应力云图，钢拉杆主应力集中在 349.8～381.0 MPa，远低于钢拉杆屈服强度，符合使用要求。

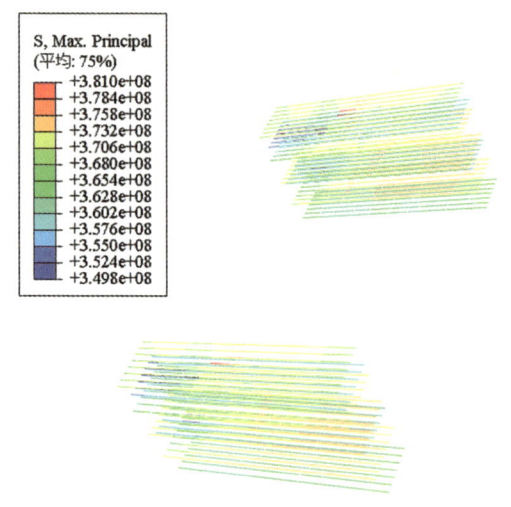

图 5-33 基本组合下主缆索力施加后钢拉杆主应力

图 5-34 所示为基本组合的主缆索力作用下锚碇的最大主应力分布云图，可以看出，在主缆拉力下，锚碇最大主拉应力发生在锚碇后侧基础底部。如图 5-35 所示，其最大拉应力值减小为 1.876 MPa，同时拉应力分布区域也减小。这主要是因为施加了主缆拉力后，该力平衡了锚碇上的偏心荷载，使得整个锚碇受力趋于均衡，稳定性得到提高。如图 5-36 所示，在前锚室侧墙与锚体连接处、前锚室顶板与支墩连接处也出现少量拉应力

集中，拉应力范围在 0.17～0.44 MPa，需要针对性地配筋。

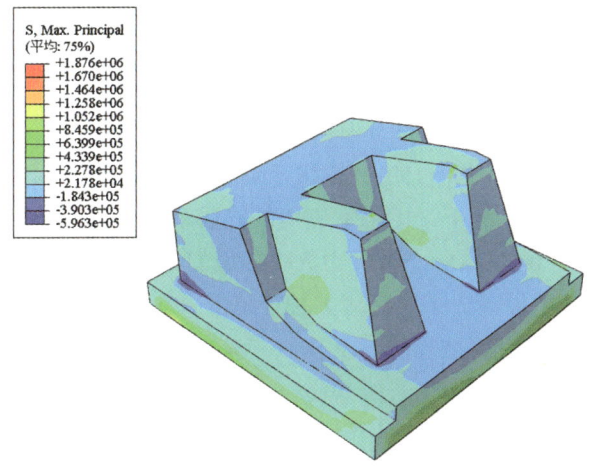

图 5-34　主缆索力施加后锚碇最大主应力

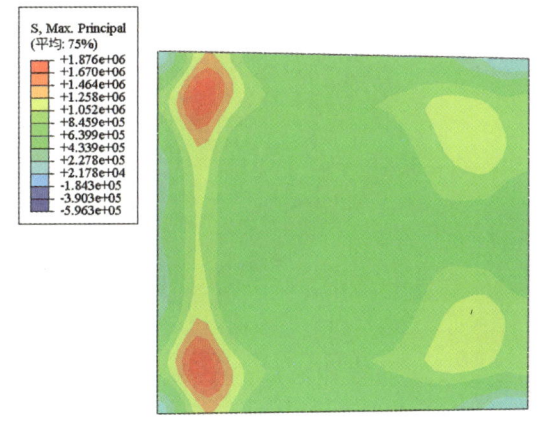

图 5-35　主缆索力施加后锚碇基底最大主应力

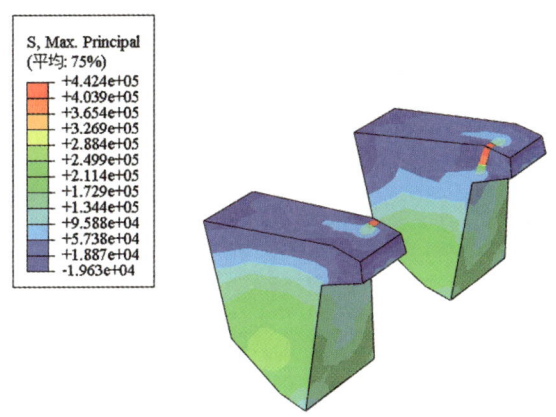

图 5-36　主缆索力施加后前锚室的最大主应力

图 5-37、图 5-38 所示为主缆索力作用下锚碇的最小主应力分布云图,可以看出,锚碇整体压应力减小。如图 5-39 所示,后侧锚块角点处压应力减小为 4.485 MPa,与上一工况比较,在主缆拉力下锚块顺桥向前侧一部分压应力分布范围明显增大,而后侧锚块部分压应力分布范围减小,这说明在主缆拉力的作用下锚碇整体趋于前倾。

锚固面后端存在锚后牵拉区,位于后锚面与后锚室侧墙连接处附近区域的拉应力往往较大,沿 X 坐标方向取顺桥向主缆中心线方向的截面应力云图。由图 5-40 和图 5-41 可知,在成桥阶段最不利工况下,后锚室侧墙的锚后牵拉区有一个明显的拉应力集中区域,大致范围为 0.351~0.606 Mpa。拉应力集中区域的范围约为 12 m(长)×2 m(宽),沿横桥向深度约为 3 m。设计时,此区域需按计算配置普通钢筋。由图 5-42 可知,后锚面为局部承压面,主压应力满足规范要求。

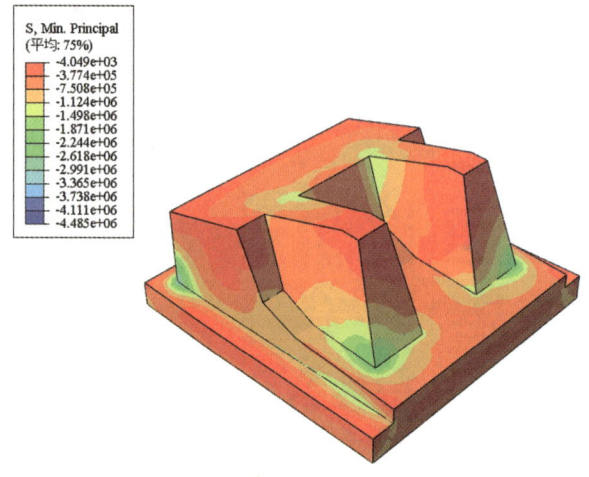

图 5-37 主缆索力施加后锚碇最小主应力

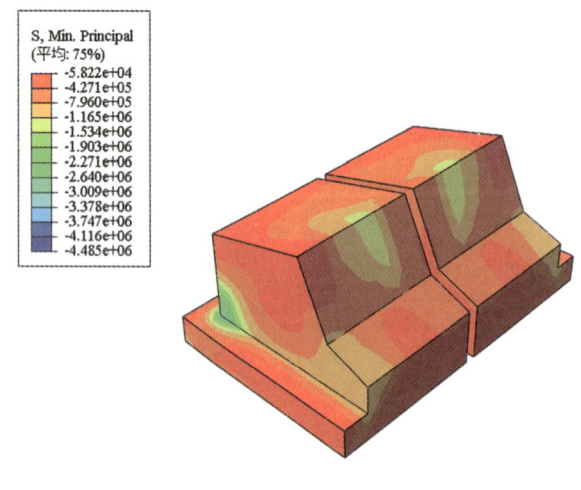

(a)锚块

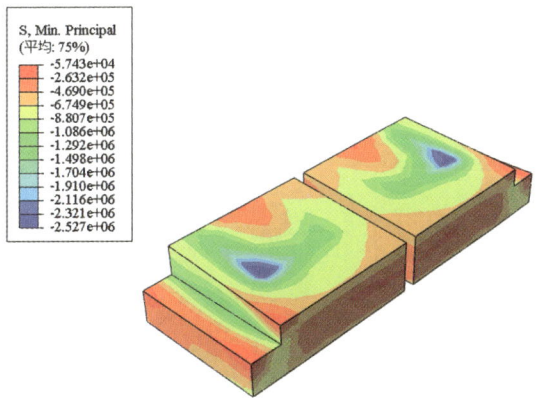

（b）散索鞍支墩基础

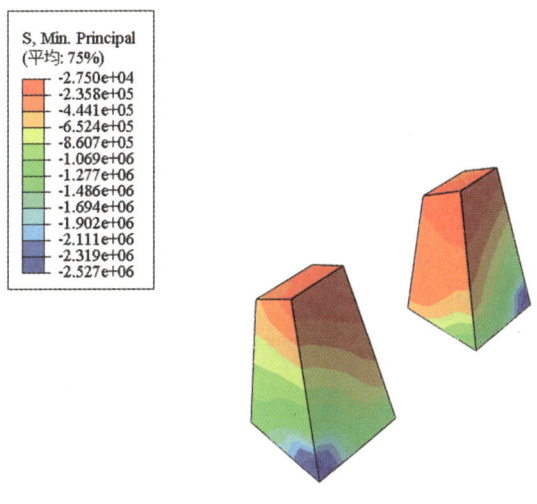

（c）散索鞍支墩

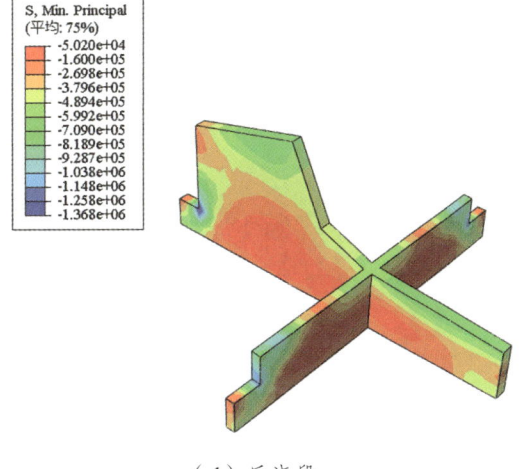

（d）后浇段

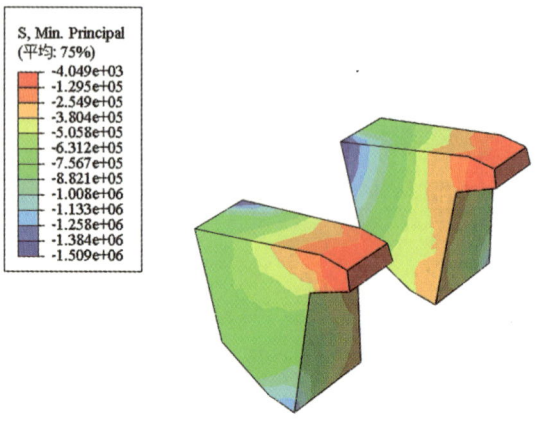

（e）前锚室

图 5-38　各组成部分的最小主应力

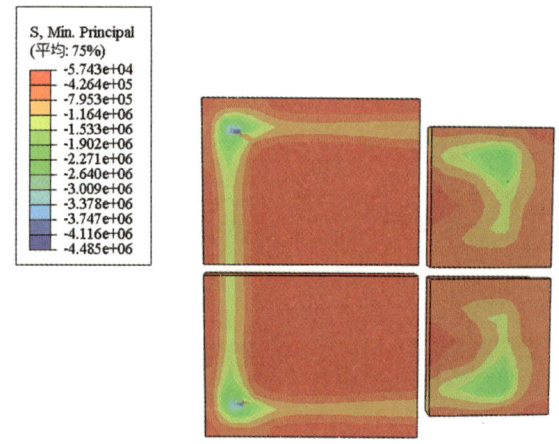

图 5-39　主缆索力施加后锚碇最小主应力

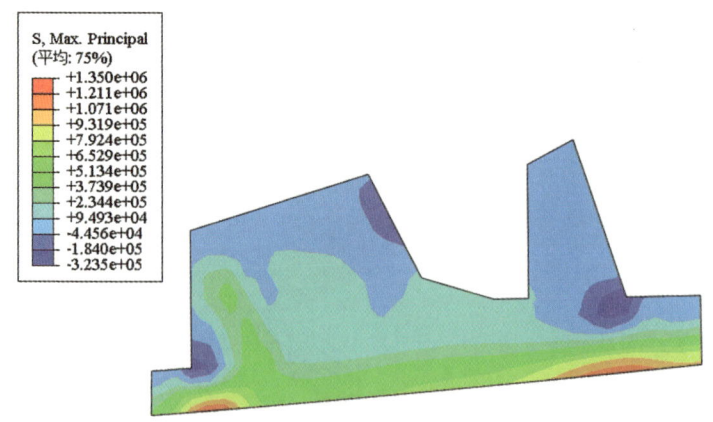

图 5-40　主缆索力施加后纵截面切片最大主应力

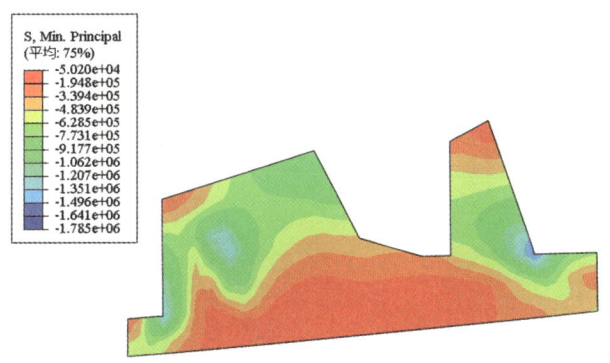

图 5-41　主缆索力施加后纵截面切片最小主应力

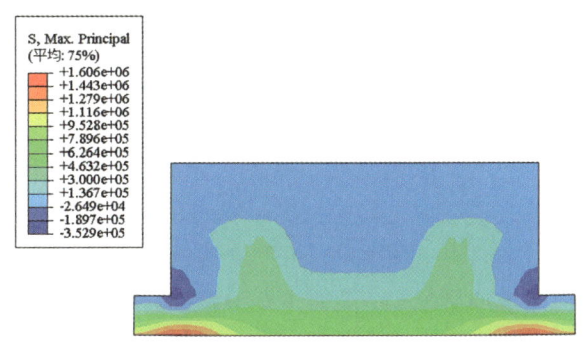

图 5-42　主缆索力施加后横截面切片最大主应力

通过对上述不同工况的锚碇进行应力分析，可以得到锚碇的最小主应力分布规律，锚体整体呈现压应力状态，不会出现混凝土被压碎的情况。在锚碇浇筑施工过程中，分别在锚块与锚块基础相接处、支墩与支墩基础接触部分出现了较大局部压应力，因此实际施工过程中要注意角点处的压应力集中。

如图 5-43 所示，由于对称性，截取一半锚碇考虑。取锚块与锚块基础相接处（即后侧锚块角点处）的节点（内侧节点为 32 号节点，外侧节点为 63 号节点），取支墩与支墩基础接触部分（即前侧锚块角点处）的节点（内侧节点为 85 号节点，外侧节点为 87 号节点），将 4 个节点随有限元计算分析步的最小主应力变化曲线绘制成图表。可以清楚地看到以下规律：① 锚碇整个施工过程的最小主应力均发生在 63 号节点处。② 靠近锚碇内侧的 32 号节点与 85 号节点的最小主应力相对较小且差异不大。③ 后侧锚块角点处的节点（内侧节点为 32 号节点，外侧节点为 63 号节点）随施工过程模拟的变化规律相同，压应力的变化情况均为分四块浇筑过程快速增加、浇筑后浇段及前锚室过程增加速度放缓、施加主缆拉力后压应力有一定程度减小。④ 前侧支墩角点处的节点（内侧节点为 85 号节点，外侧节点为 87 号节点）随施工过程模拟的变化规律相同，压应力的变化情况均为分四块浇筑过程快速增加、浇筑后浇段及前锚室过程增加速度放缓、施加主缆拉力后主压应力继续增加。符合实际施工规律。

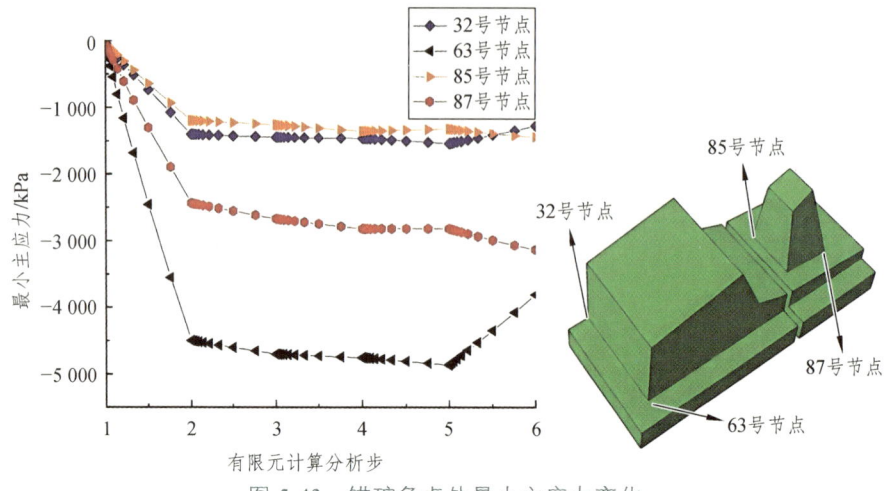

图 5-43 锚碇角点处最小主应力变化

由于锚碇最大主应力主要发生在锚碇后侧基础底部，如图 5-44、图 5-45 所示，在锚碇后侧基底的最大主应力区域定义两条路径，分别沿横桥向和纵桥向，对比不同工况下的路径范围内的最大主应力（其中工况 1 指分块浇筑锚碇，工况 2 指浇筑后浇段和前锚室，工况 3 指主缆索力的施加），可以清楚地得到以下规律：① 锚碇整个施工过程的最大主应力值先增加后减小，最大主应力峰值发生在工况 2，为 2.09 MPa，主缆索力施加后路径范围内的最大主应力明显减小，为施工过程最小值。② 沿横桥向路径的最大主应力的变化符合规律，最大主应力的峰值在路径范围内的位置基本没有变化，证明横桥向变位很小，不影响锚碇后侧基底的受力；沿纵桥向路径最大主应力变化符合规律，最大主应力的峰值在路径范围内的位置随施工过程向锚碇后侧移动，证明纵桥向变位对锚碇后侧基底的受力影响很大。③ 沿横桥向路径的最大主应力靠近基底边缘侧的变化幅度较大，沿纵桥向路径的最大主应力靠近基底后侧边缘的变化幅度较大，施工过程中应注意配筋。

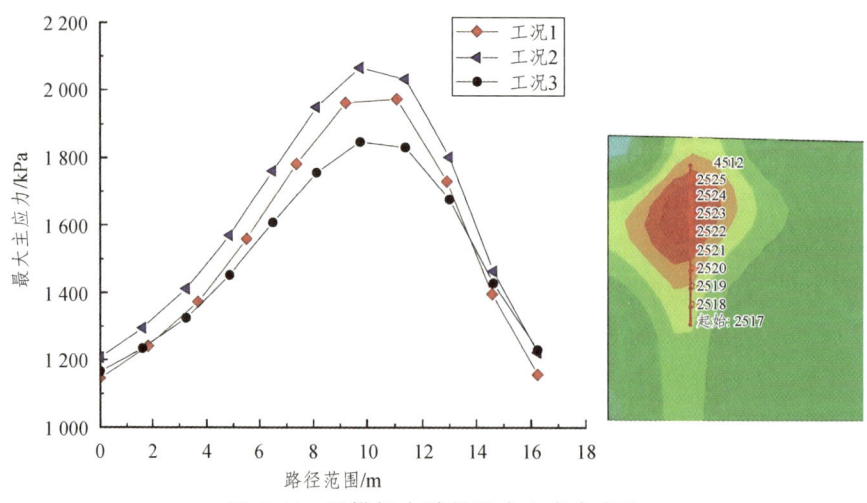

图 5-44 沿横桥向路径最大主应力变化

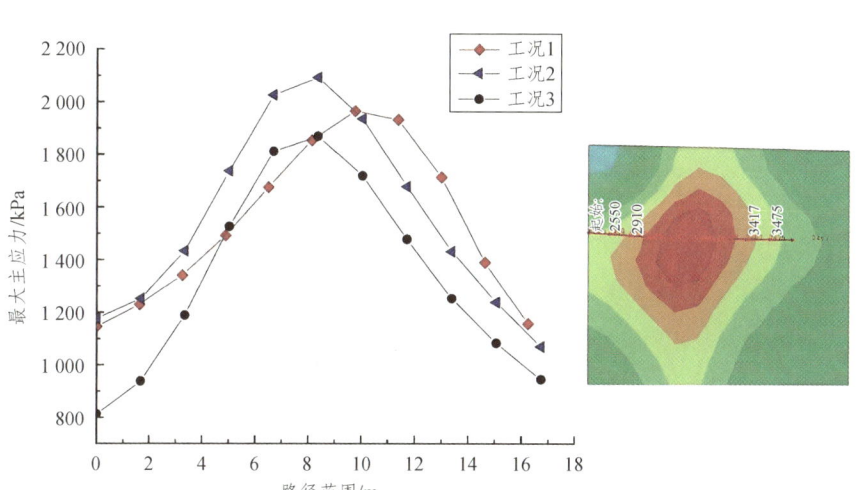

图 5-45 沿纵桥向路径最大主应力变化

5.3.4 施工阶段深厚覆盖层下锚碇沉降数值计算分析

5.3.4.1 分块浇筑锚体的变位分析

图 5-46 所示为分块浇筑锚块、基础、散索套支墩混凝土完成锚碇竖直位移分布图。由图 5-46 可知，出现了一定的沉降，支墩基础的沉降值处于 10.42～13.73 cm 之间，锚碇的最大竖向变形出现在锚体及基础的后侧，且锚碇的沉降量自锚体后侧向支墩前侧逐步递减。这是因为锚体整体基底沿顺桥向向上侧倾斜大约 4.26°，且后侧锚块与前侧支墩混凝土方量差异很大，受到这种偏心荷载，后重前轻，加速了不均匀沉降，而横桥向左右两侧的荷载相同，所以左右两侧的沉降量也基本相同。

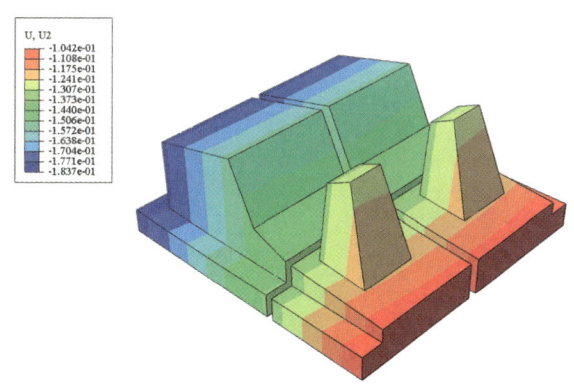

图 5-46 分块浇筑锚体的竖向位移

图 5-47 所示为分块浇筑后锚碇的顺桥向位移分布图。由图 5-47 可以看出，锚碇的水平位移值不大，锚体整体向后侧发生水平位移，锚块基底的顺桥向位移最小为 2.17 cm。如图 5-48 所示，支墩顶部的顺桥向位移最大为 5.65 cm。即分四块浇筑锚体后整体呈后倾的转动规律，支墩顶部的顺桥向位移较大，转动规律比较明显。

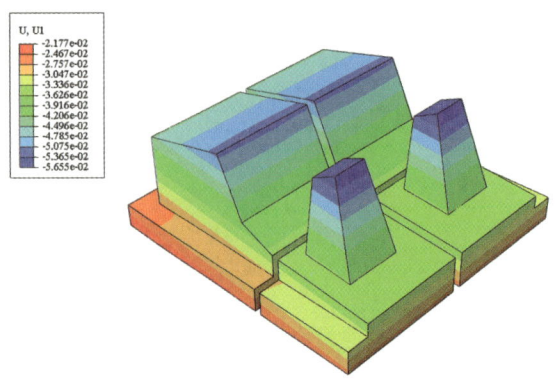

图 5-47　分块浇筑锚体的顺桥向位移

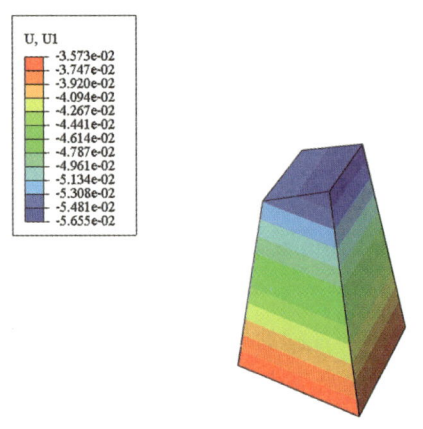

图 5-48　支墩的顺桥向位移

对图 5-49 所示的分块浇筑锚块、基础、散索套支墩混凝土完成后锚碇的横桥向水平位移分析后发现，横桥向左右两侧水平位移差值为 2.35 mm，横桥向水平位移值较小，计算分析时可以忽略不计。

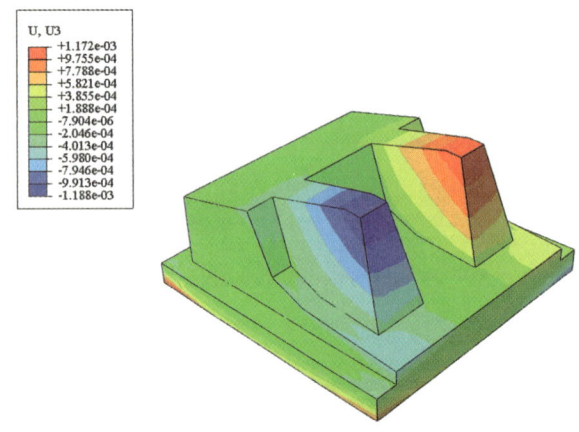

图 5-49　分块浇筑锚体的横桥向位移

5.3.4.2　浇筑后浇段和前锚室后的变位分析

图 5-50 所示为浇筑后浇段后锚体的竖向位移云图。由图 5-50 可知，出现了一定的沉降，锚碇整体的沉降值处于 11.45～19.49 cm 之间，锚碇的最大竖向变形出现在锚体及基础的后侧，且锚碇的沉降量自锚体后侧向支墩前侧逐步递减。横桥向左右两侧的荷载相同，所以左右两侧的沉降量也基本相同，仍符合变化规律。

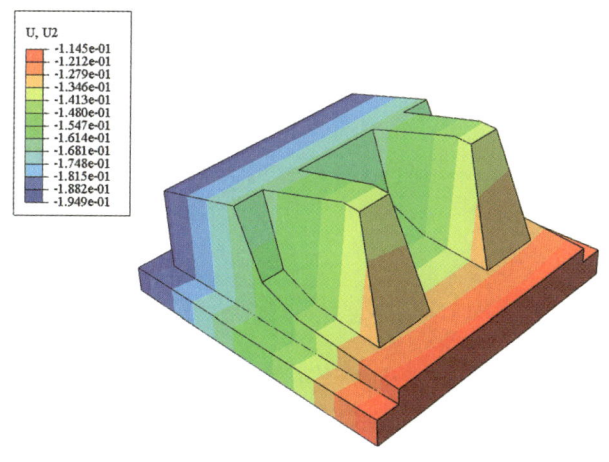

图 5-50　浇筑后浇段和前锚室后锚碇的竖向位移

图 5-51 所示为浇筑后浇段后锚体的顺桥向位移分布图。由图 5-51 可以看出，锚碇的水平位移值不大，锚体整体向后侧发生水平位移，基底的顺桥向位移最小为 2.23 cm。如图 5-52 所示，支墩顶部的顺桥向位移最大为 5.97 cm，即浇筑后浇段和前锚室后锚碇整体呈后倾的转动规律更加明显。

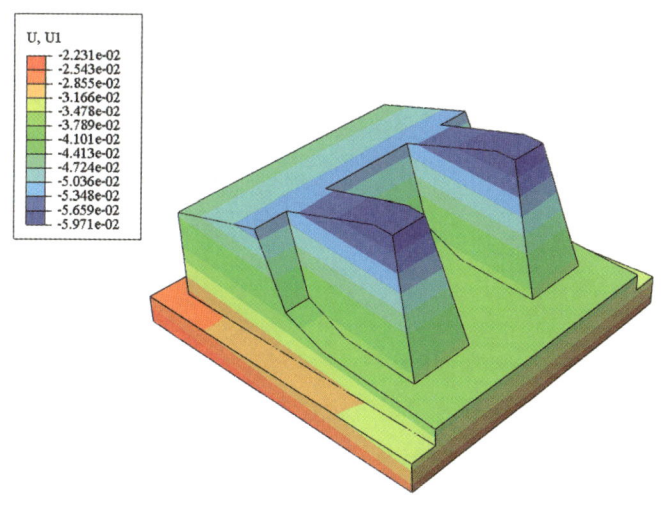

图 5-51　浇筑后浇段和前锚室后锚碇的顺桥向位移

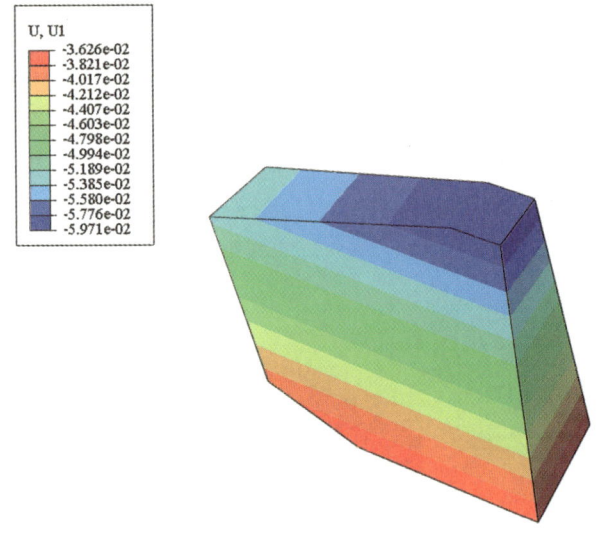

图 5-52　支墩和前锚室的顺桥向位移

对图 5-53 所示的浇筑后浇段和前锚室后锚碇的横桥向水平位移分析后发现，横桥向左右两侧水平位移差值为 2.77 mm，横桥向水平位移值较小，计算分析时可以忽略不计。

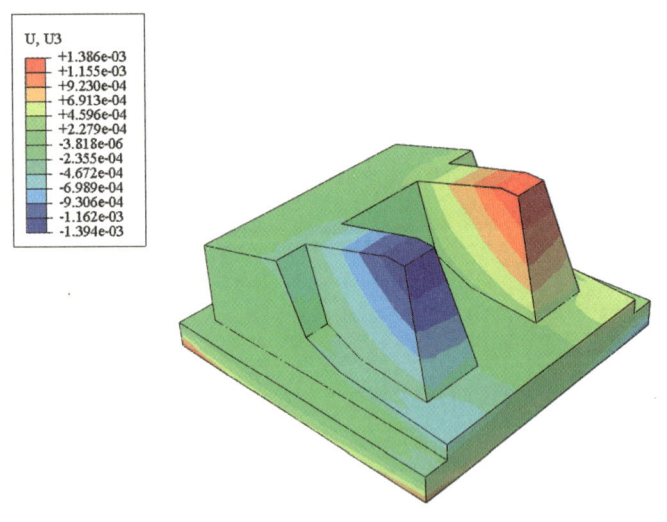

图 5-53　浇筑后浇段和前锚室后锚碇的横桥向位移

5.3.4.3　主缆索力施加后的变位分析

首先取锚碇结构的总体位移合量图分析。浇筑后浇段和前锚室后锚碇的位移合量如图 5-54 所示。由于此时锚碇重心偏后端，锚碇建成后未施加主缆拉力时，后端竖向位移大于前端，即锚碇主要表现为后倾。施加主缆拉力后的位移合量如图 5-55 所示，主缆拉力在锚碇底面产生一个向前的转动力矩，造成锚碇后端相对前端翘起，出现前倾。因此，从锚碇建设到运营，其变位总体上是一个由后倾变为前倾的过程。

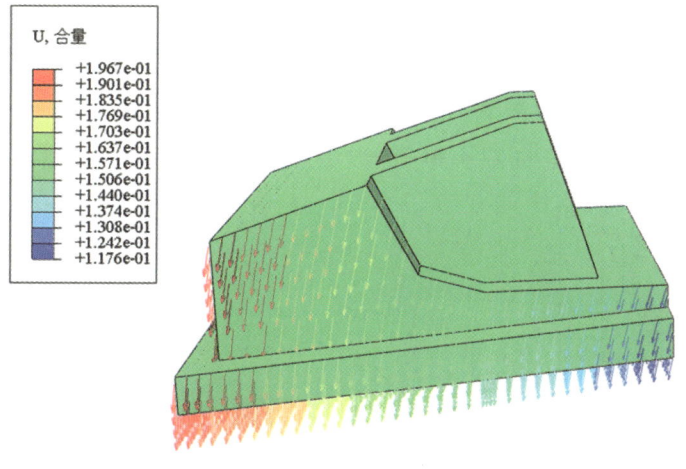

图 5-54 浇筑后浇段和前锚室后锚碇的位移合量

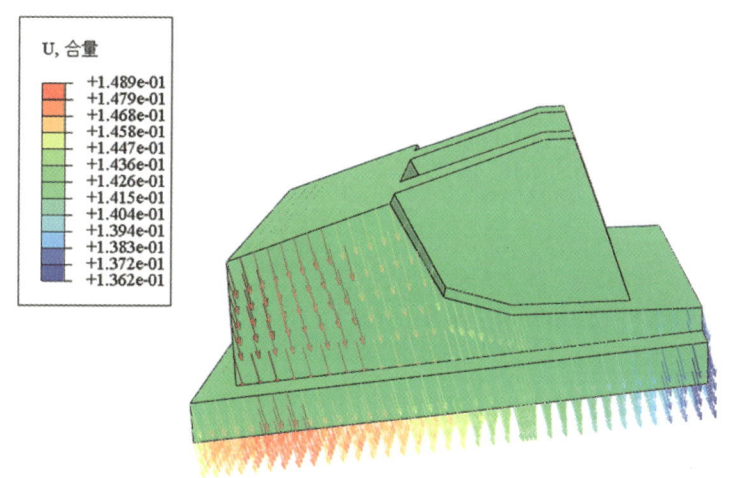

图 5-55 主缆索力施加后锚碇的位移合量

图 5-56 所示为主缆索力下沉井锚碇竖直位移分布云图,施加了主缆拉力后,锚碇的整体沉降为 13.18～14.51 cm,锚碇的后侧锚块沉降略有回弹,最大沉降相比于上一个工况的 19.49 cm,回弹了 4.98 cm 左右;而前侧支墩及基础继续下沉,相比于上一个工况的 11.45 cm,沉降了 1.73 cm 左右,满足《公路悬索桥设计规范》(JTG/T D65-05—2015)中的锚碇变位要求。且锚碇的竖直位移变化规律变为前端沉降,后端上升,这也验证了锚体及下部基础在架缆前为后倾,架缆后为前倾的转动规律,锚碇的最大竖直位移发生在扩大基础后侧与土层接触的位置。

图 5-57 所示为主缆拉力下锚碇顺桥向水平位移分布云图,可以看出锚碇的水平位移值变化很大,相比于上一个工况的锚碇整体向顺桥向后侧滑动,施加缆力后的锚碇发生明显的向前侧移动。因此,顺桥向位移情况呈现整体前倾的变化规律,与之上一工况恰

好相反。如图 5-58 所示,最小水平位移在支墩顶部及与前锚室顶板相交处,为 3.045 cm,满足《公路悬索桥设计规范》(JTG/T D65-05—2015)中的锚碇变位要求。由于施加缆力之后,最大、最小水平位移差异不大,因此可以得出施加缆力后整体的顺桥向位移更加均匀,转动问题不再突出。如图 5-59 所示,最大水平位移在锚碇前侧锚块的基础与土层顶部相交处,为 3.558 cm。

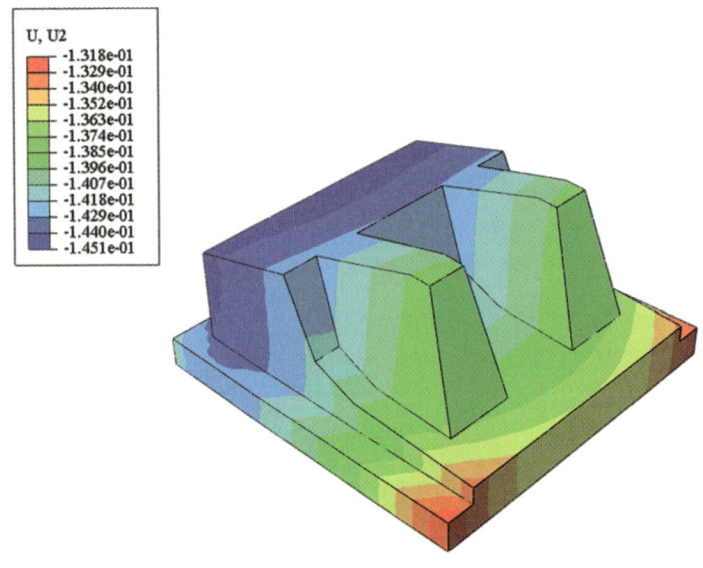

图 5-56 主缆索力施加后锚碇的竖向位移

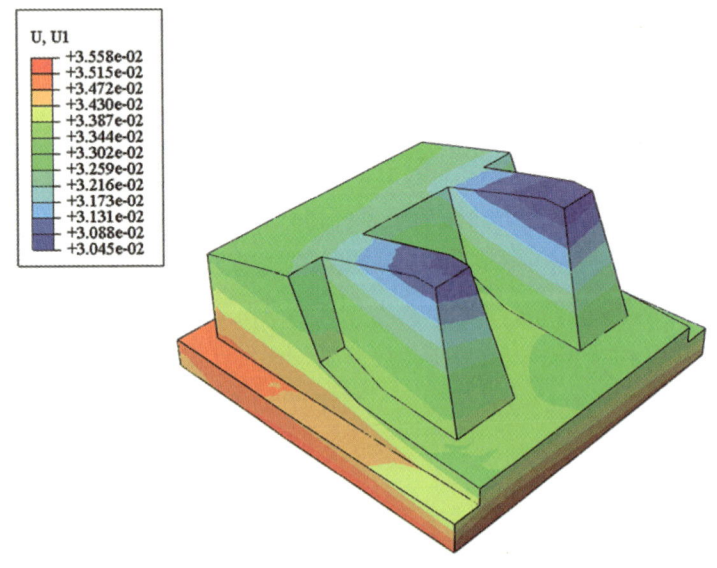

图 5-57 主缆索力施加后锚碇的顺桥向位移

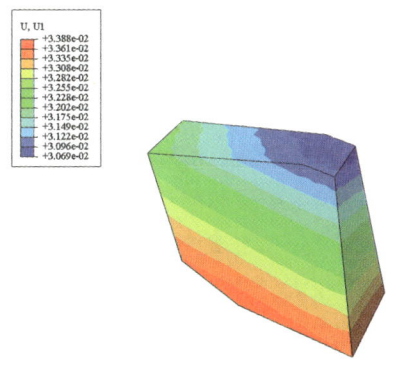

图 5-58 支墩和前锚室的顺桥向位移

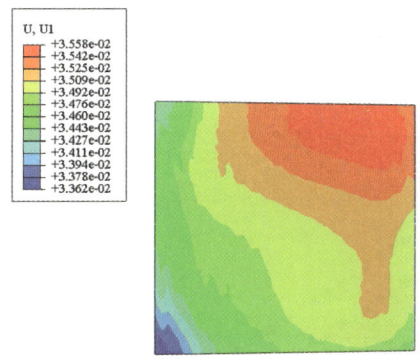

图 5-59 锚碇基底的顺桥向位移

对图 5-60 所示的主缆索力施加后锚碇的横桥向水平位移分析后发现,横桥向左右两侧水平位移差值为 2.77 mm,和上一工况相比差异不大。横桥向水平位移值较小,计算分析时可以忽略不计。所以主缆索力作用下锚碇的水平位移主要发生在顺桥向,即沿主缆的水平方向。

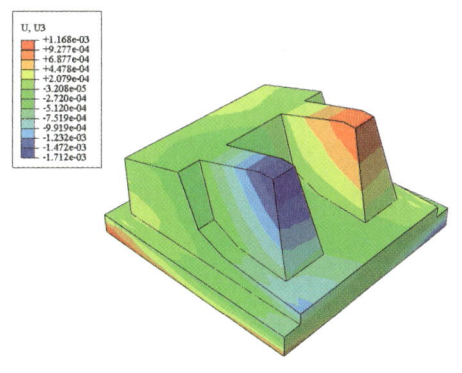

图 5-60 主缆索力施加后锚碇的横桥向位移

通过对上述不同工况的锚碇进行变位分析,可以得到锚碇的沉降分布规律。在浇筑后浇段和前锚室时,由于此时锚碇重心偏后端,锚碇建成未施加主缆拉力时,后端竖向位移大于前端,即锚碇主要表现为后倾。施加主缆拉力时,在锚碇底面产生一个向前的转动力矩,造成锚碇后端相对前端翘起,出现前倾。因此,从锚碇建设到运营,其变位总体上是一个由后倾变为前倾的过程。

如图 5-61 所示,对比不同工况下的锚碇基底沿纵桥向路径范围内的沉降变化(工况 1 指分块浇筑锚碇,工况 2 指浇筑后浇段和前锚室,工况 3 指主缆索力的施加),可以清楚地得到以下规律:① 在不同工况下,锚碇整体的基底沿纵桥向路径范围内的沉降都呈线性,这是由于锚碇的整体刚度较大,位移主要为平动和转动;② 锚碇基底沿纵桥向路径范围内的沉降变化与应力变化情况一致,其中工况 2 锚碇整体浇筑完毕后沉降达到最大,峰值发生在锚块基底后侧为 19.49 cm,且工况 1 到工况 2 过程中,锚碇基底沿纵桥向路径范围内的沉降变化线性斜率基本相同,说明前期锚碇浇筑过程主要为整体向下的平动沉降;③ 施加主缆拉力之后,锚碇整体发生转动,转动中心靠近前侧支墩基础,转动后整体沉降较为均匀,在 13～14 cm 范围内。

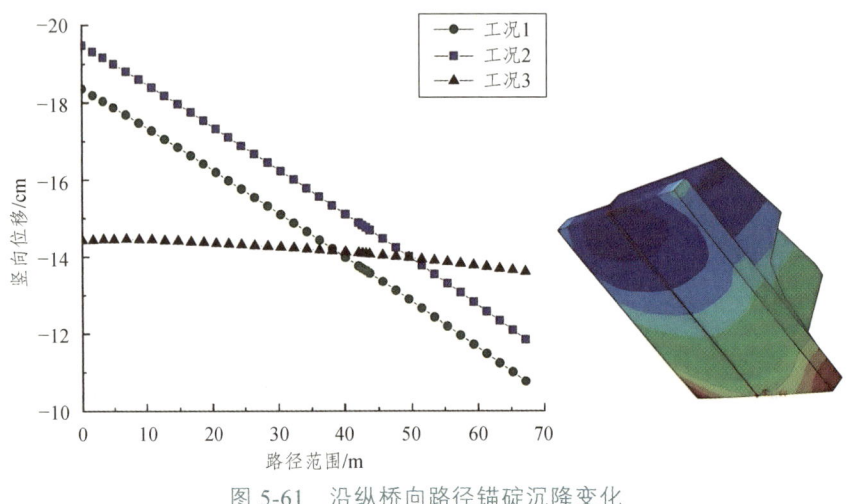

图 5-61　沿纵桥向路径锚碇沉降变化

5.3.5　锚碇周围接触面作用力分析

锚碇结构在主缆主动拉力作用下的位移,对周围土体产生挤压或摩擦作用,引起周围土体变形和应力场变化。周围土体在锚碇的挤压或摩擦作用下产生被动抗力,反作用于锚碇结构上,维持锚碇结构的稳定性。锚碇结构和周围土体的相互作用力是通过土与锚碇结构之间的接触面传递的。因此,深入分析接触面上的应力分布,对于理解锚碇结构与周围土体的相互作用机理,以及探究锚碇结构前、后、侧面和底面等各接触面在维持其稳定性中的具体作用,具有极其重要的意义。由于此模型建模时是按照锚碇周围无覆土、无围护结构的情况进行简化考虑的,因此以下只进行基底接触面的应力分析。

5.3.5.1　基底接触面法向应力分析

图 5-62 所示为锚碇施工工况以及不同主缆拉力作用下基底法向应力分布。如图 5-

62 所示,锚碇基底压应力非均匀分布,且压应力分布随主缆拉力的变化而变化。其中,分块浇筑锚体基底法向应力变化范围为 66.9~658.0 kPa,浇筑后浇段及前锚室后基底法向应力变化范围为 72.4~688.5 kPa。两阶段压应力的分布情况相同:周边出现应力集中,分四块浇筑的锚体中部位置压应力最小,由中心向四周对角线辐射压应力逐渐增大,尤其锚碇后侧边线的压应力增大效果明显,锚碇基础后侧边角点压应力最大,呈现典型的以锚碇纵向为对称轴的对称分布。

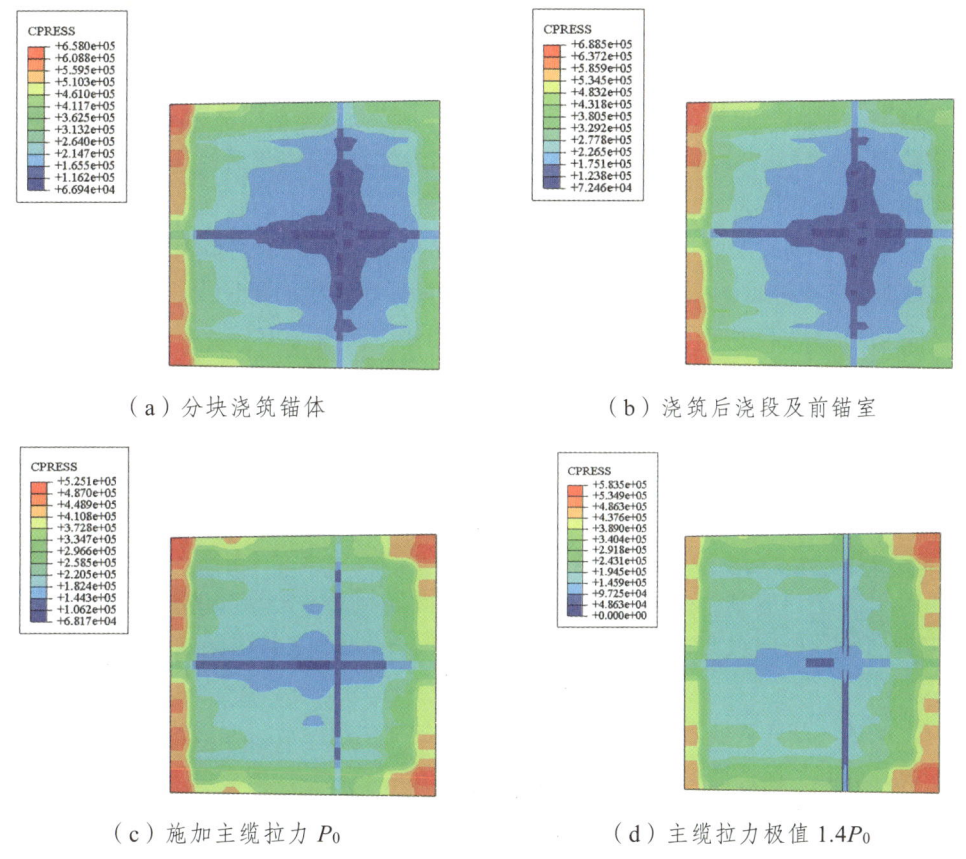

(a)分块浇筑锚体　　　　　　　(b)浇筑后浇段及前锚室

(c)施加主缆拉力 P_0　　　　　　(d)主缆拉力极值 $1.4P_0$

图 5-62　锚碇施工工况以及不同主缆拉力作用下基底法向应力分布

随着主缆拉力 P_0 的施加,锚碇基底接触面上法向应力的分布出现了明显变化。基底法向应力变化范围为 68.1~525.1 kPa。由于主缆拉力作用,锚碇后端基底压应力逐渐减小,前端基底压应力相应增大,锚碇基础的四个边角点的压应力最大,压应力分布沿锚碇纵桥向对称面仍然具有一定对称性。

当主缆拉力足够大,锚碇出现滑动失稳状态时(图 5-62 中,主缆拉力达到极值 $1.4P_0$ 时计算不再收敛),这时基底法向应力变化范围为 0~583.5 kPa,后端出现少量拉应力,前端基底压应力进一步增大,其中前端两个边角点处压应力最大。若不考虑混凝土与土体之间的黏聚力作用,锚碇后端基底将与土体脱离。锚碇基础底面压应力随主缆拉力的变化规律与锚碇的刚体转动相吻合。

5.3.5.2 基底接触面剪切应力分析

Abaqus 后处理中,接触面上的剪切应力 CSHEAR1 和 CSHEAR2 在两个正交滑动方向上给出,这两个方向构造在主表面上。通过观察发现,CSHEAR1 数值较大,且沿横向对称分布,可判断 CSHEAR1 为沿锚碇底面纵桥向的剪应力,而 CSHEAR2 数值较小,可判断为沿锚碇基底横桥向的剪应力,由于其数值较小(即横桥向滑动不明显),在进行切向应力分析时可以忽略,仅考虑锚碇基底接触面纵桥向的剪应力。

图 5-63 所示为锚碇施工工况以及不同主缆拉力作用下基底剪应力分布。锚碇底面纵桥向的剪应力数值较大,与基底接触面法向应力分布规律相似,初始施工阶段锚碇及基础有向后滑动的趋势,基底剪切应力以锚碇纵向为对称轴对称分布。其中,分块浇筑锚体阶段,基底法向应力变化范围为 1.221 ~ 123.4 kPa;浇筑后浇段及前锚室后,基底法向应力变化范围为 1.317 ~ 128.9 kPa。两阶段剪切应力分布情况相同:从锚碇后侧位置顺桥向向前基底的剪切应力大幅度减小,在锚碇后侧的周边以及角点出现应力集中。这是由于锚碇基底顺桥向有一定角度,且锚碇后端锚块的重量大,整体荷载分布不均匀,剪切应力沿顺桥向为正值,与锚碇滑动趋势方向相反。

随着主缆拉力 P_0 的施加,锚碇基底接触面上剪切应力的分布出现了明显变化。基底剪切应力变化范围为 - 95.47 ~ 17.83 kPa,由于主缆拉力作用,基底剪应力变为前端增大,后端减小,并且后端基底剪切应力方向沿顺桥向,前端基底剪切应力方向沿反向,在锚碇基础的前端边角点的剪切应力最大。

当主缆拉力足够大,锚碇即将出现滑动失稳状态时(图 5-63 中主缆拉力达到极值 $1.4P_0$ 时,计算不再收敛),这时基底剪切应力变化范围为 - 116.7 ~ 0 kPa,基底整体剪切应力方向沿顺桥向反向,前端基底剪切应力进一步增大,且前端两个边角点处压应力最大。

综上所述,基底接触面剪切应力和法向应力的变化情况清楚地反映了锚碇的受力及变位情况,起到了保持锚碇稳定性的作用。

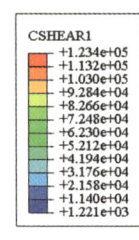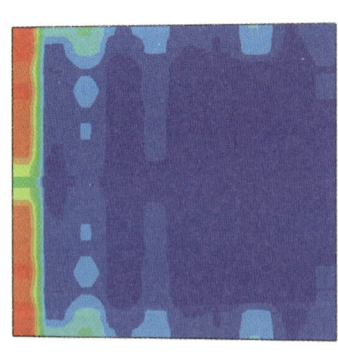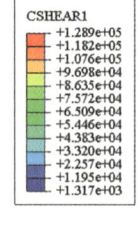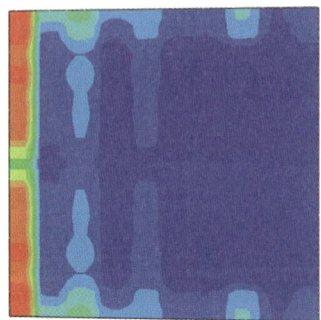

(a)分块浇筑锚体　　　　　　　　　　(b)浇筑后浇段及前锚室

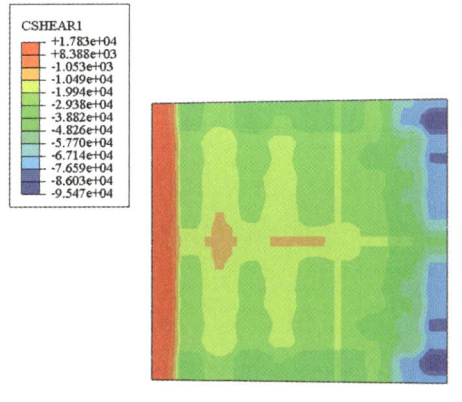
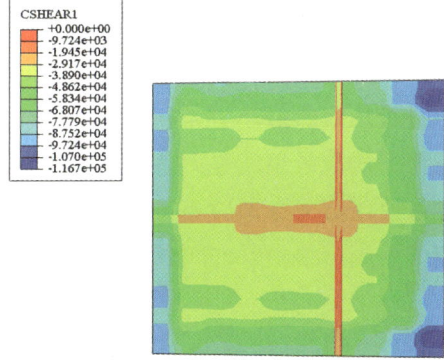

（c）施加主缆拉力 P0　　　　　　　　（d）主缆拉力极值 1.4P0

图 5-63　锚碇施工工况以及不同主缆拉力作用下基底剪应力分布

5.4　小　结

悬索桥重力式锚碇的整体稳定性和变位是土与结构相互作用的三维空间问题，研究起来非常复杂。本文以涛源金沙江大桥重力式锚碇为工程背景，基于有限元分析软件 Abaqus 建立了锚碇有限元模型，通过对锚碇与土体结构简化模拟，并对施工过程进行细化处理，分析了在不同工况下的内部应力分布和位移状况；对锚碇的运营期间的结构安全具有重要的指导意义，为锚碇的结构优化提供了理论依据，可在类似工程中推广运用。主要研究结论如下：

（1）在主缆拉力施加之前，由于锚体整体基底沿顺桥向向上侧倾斜，且后侧锚块与前侧支墩混凝土方量差异很大，受到这种偏心自重荷载，后重前轻，加速了不均匀沉降。锚碇的最大竖向变形出现在锚体及基础的后侧，且锚碇的沉降量自锚体后侧向支墩前侧逐步递减，分四块浇筑锚体后，整体呈后倾的转动规律，且浇筑后浇段和前锚室后锚碇整体呈后倾的转动规律更加明显。

（2）主缆拉力施加后，在锚碇底面产生一个向前的转动力矩，造成锚碇后端相对前端翘起，出现前倾。因此，从锚碇建设到运营，其变位总体上是一个由后倾变为前倾的过程。由于锚碇整体水平位移较大，因此锚碇周围回填混凝土和碎石土很有必要。

（3）锚碇基础变位以沉降变形为主。由于墩底与锚碇直接相连，锚碇基础的转动带动桥墩也发生了转动。因此，需要注意引桥建设过程中锚碇基础沉降带来的影响，确保大理岸引桥段梁体的精确合龙。

（4）施加了主缆拉力后，主缆拉力平衡了锚碇上的偏心荷载，使得整个锚碇受力趋于均衡，稳定性得到提高。锚碇整体压应力减小，与施加主缆拉力前相比较，在主缆拉力下，锚块顺桥向前侧一部分压应力分布范围明显增大，而后侧锚块部分压应力分布范围减小，这说明在主缆拉力的作用下锚碇整体趋于前倾。

（5）锚碇基底压应力随施工过程变化发生明显变化：主缆拉力作用前，锚碇基底中部位置压应力最小，由中心向四周对角线辐射压应力逐渐增大，尤其锚碇后侧边线的压应力增大效果明显，锚碇基础后侧边角点压应力最大。由于主缆拉力作用，锚碇后端基底压应力逐渐减小，前端基底压应力相应增大，锚碇基础的四个边角点的压应力最大。

第6章 桥梁缆索耐高温防护体系开发及应用

本章采用新型耐高温防护材料、耐高温锚固料及防火涂料，研究耐高温缆索的防护方案、缠包工艺、防护层防水工艺以及锚头防火涂料涂刷工艺，并研制出适用于悬索桥主缆和吊索的耐高温防护体系，从而提升全寿命周期的经济性。

6.1 耐高温材料的选择和性能研究

1. 重点难点

根据上述国内外技术现状和涛源金沙江大桥的实际情况，对于桥梁缆索耐高温防护体系的开发和应用主要存在以下几个技术难点和重点：① 高温防护体系的设计，防护位置以及防护高度设计等；② 适用于索体、锚固料、锚具的耐高温材料的选择，需要根据不同部件的特性及使用要求，选择不同性能参数的材料；③ 耐高温材料的施工工艺的设计及实施；④ 索体耐高温防护材料厚度的确定；⑤ 试验索需要进行静载和疲劳试验验证，满足《斜拉桥用热挤聚乙烯高强钢丝拉索》（GB/T 18365—2018）和《大跨度斜拉桥平行钢丝拉索》（JT/T 775—2016）的要求，对于耐高温的锚固料及其浇注工艺提出了更高的要求。⑥ 试验索需要满足耐高温锚固性能试验和索体耐高温材料的绝热性能试验的要求。

2. 研究和验证试验要求

开展涛源金沙江大桥缆索系统耐高温防护体系产品的研究与验证试验。缆索动、静载科研试验委托具备资质的专业实验室进行，并出具试验报告，确保试验记录和试验报告符合科研要求。具体试验要求如下：

（1）耐高温材料的选择及性能研究：对耐高温锚固料和耐高温防护包带的性能进行第三方检测并进行相关试验，验证耐高温材料是否满足耐高温拉索的设计要求。

（2）通过主缆耐高温材料缠包工艺研究：验证主缆耐高温防护结构及施工工艺满足现场缠包施工的要求。

（3）吊索耐高温防护施工工艺研究：制作一个等比例吊索耐高温防护结构模型，验证吊索耐高温防护现场施工满足设计和施工工期要求。

（4）耐高温锚固料制锚工艺研究：分别对涛源金沙江大桥叉耳式锚具进行制锚工艺试验研究，验证锚具结构和制锚工艺满足耐高温锚固料的浇铸要求，同时通过静载、疲劳和疲劳后静载，验证采用新型耐高温锚固料及其制锚工艺的吊索（吊杆）各项技术性能满足相关规范的要求。

静载试验规格为 52 mm 钢丝绳，数量为 1 根，试验要求最大试验荷载≥95%P_b，弹性模量≥1.9×10^5 MPa，试验后索股无断丝，锚具无异常；吊索试件规格为$\phi 5 \times 67$-1 770 MPa，数量 3 根；试验索一端采用冷铸料，另一端采用新型耐高温锚固料。试验要求：最大试验荷载≥95%P_b，弹性模量≥1.9×10^5 MPa，试验后索股无断丝，锚具无异常。

疲劳和疲劳后静载试验规格为$\phi 5$-355 平行钢丝索，数量 1 根。试验要求：疲劳试验索应力上限为 0.45 倍的破断载荷，应力幅为 200 MPa 条件下，进行 2×10^6 次的循环加载。钢丝断丝数不大于总数的 2%。疲劳试验后须进行静载性能试验，静载破断索力不小于拉索公称破断索力的 95%；吊索试件规格为$\phi 5 \times 67$-1 770 MPa，数量 1 根；试验索一端采用冷铸料，另一端采用新型耐高温锚固料。试验要求：疲劳试验索应力上限为 0.35 倍的破断载荷，应力幅为 150 MPa 条件下，进行 2×10^6 次的循环加载。钢丝断丝数不大于总数的 2%。疲劳试验后须进行静载性能试验，静载破断索力不小于拉索公称破断索力的 95%。

耐高温锚固性能试验：① 采用 1 根 52 mm 钢丝绳吊索，在 40%P_b 应力水平和 1 200 °F（649°C）温度环境下进行至少 90 分钟的静载试验。② 使用 1 根$\phi 5$-355 平行钢丝索，先进行拉索疲劳试验，随后在 300°C 且 45%P_b 应力状态下，对锚具进行 30 min 以上的耐高温锚固性能测试。

主缆和吊索索体耐高温材料绝热性能试验：主缆规格为$\phi 5 \times 91$-31 股，数量 1 根；吊索规格为$\phi 7 \times 109$，数量 1 根。试验要求：在 1 100 °C 环境下，无应力索体表面在 30 min 内升温不超过 300 °C。

3. 缆索系统耐高温防护方案设计

对于桥梁耐高温防护，首先需要确定防护的位置及高度，桥面火灾多数为汽车自燃或油罐车爆炸，可以根据油罐车爆炸的影响范围确定耐高温防护高度。参考王莹等[92]对于大跨径悬索桥缆索抗火模拟方法研究可知，计算吊索不同高度截面处的温度场分布，当吊索截面温度小于破坏时的温度时获得吊索的火灾防护高度为距离桥面 8 m。由此确定涛源金沙江大桥主缆和吊索的防护高度距离桥面 8 m。

主缆中心线距桥面高度≤8 m 的主缆全部进行耐高温防护，包括两侧边跨位置和中跨位置，主缆防护位置示意如图 6-1 所示。原设计主缆防护构造如图 6-2 所示，包括磷化底漆、$\phi 4$ 镀锌钢丝、磷化底漆、彩色缠包带。

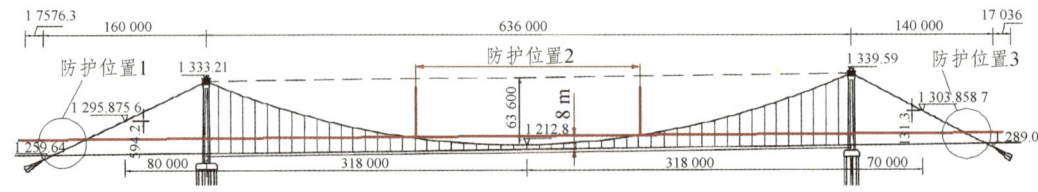

图 6-1　涛源金沙江大桥防护位置

第6章 桥梁缆索耐高温防护体系开发及应用

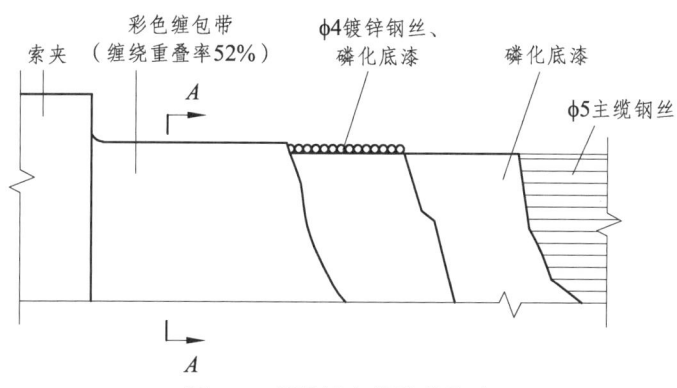

图 6-2 原设计主缆防护构造

在 φ4 镀锌钢丝及彩色缠包带之间增加一层耐高温防护包带,厚度为单边 10～12 mm。根据吊索长度确定 19 号吊索至 33 号吊索间的中跨主缆,长度约为 170 m。边跨从第一个 SJ6 索夹向塔顶方向缠包,长度约为 15 m,全桥主缆防护长度约为 400 m,主缆耐高温防护结构如图 6-3 所示。

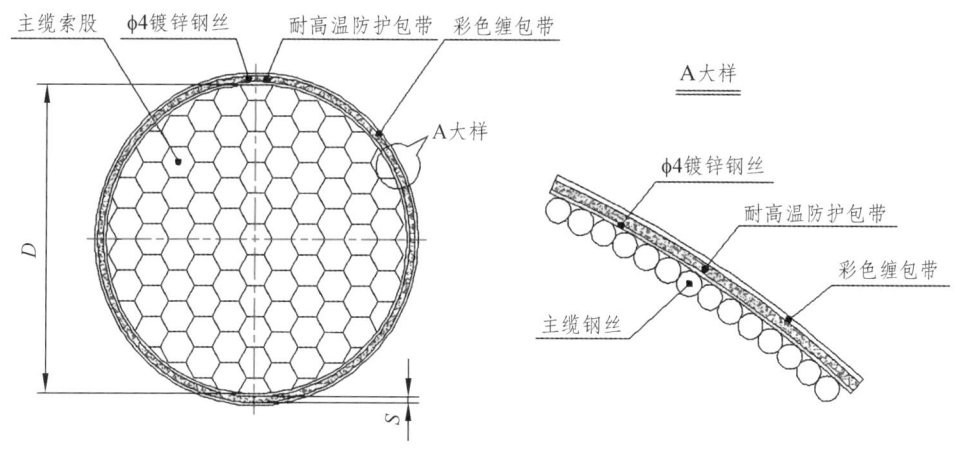

图 6-3 主缆耐高温防护结构

吊索的耐高温防护措施为:距离桥面 8 m 高度内的索体和锚具采用耐高温防护。耐高温防护具体内容如下:

（1）对于长度小于 8 m 的吊索上下端锚固料采用新型耐高温锚固料,同时锚具表面涂刷耐高温涂料。

（2）对于长度大于 8 m 的吊索,下端锚具采用新型耐高温锚固料同时锚具表面涂装耐高温涂料,上端锚具保持原先结构不变。

吊索索体的耐高温防护措施为:索体表面缠绕耐高温防护包带,厚度为单边 15～20 mm,外面焊接 2 mm 不锈钢管(表面油漆涂装,面漆颜色与拉索整体景观颜色协调)。耐高温防护具体内容如下:

（1）对于长度小于 8 m 的吊索（19D～33D，19Y～33Y，每个索号 2 根，共计 60 根）防护至连接筒位置。

（2）对于长度大于 8 m 的吊索（1D～18D，1Y～18Y，34D～51D，34Y～51Y，每个索号 2 根，共计 144 根），防护至距离桥面 8 m 范围。

吊索耐高温防护示意如图 6-4 所示，吊索索体耐高温防护截面示意如图 6-5 所示。

涛源金沙江大桥对中跨距离桥面 8 m 以下的索夹进行耐高温防护。实施耐高温防护的索夹为 19～33 号，对索夹及索夹螺栓组件外表面整体涂刷防火涂料，共计 30 个索夹，型号为 SJ5。

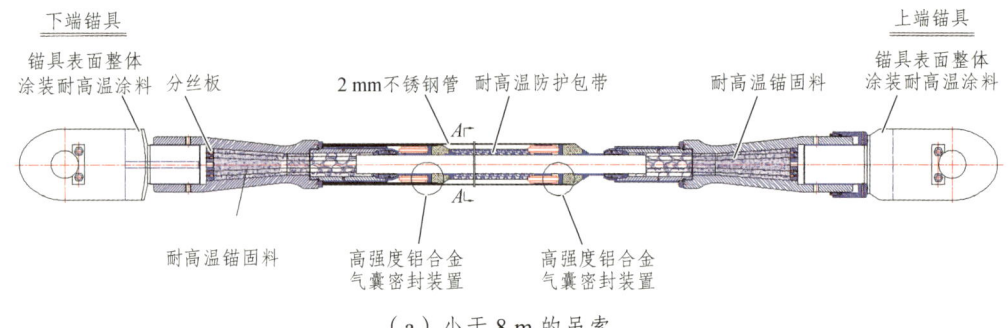

（a）小于 8 m 的吊索

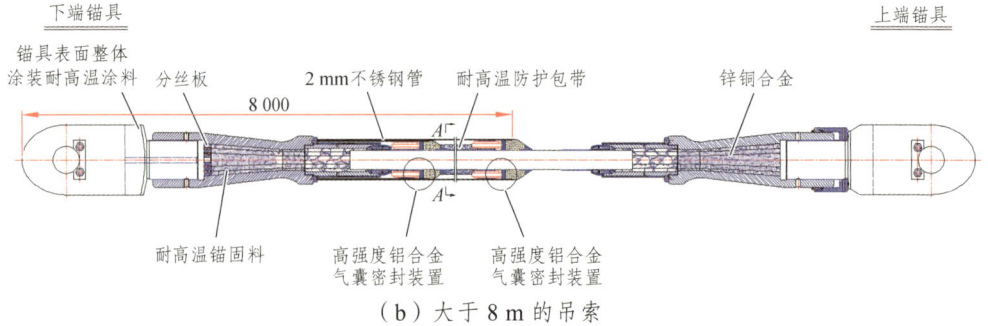

（b）大于 8 m 的吊索

图 6-4　吊索耐高温防护结构

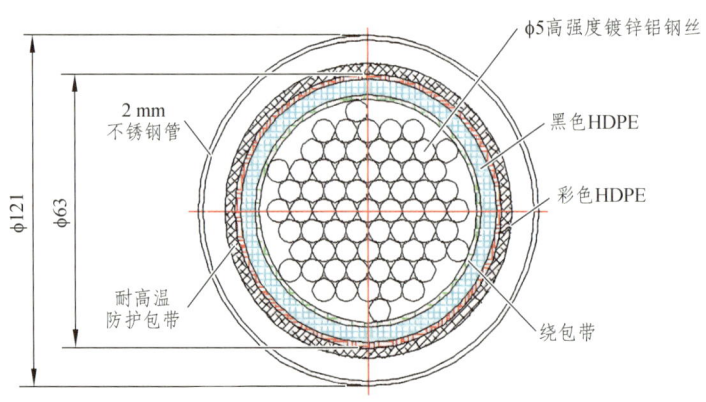

图 6-5　吊索索体耐高温防护截面

6.2 耐高温锚固材料的选择

研发的锚固材料需要保证在火灾情况下索体失效前锚固区域内的钢丝不能出现明显的滑移以及锚固材料不出现碎裂或者融化。一般火灾现场的中心温度为 800~1 000 ℃，目前研究采用的烃类火灾升温曲线"石油化工耐火试验升温曲线"的最高温度更是达到了 1 093 ℃。考虑到锌铜合金和环氧铁砂冷铸料的物理特性，它们无法用于耐高温缆索的锚固。因此，有必要寻找一种兼具耐高温、高强度和优异抗老化性能的新型锚固材料。为满足耐高温的要求以及锚固材料锚固性能参数的要求，采用的耐高温锚固料必须满足以下两点要求：耐高温锚固料的抗压强度达到 147 MPa；耐高温锚固料的耐火度达到 300 ℃。

选用的耐高温锚固料主要成分由 Al_2O_3 和 SiO_2 组成，同时混合一定比例的硅酸铝陶瓷纤维和骨料以增强其韧性和强度。该产品展现出卓越的抗热冲击性能、出色的高温抗折强度以及良好的抗磨损性能。研究单位委托第三方检测机构对选取的耐高温锚固料进行全性能检测，样品数量 1 份。主要试验参数见表 6-1。

表 6-1 耐高温锚固料试验数据

项目检验	检验结果		检验依据或说明
	单值	平均值	
850 ℃×3 h 烧后显气孔率/%	10.61，10.58，10.88	10.7	GB/T 2997—2015
850 ℃×3 h 烧后体积密度/（g/cm³）	2.659，2.658，2.656	2.66	YB/T 5200—1993
850 ℃×3 h 烧后常温耐压强度/MPa	260.6，263.9，280.2	268	GB/T 5072—2008
850 ℃×3 h 烧后常温抗折强度/MPa	35.55，32.54，37.41	35.2	GB/T 3001—2017
耐火度/℃	>1 800		GB/T 7322—2017

试验结果显示，耐高温锚固料耐火度可达 1 800 ℃，经 850 ℃烧结后，其常温抗压强度达到 268 MPa，满足耐高温锚固的要求。

6.2.1 耐高温防护包带选择

1. 耐高温防护包带选择

绝热材料是能阻滞热流传递的材料，又称热绝缘材料。传统耐高温材料，如玻璃纤维、石棉、岩棉、硅酸盐等；新型绝热材料，如气凝胶毡、真空板等。考虑到现场的施工条件及主缆的形态，使用在主缆和吊索上的隔热材料为多孔材料，其利用材料本身所含的孔隙隔热，多孔材料有泡沫材料、纤维材料等。材料性能对比见表 6-2。

表 6-2　几种耐高温材料的性能对比

名称	耐火度/°C	抗拉强度	吸水率
薄型防火涂料	≥1 100	—	低
硅酸铝	≥1 100	低	高
气凝胶毡	≥650	一般	低
新型陶瓷化复合隔热包带	≥1 800	一般	低
玄武岩纤维防火布	-260~1 100	高	低

从数据对比可知，新型陶瓷化复合隔热包带和玄武岩纤维防火布比较适合用于缆索耐高温防护体系。

新型陶瓷化复合隔热包带由硅酸铝系耐火纤维加上少量经科学选择和严格控制结合剂生产而成，结合剂在使用中会完全消耗掉，如图 6-6 所示。新型陶瓷化复合隔热包带主要有以下特点：容重依据用途灵活调整、强度大（含增强纤维）、弹性好、机械加工性强，大火烧后仍保持完整的形状和尺寸，耐火度达到 1 260 °C，能有效地阻止或减缓热量传递，800 °C 导热系数可低至 0.12 W/(m·°C)；为无机硅酸盐材料，高温不导电，具有一定弹性，可用于高温密封。

图 6-6　新型陶瓷化复合隔热包带

玄武岩纤维防火布是采用单一玄武岩纤维细纱加工而成的纺织布，如图 6-7 所示。不燃、耐高温（1 100 °C）、结构紧密、无刺激性、质地柔软有韧性，方便包扎表面凹凸不平的物体和设备。具有优良的耐低温和耐高温的性能，还具有低容重、低导热、抗热震、耐化学腐蚀、高弹性模量、柔韧性好、耐磨、耐折等易于使用的优点。

玄武岩纤维防火布使用温度一般在 -263~900 °C，导热系数低，在 25 °C 下，玄武岩纤维的导热系数为 0.04 W/(m·°C)。在耐水性方面，吸湿能力只有 0.2%~0.3%，且其吸湿能力不随时间变化。这就保证了它在使用过程中的热稳定性好、使用寿命长和环境协调性好。

第 6 章 桥梁缆索耐高温防护体系开发及应用

图 6-7 玄武岩纤维防火布

为满足耐高温材料绝热性能试验的要求，采用薄型防火涂料和新型陶瓷化复合隔热包带进行缆索防护的耐高温对比实验，以选取最佳材料，试验升温满足《建筑构件耐火试验方法 第 1 部分：通用要求》（GB/T 9978.1—2008）的要求。

试验索体采用 2 段规格为 $\phi 7 \times 127$，长 600 mm 的镀锌钢丝束索体，在 2 段索体上分别缠绕新型陶瓷化复合隔热包带和涂刷薄型防火涂料，确保两种材料厚度相同，并分别在索体表面布置 6 个 K 型热电偶。实验前后试件如图 6-8 所示。

 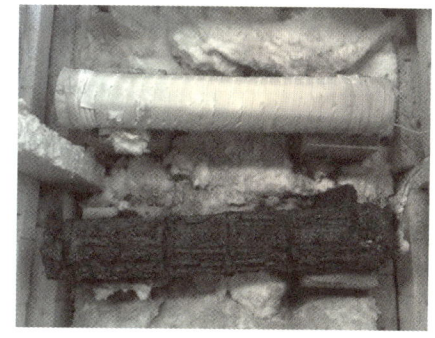

图 6-8 实验前后试件

在同等试验条件下新型陶瓷化复合隔热包带具有更好的绝热效果，同时，新型陶瓷化复合隔热包带试件过火后仍然能保持比较好的完整性，满足材料选择要求。研究单位委托第三方检测机构对耐高温防护包带进行了全性能检测，样品数量 1 份。主要试验参数见表 6-3。

表 6-3 新型陶瓷化复合隔热包带试验数据

项目检验	检验结果	检验依据或说明
耐火度/°C	1 800	GB/T 7322—2017
热面温度 800 °C 时导热系数/[W/（m·°C）]	0.103	YB/T 4130—2005
热面温度 1 000 °C 时导热系数/[W/（m·°C）]	0.144	

试验结果为新型陶瓷化复合隔热包带耐火度达到 1 800 ℃。在 1 000 ℃ 时，其导热系数仅为 0.144 W/（m·℃），完全满足索体耐高温材料防护的要求。

2. 耐高温防护包带厚度计算

耐高温材料（保温材料）的主要作用是阻隔热量的传递。其主要性能指标有：热导率（导热系数）、厚度、容重（密度）、耐火度（最高使用温度）等。在索体 HDPE 外缠绕耐高温防护包带的厚度与热导率密切相关，需要满足理论计算的要求。

耐高温防护包带为一种陶瓷纤维类制品，其原材料应符合《绝热用硅酸铝棉及其制品》（GB/T 16400—2015）的要求。根据后张法协会（PTI）规范要求，耐高温材料绝热性能试验在 1 100 ℃ 环境下，无应力索体表面在 30 min 内升温不超过 300 ℃ 时，该试验采用的升温曲线为烃类火灾升温曲线（即石油化工耐火试验升温曲线温度）。烃类火灾升温曲线如图 6-9 所示。

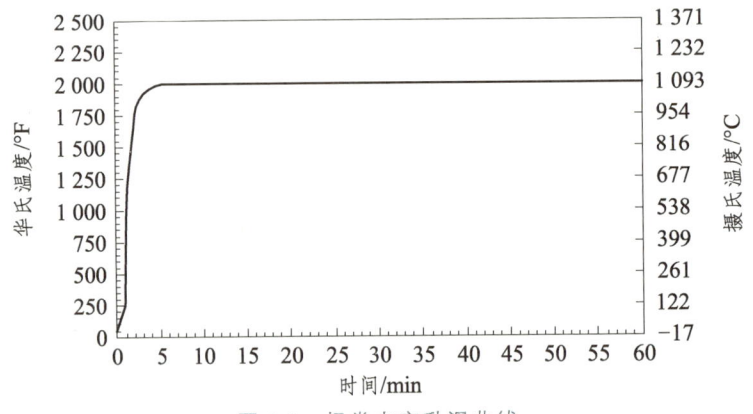

图 6-9 烃类火灾升温曲线

试验在基本恒温的环境下进行（1 093 ℃）。耐高温防护包带的厚度可以采用热通量密度进行计算，同时符合《建筑钢结构防火技术规范》（GB 51249—2017）的要求。

涛源金沙江大桥主缆规格为 $\phi 5 \times 91\text{-}91$ 股，缠丝后主缆索夹外直径为 516.7 mm。吊索规格为 $\phi 5 \times 67$，钢丝束外径为 48.6 mm。通过耐高温防护包带导入的热量 Q 即为钢丝束温度升高到 300 ℃ 吸收的热量。耐高温防护包带的厚度可以采用傅立叶定律进行计算，根据傅里叶定律进行热通量密度公式推导（图 6-10）：

$$q = -\lambda \frac{d_t}{d_x}$$

$$= -\lambda \frac{t_2 - t_1}{x_2 - x_1} - \lambda \frac{t_2 - t_1}{S} \tag{6-1}$$

式中：q——热通量密度；

λ——绝热材料的热导率；

s——绝热材料的厚度；

t_1——绝热材料外层温度；

t_2——绝热材料内层温度。

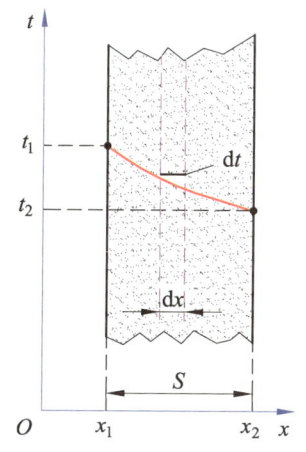

图 6-10 热通量密度公式推导

耐高温防护包带厚度计算公式：

$$Q = \lambda \times \frac{t_1 - t_2}{S} \times t \times (\pi dL) = c_{铁} \times M \times T_S \quad (6\text{-}2)$$

$$s = \frac{\pi dLt\lambda(t_1 - t_2)}{c_{铁}MT_S} \quad (6\text{-}3)$$

式中：d——索体钢丝束外径；

L——试验索体单位长度；

t_1——试验温度，t_1=1 093 ℃；

t_2——试验过程中索体表面平均温度，t_1=300/2=150 ℃；

λ——耐高温防护包带的等效热导率［平均温度下的热导率，平均温度=(耐高温防护包带内层平均温度+外层温度)/2=(150+1 093)/2=621.5 ℃］，λ=0.09 W/(m·℃)，参照耐高温防护包带的热导率参数表（表 6-4）：

表 6-4 耐高温防护包带热导率参数

温度/℃	热导率/[W/(m·℃)]
400	0.07
600	0.09
800	0.12
1 000	0.17

$C_{铁}$——热容，$C_{铁}$=0.46 kJ/(kg·℃)；

M——试验索体的质量；

T_s——试验允许的索体表面的最高温度，T_s=300℃；

t——等效试验时间，烃类火灾升温曲线存在 5 的升温时间，可以按照面积等效原则换算成 1 093 ℃ 的试验时间，如图 6-11 所示，t=32.5 min。

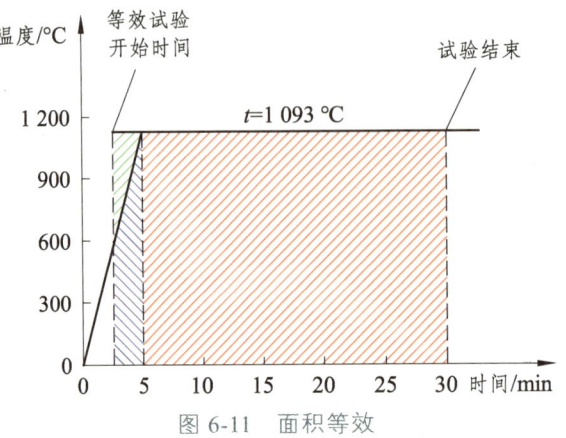

图 6-11 面积等效

根据索体参数计算得到各规格索体需要缠绕的耐高温防护包带的厚度如下：

涛源金沙江大桥主缆：$s \geq 1.5$ mm，设计值为 12 mm；

涛源金沙江大桥吊索：$s \geq 17.7$ mm，设计值为 18 mm。

涛源金沙江大桥主缆和吊索的耐高温防护包带的设计厚度均满足理论计算的要求，且有较高的安全系数。

6.2.2 耐高温涂料设计和选择

为了避免锚具和索夹钢构件升温过快而失去机械强度，选择在锚具和索夹表面涂刷耐高温涂料。主缆、索夹及索夹螺栓组件处于同一温度场。相关研究认为，350 ℃ 为高强度螺栓连接的临界温度，400 ℃ 为抗剪承载力降低的临界温度。由于螺栓被包裹在索夹内，可以认为索夹和螺栓是同步升温的，因此构件因升温导致的尺寸变化影响可忽略不计。对外露螺栓组件同样涂刷耐高温涂料控制其临界温度。

参照相关试验数据，设计应用于涛源金沙江大桥的吊索锚具、索夹及索夹螺栓组件的耐高温涂料的厚度不小于 3 mm。

6.3 主缆耐高温材料性能试验研究

6.3.1 主缆耐高温材料缠包工艺研究

根据设计的主缆耐高温防护结构，对涛源金沙江大桥主缆的耐高温防护结构的缠包工艺进行了深入研究。耐高温防护包带的缠包工艺主要包括材料裁剪、缠绕耐高温防护包带和缠绕定型绑扎带等。

耐高温防护包带材料较厚，无法采用机械设备缠包。采用人工缠包能更好控制材料的变形,以防破损。缠包前需要将原材料裁切到计算长度,如图 6-12 所示。耐高温防护包带采用分段缠包的施工方法。包带不允许出现重叠,同时,缠包时注意控制张紧力,以确保整个耐高温防护层平整度,避免出现张紧力过大导致材料撕裂或张紧力过小缠包不紧致,进而影响外层氯磺化聚乙烯缠包带的施工,如图 6-13 所示。

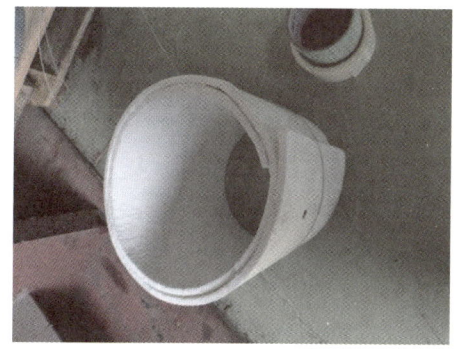
图 6-12 裁剪耐高温防护包带

图 6-13 缠绕耐高温防护包带

耐高温防护包带外层用缠绕定型绑扎带主要有两个作用:① 确保耐高温防护层的临时防水能力,② 提高耐高温防护包带表面的张力,避免缠包氯磺化聚乙烯包带时被缠包设备碾压破损,如图 6-14 所示。定型绑扎带缠绕时排列紧密,并保持 50 N 左右的拉力,定型绑扎带采用聚酯与强力纤维复合制品,单面涂有不腐蚀钢丝镀层的黏结剂,单层带抗拉力 1 kN 以上。详细参数见表 6-5。经试验验证,制定的耐高温防护包带的缠包工艺完全满足悬索桥主缆耐高温防护施工的要求。

表 6-5 定型绑扎带技术要求

项目	技术指标
宽度/mm	50
厚度/mm	0.20
抗拉强度/kN	≥1
延伸率/%	≤3

图 6-14 缠包完氯磺化聚乙烯缠包带

6.3.2 耐高温防护包带耐高温性能试验

对包裹耐高温防护包带的吊索和主缆索体进行烃类火灾升温环境下的耐高温对比试验，确定设计的耐高温防护包带的绝热效果能否满足试验的要求。依据国内外相关标准，在 1 100 °C 环境下，无应力索体表面温度达到 300 °C 时，耐高温材料防护时间不短于 30 min，因此采用标准升温曲线和实测升温曲线如图 6-15 所示。针对桥梁缆索结构特点设计的试验装置如图 6-16 所示。

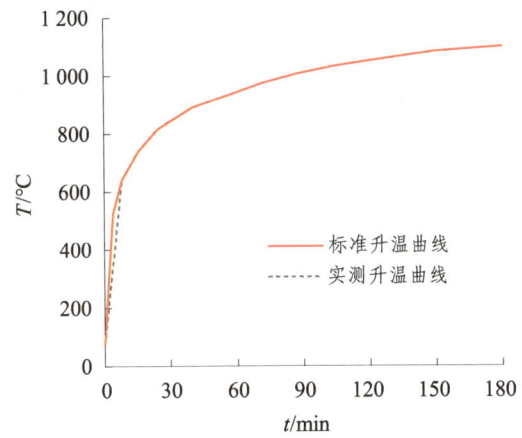

图 6-15　标准升温曲线和实测升温曲线

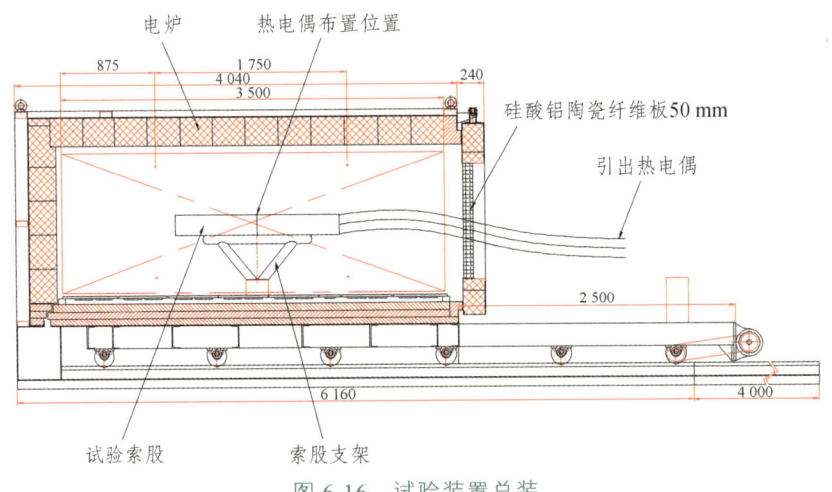

图 6-16　试验装置总装

试验由上海师范大学建筑工程学院和上海浦江缆索股份有限公司实验室共同完成。本试验的试件共 2 个，一种规格为 φ7×241 索股，长 1.5 m，钢丝为 φ7-1 770 MPa 镀锌钢丝（此试件用来模拟吊索的索体）；另一种规格为 φ5×91-31 股主缆索股，长 1.5 m，钢丝为 φ5-1 770 MPa 镀锌铝钢丝（此试件用来模拟主缆索股）。

试验设备由电热炉、供电系统、控制系统及数据采集处理系统等组成。电热炉由上海意丰电炉厂设计制造，加热元件采用电阻丝空气加热，炉膛净空尺寸为 1 250 mm ×

1 250 mm×3 500 mm，炉温由布置在炉内的 4 个 S 分度的热点偶测得，温度采用可编程的 SSR（固态继电器）和智能 PID（一种常见的反馈控制机制）控制，能够实现设定的升温曲线，试验如图 6-17～图 6-19 所示。试验结果表明：炉温达到 1 100 ℃后，持续 30 min 后，吊索和主缆索股表面钢丝温度均没有超过 300 ℃，满足试验要求。

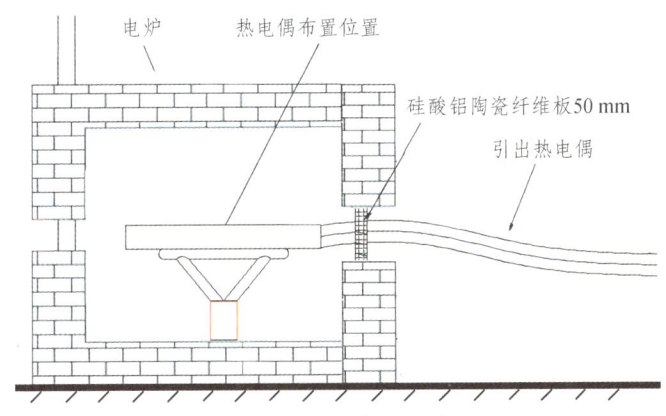

图 6-17　实验装置总装置

图 6-18　安装试验索

图 6-19　测　试

图 6-20 所示为新型陶瓷化复合隔热包带试件和耐高温防火涂料试件各测点升温曲线。所研制的隔热包带在标准升温环境下 60 min 后索体表面平均升温小于 300 ℃，试验结束后隔热包带完整性良好，试验前后形态对比发现钢丝束表面颜色正常，没有出现过火现象，耐高温性能远超相关规范要求。

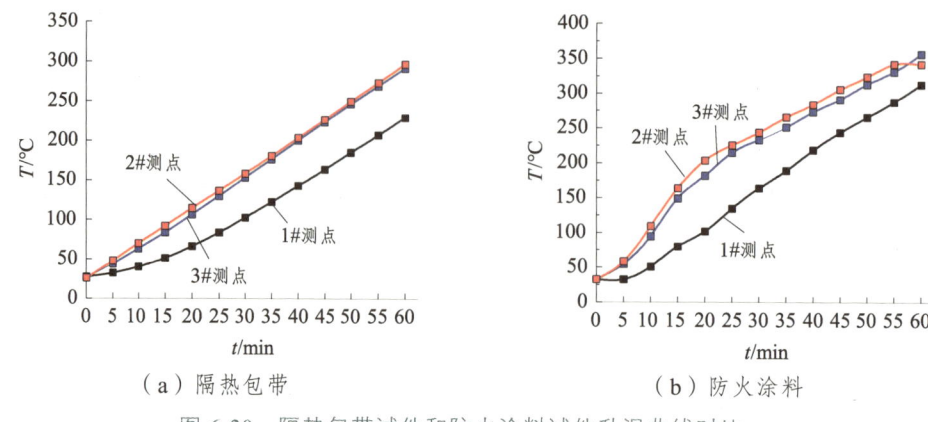

(a)隔热包带　　　　　　　　　（b)防火涂料

图 6-20　隔热包带试件和防火涂料试件升温曲线对比

6.4　吊索耐高温性能试验研究

6.4.1　新型耐高温锚固料制锚工艺研究

锚固料由锌铜合金或环氧铁砂替换为耐高温锚固料后，整体的制锚工艺均进行了调整，包括配料工艺、浇注工艺、保温工艺等。耐高温锚固料制锚工艺主要包括制备耐高温锚固料、浇注耐高温锚固料、常温固化、高温固化和自然冷却等。

钢丝穿入并控制伸入锚杯的钢丝长度，钢丝穿过分丝板，保持各钢丝间距均匀，且不与锚杯内壁接触。锚杯与钢丝束用夹具垂直固定，保证吊索中心与锚杯中心一致。在锚杯上安装振捣器，将锚具吊装至制锚平台上固定，并用角尺校正，使垂直度控制在 90°±0.5°。采用专用的搅拌机制备耐高温锚固料，控制单次浇注的用量避免浪费，精确控制耐高温锚固料配比水的含量在 5.8%～6.5%，每次制备的耐高温锚固料必须在 30 min 内用完，如图 6-21 所示。开启振捣器，浇注耐高温锚固料，确保实际灌入量为理论灌入量的 92%以上，如图 6-22 所示。锚具放置于制锚平台上，耐高温锚固料常温固化 24～48 h 后方可进行下一步工序。将锚具放入保温箱加热至 100～150 ℃，高温固化 1 h 以上，如图 6-23 所示。关闭保温箱，取出锚具后自然冷却。

图 6-21　制备耐高温锚固料

图 6-22　浇注耐高温锚固料

图 6-23　高温固化

6.4.2　耐高温防护施工工艺研究

吊索索体表面采用耐高温防护包带，并采用若干不锈钢扎带绑扎固定，外面焊接 2 mm 不锈钢管（表面油漆涂装，面漆颜色与拉索整体景观颜色协调），上端安装高强度铝合金气囊密封装置。由于吊索索体的耐高温防护为索体外防护结构，无法在工厂内完成，需要进行一个工厂内的样品制作以满足现场工序、质量及景观的综合要求。

吊索耐高温防护施工主要为耐高温防护包带的缠包、不锈钢管的拼装和焊接以及上端高强度铝合金气囊密封装置的安装。耐高温防护包带成品宽度为 800 mm，厚度为 6 mm。为满足方案要求（厚度为 15~20 mm）需要缠包 3 层。耐高温防护包带采用分段缠包的施工方法，吊索需要缠包 8 道，实际根据施工情况进行调整。耐高温防护包带如图 6-24 所示。耐高温防护包带缠绕后需要临时固定，为保证统一性及施工的便利性，采用不锈钢扎带作为固定材料，如图 6-25 所示。不锈钢管为两半式结构，采用激光切割保证不锈钢管拼装后的圆整度，同时在不锈钢管内部焊接半圆形衬环以增加整体刚度，如图 6-26 所示。氩弧焊施工由上往下施焊，确保焊缝满焊，焊接后用角磨机配合 80# 砂轮片打磨焊缝，确保打磨后平整如图 6-27 所示。安装上端高强度铝合金气囊密封装置并喷涂油漆，如图 6-28 所示。经实际施工操作验证，吊索耐高温防护施工工艺满足耐高温吊索外层耐高温结构的现场施工要求，施工后的质量、外观满足桥梁整体景观的要求。

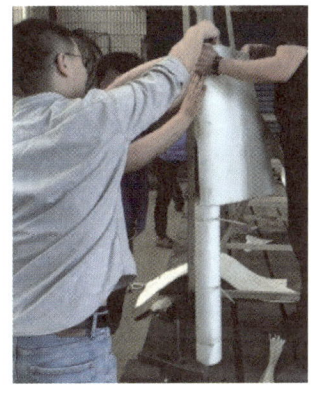
图 6-24　缠绕耐高温防护包带

图 6-25　不锈钢扎带绑扎固定

图 6-26　拼装不锈钢管

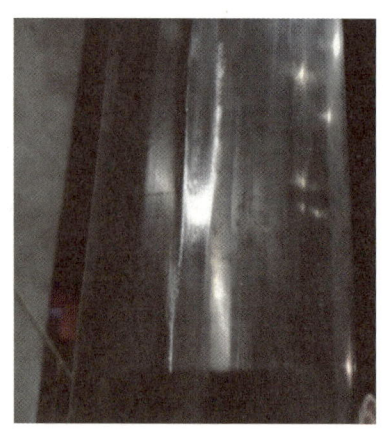
图 6-27　焊接后打磨

图 6-28　景观外形效果

6.4.3　锚固性能试验研究

为验证采用新型耐高温锚固料制锚工艺制作的吊索能满足相应的锚固、静载及疲劳性能，制作了若干试验索，在制作吊索试件时，制定了严格的制作程序，对吊索制作的关键点进行控制。

1. 静载试验验证

采用新型耐高温锚固料制锚工艺试制了 1 根直径为 52 mm 规格的钢丝绳吊索，钢丝绳抗拉强度为 1 670 MPa，最小破断拉力为 1 560 kN。试验结果达到 1 486.3 kN（95.3%）且试验索没有破坏，铸体回缩量和索体移出量基本可忽略不计，满足《公路悬索桥吊索》（JT/T 449—2001）的要求，说明耐高温锚固料的制锚工艺能满足钢丝绳吊索的静载锚固性能要求。静载试验索安装如图 6-29 所示。

图 6-29　静载试验索安装

2. 疲劳试验验证

在悬索桥营运期间，吊索受到轴向拉力产生周期变化，以及在锚固根部反复弯曲而产生周期的弯曲应力。在采用新型耐高温锚固料时。成品索的疲劳寿命主要受下述因素影响：① 钢丝的均匀性显著影响成品索的疲劳寿命；② 钢丝的锚固构造造成的应力集中和对钢丝的损伤程度（应尽量减少构造应力集中和构造损伤）；③ 成品索高应力幅疲劳试验时，钢丝扭绞的影响更加明显（即在保证可以正常运输、安装的前提下，采用较小的扭绞角度是合适的）。

为验证采用新型耐高温锚固料的拉索在使用寿命期限内的抗疲劳性能，制作 1 根拉索，规格为 ϕ5-355，钢丝抗拉强度为 1 770 MPa，标称破断载荷为 12 338 kN。试验索进行 200 MPa 应力幅 200 万次循环加载疲劳试验，如图 6-30、图 6-31 所示。

图 6-30　制作试验索

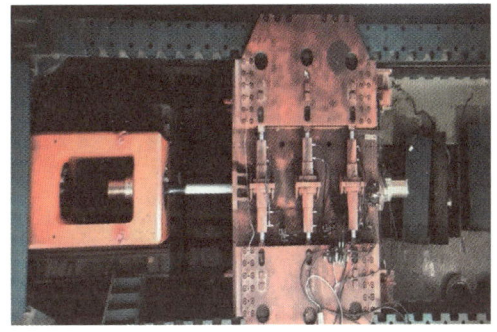

图 6-31　疲劳试验索安装

经200万次循环加载试验后，索股均无断丝、耐高温锚固料及锚具也无异常。疲劳试验后进行静强度试验，最大荷载大于95%P_b，试验后索股无断丝，铸体及锚具无异常，试验结果满足《斜拉桥用热挤聚乙烯高强钢丝拉索》(GB/T 18365—2018)的要求。疲劳试验数据见表6-6。

表6-6 疲劳试验参数

测试内容	标准要求	φ5×355 扣索实测结果	备注
疲劳试验循环次数	200万次	2 000 151 次	满足标准要求
疲劳试验断丝率	≤5%	无断丝	满足标准要求
疲劳试验后锚具情况	无异常	无异常	满足标准要求
疲劳试验后静载试验	—	11 747 kN（95.2%P_b）	满足标准要求
静载试验后锚具情况	—	无异常	满足标准要求

注：吊索上限荷载为5 552.1 kN（0.45P_b），下限为3 454.6 kN，应力幅为200 MPa。

通过吊索静载、吊索疲劳及疲劳后静强度试验，证明吊索编制设备、编索工艺和制锚工艺均满足耐高温吊索的制作要求。

6.4.4 耐高温锚固吊索耐高温性能试验研究

为验证新型耐高温锚固料的耐高温性能，对做完静载试验的φ52 钢丝绳吊索和φ5-355 拉索耐高温性能试验。

1. φ52 钢丝绳吊索耐高温性能试验

试验要求为在1 200 ℉（649 ℃）温度环境下使用至少90 min 没有失效。试验装置由反力架、千斤顶、油泵车、电热炉、供电系统、控制系统及数据采集处理系统等组成。试验索穿入反力架后，炉内锚头与耐高温反力架连接，另一端与挑梁支架连接，采用2 台60 t 千斤顶同步张拉。电热炉采用空气加热，炉膛净空尺寸为800 mm×800 mm×600 mm，额定功率为45 kW，炉温由布置在炉内的2个S分度的热点偶测得，温度采用可编程的SSR智能PID控制如图6-32所示。

图6-32 试验装置组装

试验索在40%P_b 应力水平和676℃ 最高温度下实现了持载90 min 的预定目标，在持载 93 min 后出现钢丝绳断丝，试验随即结束，没有出现钢丝绳拔出或锚固材料碎裂。试验后，锚头前端伸长量近乎为 0，锚固料本体在高温试验后没有失效，仅在小端出口位置由于钢丝绳断丝冲击部分损坏，如图 6-33 所示。

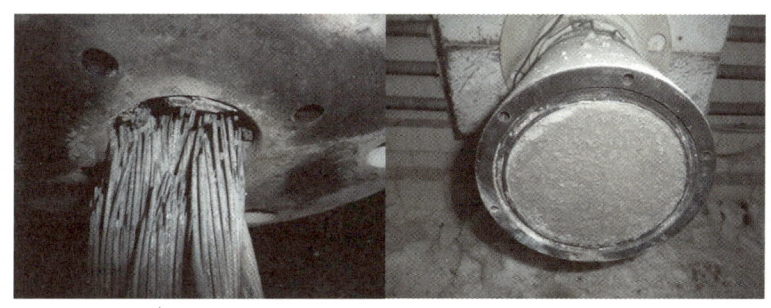

图 6-33 试验后吊索外观

2. ϕ5-355 拉索耐高温性能试验

为了给采用新型耐高温锚固料的拉索提出更高的要求，对已经完成疲劳试验的 ϕ5-355 拉索进行了耐高温性能试验。试验要求为锚具达到 300 ℃ 且在 45%P_b 应力状态下持荷 30 min 以上。采用经过疲劳试验和静载试验后的 ϕ5-355 规格拉索（两端采用新型耐高温锚固料锚固钢丝），试验索采用 ϕ5 高强度镀锌铝钢丝，抗拉强度为 1 770 MPa。

试验装置由反力架、千斤顶、油泵车、电热炉、供电系统、控制系统及数据采集处理系统等组成。试验索穿入反力架后，试验端锚固于反力架上，另一端安装撑脚、900 t 穿心式千斤顶和张拉螺杆等，试验炉内的反力架上包裹 30 mm 厚的硅酸铝陶瓷纤维毯，避免反力架过热后出现变形。实验装置平面示意如图 6-34 所示。电热炉采用空气加热，炉腔净空尺寸为 3 500 mm×1 250 mm×1 250 mm，额定功率为 270 kW，炉温由布置在炉内的 4 个 S 分度的热点偶测得，温度采用可编程的 SSR 智能 PID 控制，能够实现 ISO 834 标准升温和烃类火灾升温曲线，如图 6-35 ~ 图 6-37 所示。试验结果为锚具达到 300 ℃ 及在 45%P_b（5 552.1 kN）应力状态下持荷达到 30 min，锚具及索体均没有损坏。实测升温曲线如图 6-38 所示，在 170 min 时整索温度达到了 300 ℃。锚具表面去除耐高温涂料后也没有发现损坏。

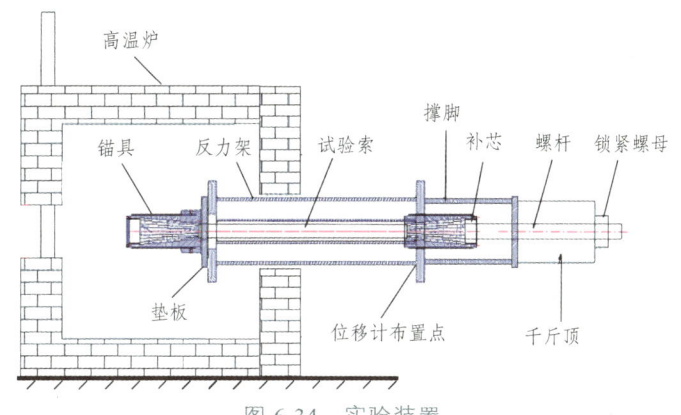

图 6-34 实验装置

图 6-35　布置热电偶

图 6-36　试验装置组装

图 6-37　试验完成后试验索

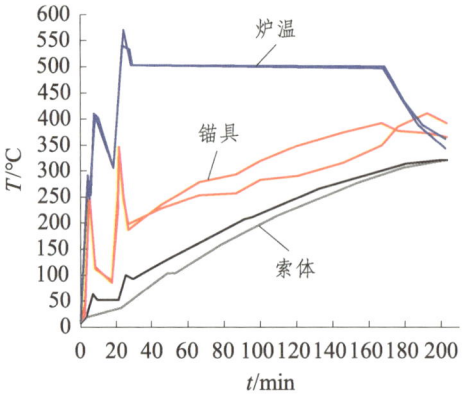

图 6-38　实测升温曲线

6.4.5 成品吊索（吊杆）静载试验和疲劳试验

对涛源金沙江大桥成品吊索进行试样静载试验和疲劳试验，试验索一端采用原设计锚固材料（锌铜合金或环氧铁砂），另一端采用新型耐高温锚固料结构。

1. 涛源金沙江大桥吊索静载试验

吊索试件规格为φ5×67-1 770 MPa，数量 3 根。试验按照《公路悬索桥吊索》（JT/T 449—2001）进行静载试验，试验最大载荷分别为 2 330 kN（100.0%P_b）、2 333 kN（100.1%P_b）、2 332 kN（100.1%P_b），均大于 2 212 kN（95.0%P_b）。静载试验后吊索无断丝，锚具无异常，符合《公路悬索桥吊索》（JT/T 449—2001）对静载试验的要求，如图 6-39 所示。

图 6-39　静载试验索φ5×67 安装

2. 涛源金沙江大桥吊索疲劳试验

吊索试件规格为φ5×67-1 770 MPa，数量 1 根。试验按照《公路悬索桥吊索》（JT/T 449—2001）进行，疲劳上限载荷为 815 kN（35%P_b），下限载荷为 628 kN，应力幅值为 150 MPa，进行 200 万次循环加载试验，吊索无断丝，护层无明显损伤，锚头无损坏。疲劳后进行静载试验，试验最大载荷为 2 329 kN（100.0%P_b），大于 2 212 kN（95.0%P_b），静载试验后吊索无断丝，锚具无异常，符合《公路悬索桥吊索》（JT/T 449—2001）对试验的要求，如图 6-40 所示。通过吊索（吊杆）的静载、疲劳及疲劳后静强度试验，证明耐高温吊索（吊杆）锚固性能满足涛源金沙江大桥吊索的科研试验及相关规范的要求。

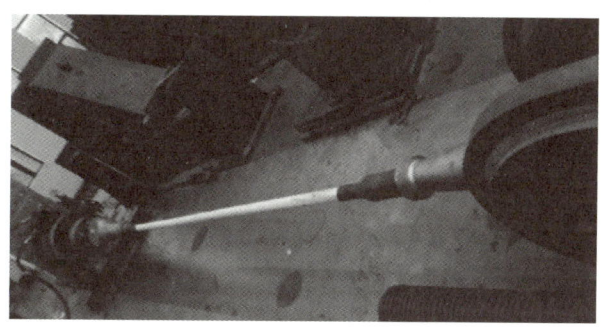

图 6-40　疲劳试验索φ5×67 安装

6.5 耐高温缆索防护体系应用

6.5.1 主缆耐高温防护施工

主缆耐高温防护施工主要为耐高温防护包带的缠包并固定。施工方向从边跨开始，从下往上施工，同时，配合主缆缠丝和氯磺化聚乙烯包带的施工进度。主缆缠包为1个施工小队，其中，3人负责缠包和铁丝绑扎，2人负责缠绕绑扎带，2人负责搬运施工材料和转运施工工具，1名技术员，共计8人。主缆用耐高温防护包带成品的宽度为800 mm，厚度为 6 mm。为满足方案要求的厚度需要缠包 2 层（在工厂内已经根据尺寸要求裁剪为 3 300 mm 的长度）。将耐高温防护包带沿主缆方向一字排放，方便施工时取用。

主缆耐高温防护包带采用分段缠包的施工方法。包带不允许出现重叠，同时缠包时控制张紧力确保整个耐高温防护层平整度，避免出现张紧力过大导致材料撕裂或张紧力过小缠包不紧致，影响外层氯磺化聚乙烯缠包带的施工，如图 6-41 所示。施工过程中采用铁丝在耐高温防护包带两端绑扎固定。耐高温防护包带外层用主缆定型绑扎带整体缠包：确保耐高温防护层的临时防水能力，有利于氯磺化聚乙烯包带的缠包施工，如图 6-42 ~ 图 6-44 所示。

图 6-41　缠包耐高温防护包带

图 6-42　缠绕绑扎带

图 6-43　边跨缠包后效果

图 6-44　中跨缠包后效果

6.5.2 吊索耐高温防护施工

吊索索体耐高温防护施工主要包括缠包耐高温防护包带、组装 2 mm 不锈钢管、焊接不锈钢管、安装高强度铝合金气囊密封装置等。吊索耐高温防护施工先中跨后两侧施工，上部施工和下部施工协调配合，内部缠包施工和不锈钢管焊接施工配合施工。同时，配合桥面的焊接、护栏安装、路面铺装施工的要求。

将施工用材料及设备临时堆放在大理岸桥塔下，方便及时调配。配电箱沿顺桥向布置（同施工方向），同时臂式登高车和剪叉式升降车前后布置。根据方案要求，在每一根吊索位置堆放主要的材料，如耐高温防护包带、不锈钢管等。将不锈钢筒卷扣到下锚头连接筒上，在上口安装高强度铝合金气囊，充气至气压为 0.3 MPa，将充气压力保持 30 s 后，将充气工具的气源关闭，并拉出气管。出口处安装密封橡胶圈，最后填充聚氨酯密封胶密封，如图 6-45 所示。

图 6-45　安装下端高强度铝合金气囊密封装置

耐高温防护包带成品宽度为 800 mm，厚度为 6 mm，为满足方案要求的厚度需要缠包 3 层，在工厂内已经根据尺寸要求裁剪为 800 mm 的长度。耐高温防护包带采用分段缠包的施工方法，吊索需要缠包 8 道，实际根据施工情况进行调整。耐高温防护包带如图 6-46 所示。缠包时，确保每一道缠包排列紧密且不重叠，并用不锈钢扎带固定，每隔一段距离绑扎一道。施工分 3 个小组，每组 2 人，2 组使用 2 台臂式登高车，1 组使用 1 台剪叉式升降车，臂式登高车负责 4 m 以上的缠包工作，剪叉式升降车负责 4 m 以下的缠包工作，如图 6-47 所示。

图 6-46　耐高温防护包带

图 6-47　登高车缠包施工

不锈钢管实际长度达到 7 m 以上，为方便运输和搬运，将总长分成两段。不锈钢管为两半式结构，在内部焊接半圆形衬环以增加整体刚度（该步骤在工厂内完成），如图 6-48。拼装时采用定型夹具辅助定位夹紧，一边夹紧一边采用氩弧焊机点焊固定，确保拼接缝隙小于 0.5 mm，为后续的氩弧焊焊接提供保障，如图 6-49 所示。臂式登高车小组负责从上往下检查拼装缝隙，若不满足后续焊接要求，则进行矫形操作。氩弧焊满焊施工采用臂式登高车，由于焊接速度较慢，2 个施工小组同时进行氩弧焊施工，每天能完成约 3 根的施工。氩弧焊焊接需要 2 名操作人员，1 名工人主要负责安装工装及定位，1 名工人主要负责氩弧焊焊接施工，同时 1 名工人兼职负责作业平台升降操作，如图 6-50 所示。

图 6-48　加工不锈钢管

图 6-49　拼装不锈钢管

图 6-50　氩弧焊施工

检查所有焊缝，质量较差的焊缝打磨后重新焊接。对于整根不锈钢管进行油漆涂装。其中，不锈钢专用底漆 40 μm+聚氨酯面漆 50 μm，面漆颜为 RAL9010，如图 6-51 所示。不锈钢管内放入高强度铝合金气囊并充气，充气至气压为 0.3 MPa，将充气压力保持 30 s 后将充气工具的气源关闭，并拉出气管。气囊上方填充聚氨酯密封胶密封；出口处安装过渡密封圈，最后填充聚氨酯密封胶密封，如图 6-52、图 6-53 所示。

图 6-51　喷漆施工

图 6-52　安装上端高强度铝合金气囊密封装置

图 6-53　吊索耐高温防护成品外观

6.5.3　耐高温涂料施工

由于吊索及索夹的结构和施工场地的限制，本项目耐高温涂料采用馈涂的施工工艺。耐高温涂料为 2 个施工小队，每个施工小队 4 人，另外 1 个安全员，1 人负责运料和转移设备，共计 10 人。涛源金沙江大桥耐高温涂料施工为 30 个索夹（SJ5）及 264 个吊索锚具（204 个下端锚具和 19D～33D，19Y～33Y 吊索 60 个上端锚具），施工面积约为 300 m²。将施工用涂料和设备运送至桥面中跨位置。耐高温涂料为室外用膨胀型防火涂料，A 组分：B 组分=2.5∶1。采用电子秤分别称重，然后混合搅拌，控制每次拌料的重量，确保能够在 30 min 内用完，如图 6-54 所示。采用小桶分装，分给 2 个施工小队。

图 6-54 拌 料

采用油灰刀馒涂到构件表面，确保涂刷覆盖率 99% 以上，然后用小滚筒沾上稀释剂在涂料表面滚刷，使耐高温涂料表面光滑平整。同时，施工过程中控制耐高温涂料的平均厚度达到 3 mm，如图 6-55 ~ 图 6-57 所示。采用角磨机配合百叶片打磨片（80 目）整体表面打磨，同时修正边角出现的挂料，如图 6-58 所示。用耐高温涂料修补边角位置及打磨破损的位置，然后面漆涂刷，如图 6-59、图 6-60 所示。

图 6-55 吊索锚具馒涂

图 6-56 索夹馒涂

图 6-57 控制厚度

图 6-58 打 磨

第 6 章 桥梁缆索耐高温防护体系开发及应用

图 6-59 涂刷面漆

图 6-60 完成后效果

6.6 小 结

本章研究过程中积累了设计、制作及检测耐高温缆索的一整套经验，解决了一系列实际困难，完成了"桥梁缆索耐高温防护体系"的研究开发。将缆索的防护要求更进一步地发展，为日后全世界桥梁设计者提供了可靠的理论依据和实际支持。耐高温缆索防护体系在涛源金沙江大桥的成功应用，为桥梁缆索防灾抗灾耐高温防护技术提供了有效的实践经验，创新点如下：

（1）在涛源金沙江大桥桥梁缆索上首次成功且系统地运用耐高温防护体系技术进行耐高温防护设计、试验和施工，提高了桥梁的防灾抗灾（火灾）的能力。

（2）对几种耐高温防护材料的对比选择和试验研究，确定新型陶瓷化复合隔热包带和玄武岩纤维防火布可作为索体耐高温防护用材料。进行耐高温性能试验，试验结果满足在 1 100 °C 环境下，无应力索体表面在 30 min 内升温不超过 300 °C 的要求。

（3）采用研发的新型耐高温锚固材料制作的吊索（吊杆）试件进行了静载试验、疲劳试验验证，结果满足《斜拉桥用热挤聚乙烯高强钢丝拉索》（GB/T 18365—2018）和满足《公路悬索桥吊索》（JT/T 449—2001）的要求。同时，对疲劳试验后的试验索进行耐高温防护后进行耐高温性能验证试验，试验结果满足拉索锚具在 300°C 环境及 45%P_b 应力状态下持荷 30 min 以上的要求。

（4）对主缆耐高温防护缠包工艺及吊索（吊杆）耐高温防护施工工艺研究，并在桥梁现场成功应用，形成的施工工艺满足桥梁缆索耐高温防护体系的现场施工要求。对耐高温防护吊索（吊杆）采用自主研究开发的高强度铝合金气囊密封装置进行密封，解决了耐高温防护结构的密封问题，提高了耐高温防护结构的使用寿命。经耐高温防护的缆索系统的外观整体满足桥梁整体景观要求。

第 7 章 结 论

根据涛源金沙江大桥的设计方案，建立了全桥的空间动力有限元计算模型，对其进行了结构动力特性分析，选用 E1 和 E2 两种地震作用作为两级设防水准，采用纵桥向+竖桥向、横桥向+竖桥向的组合地震动输入方式，利用线性反应谱和非线性时程两种计算方法对有限元模型进行了地震反应分析。其中反应谱分析中振型阶数取前 400 阶，采用 Ritz 法，振型组合为 CQC 法，方向组合为 SRSS 法，结构总体阻尼比为 0.02；在非线性动力分析中考虑了支座滑动摩擦和阻尼器耗能作用等因素的影响；根据主桥地震反应结果及阻尼器参数分析结果，给出了建议配筋率，对结构在两种概率水平下的抗震性能进行了验算，其中纵向地震响应以非线性时程分析结果为准，横向地震响应以反应谱分析结果为准。

根据云南省交通规划设计研究院提供的气象台气象资料，并参照《公路桥梁抗风设计规范》（JTG/T D60-01—2004），进行风参数分析，确定 100 年重现期基本风速和梯度风风速。根据风参数分析得到的邻近地区梯度风风速数据，采用地形模型风洞试验方法，确定涛源金沙江大桥桥址处各项风参数，包括桥址处的设计基准风速，颤振检验风速，桥塔设计基准风速，桥塔驰振检验风速等；对涛源金沙江大桥施工图设计阶段主桥方案进行常规比例节段模型风洞试验研究（节段模型比例 1：60~1：80），全面了解主桥各方面的抗风性能。利用大型三维结构有限元计算程序 ANSYS 和实验室自行开发的计算程序对涛源金沙江大桥施工图设计阶段一种主桥方案进行全桥非线性静风稳定性分析，结构状态包括成桥运营和抗风最不利施工状态，风攻角为 0°，对该桥主桥成桥运营状态和主要施工状态进行全桥气动弹性模型风洞试验研究。

在主缆拉力施加之前，由于锚体整体基底沿顺桥向上侧倾斜，且后侧锚块与前侧支墩混凝土方量差异很大，受到这种偏心自重荷载，后重前轻，加速了不均匀沉降，锚碇的最大竖向变形出现在锚体及基础的后侧，且锚碇的沉降量自锚体后侧向支墩前侧逐步递减，分四块浇筑锚体后整体呈后倾的转动规律，而且浇筑后浇段和前锚室后锚碇整体呈后倾的转动规律更加明显；主缆拉力施加后，在锚碇底面产生一个向前的转动力矩，造成锚碇后端相对前端翘起，出现前倾。因此，从锚碇建设到运营，其变位总体上是一个由后倾变为前倾的过程。由于锚碇整体水平位移较大，因此锚碇周围回填混凝土和碎石土很有必要；锚碇基础变位以沉降变形为主。由于墩底与锚碇直接相连，锚碇基础的转动带动桥墩也发生了转动。因此，需要注意引桥建设过程中锚碇基础沉降带来的影响，确保大理岸引桥段梁体的精确合龙；施加了主缆拉力后，该力平衡了锚碇上的偏心荷载，使得整个锚碇受力趋于均衡，稳定性得到提高。锚碇整体压应力减小，在主缆拉力的作用下锚碇整体趋于前倾；锚碇基底压应力随施工过程变化显示，主缆拉力作用前，锚碇基底中部位置压应力最小，由中心向四周对角线辐射压应力逐渐增大，尤其锚碇后侧边线的压应力增大效果明显，锚碇基础后侧边角点压应力最大；主缆拉力作用后，锚碇后端基底压应力逐渐减小，前端基底压应力相应增大，锚碇基础的四个边角点的压应力最大。基底剪应力和基底接触面法向应力变化规律相似。

通过开展"耐高温桥梁缆索防护体系设计制造及耐久性"的研究，进行了索体、锚固料、锚具的耐高温材料的选择，施工工艺的设计在本项目研究过程中，研究单位积累了设计、制作及检测耐高温缆索的一整套经验，解决了一系列实际困难，完成了"桥梁缆索耐高温防护体系"的研究开发，将缆索的防护要求更进一步地发展，为日后全世界桥梁设计者提供了可靠的理论依据和实际支持。耐高温缆索防护体系在涛源金沙江大桥上的成功应用，为桥梁缆索防灾抗灾耐高温防护技术提供了有效的实践经验。

参考文献

[1] 雷俊卿. 大跨径桥梁结构理与应用[M]. 2版. 北京：清华大学出版社，2015.

[2] 《中国公路学报》编辑部. 中国桥梁工程学术研究综述·2021[J]. 中国公路学报，2021，34（2）：1-97.

[3] 楼庄鸿. 国外大跨径悬索桥述评[J]. 中国公路学报，1991，4（4）：11.

[4] ABDEL-GHAFFAR A M, RUBIN L I. Lateral earthquake response of suspension bridges[J]. Journal of Structural Engineering, 1983, 109(3): 664-675.

[5] ABDEL-GHAFFAR A M, RUBIN L I. Suspension bridge response to multiple-support excitations[J]. Journal of the engineering mechanics division, 1982, 108(2): 419-435.

[6] DUMANOGLU A A, BROWNJOHN J M W, SEVERN R T. Seismic analysis of the Fatih Sultan Mehmet (second Bosporus) suspension bridge[J]. Earthquake engineering & structural dynamics, 1992, 21(10): 881-906.

[7] 胡世德，范立础. 江阴长江公路大桥纵向地震反应分析[J]. 同济大学学报，1994，22（4）：433.

[8] 叶爱君，胡世德，范立础. 大跨度桥梁抗震设计实用方法[J]. 土木工程学报，2001，34（1）：1-6.

[9] 钱炜. 柔性悬索桥静力分析及抗震性能研究[D]. 合肥：合肥工业大学，2007.

[10] 李硕娇，殷玉梅，张雷，等. 大跨度悬索桥非线性地震反应响应规律探讨[J]. 城市道桥与防洪，2012（5）：5.

[11] 王亚飞. 自锚式悬索桥地震响应分析和减震措施研究[D]. 大连：大连理工大学，2008.

[12] 孙永涛. 大跨悬索桥在多点激励作用下的地震反应分析[D]. 哈尔滨：哈尔滨工业大学，2009.

[13] 杨孟刚，陈国阳. 大跨度独塔自锚式悬索桥减隔震措施[J]. 铁道科学与工程学报，2010，7（3）：4.

[14] 洪浩. 大跨度悬索桥抗震分析中几个问题的讨论[D]. 成都：西南交通大学，2013.

[15] 李照宇. 高烈度区铁路悬索桥地震响应分析研究[D]. 成都：西南交通大学，2015.

[16] 张新军，张超. 大跨度悬索桥合理抗震结构体系研究[J]. 世界桥梁，2017，45（1）：39-44.

[17] 陈仁福，强士中. 悬索桥非一致激励的地震反应分析[C]//中国土木工程学会桥梁及结构工程学会第11届年会论文集，1994.

[18] 秦权，楼磊. 非经典阻尼对悬索桥地震反应的影响[J]. 土木工程学报，1999，32（3）：6.

[19] 程进，肖汝诚，项海帆.大跨径悬索桥非线性静风稳定性全过程分析[J]. 同济大学学报（自然科学版），2000，28（6）：717-720.

[20] BOONYAPINYO V, YAMADA H, MIYATA T. Wind-induced nonlinear lateral-torsionalbuckling of cable-stayed bridges[J]. Journal of Structural Engineering, 1994, 120(2): 486-506.

[21] 廖海黎.江阴长江公路大桥扭转发散临界风速计算[J]. 公路，1995（1）：25-27.

[22] SIMIU E, SCANLAN R H. Wind effects on structures: an introduction to wind engineering[J]. New York: Wiley, 1978.

[23] 方明山，项海帆，肖汝诚. 大跨径缆索承重桥梁非线性空气静力稳定理论[J]. 土木工程学报，2000，33（2）：73-79.

[24] 程进，江见鲸，肖汝诚，等.大跨度桥梁空气静力失稳机理研究[J]. 土木工程学报，2002，35（1）：35-39.

[25] BLEICH F. Dynamic instability of truss-stiffened suspension bridges under wind action[J]. Transactions of the American Society of Civil Engineers, 1949, 114(1): 1177-1222.

[26] KLÖPPEL K. Modellversuche im Windkanal zur Bemessung von Brucken gegen die Gefahr winderregter Schwingungen[J]. Stahlbau, 1967, 36: 12.

[27] SELBERG. Aerodynamic effects on suspension bridge [C]//Proceedings of theinternational Symposium on Wind Effects on Buildings and Structure. Teddington, 1963, 462-486

[28] SCANLAN R H, TOMKOJ J. Airfoil and Bridge Deck Flutter Derivatives[J].Journal of Asce, 1971, 6(6): 1717-1737.

[29] SARKAR P P. A comparative study of the aeroelastic behavior of three flexible bridges and a thin airfoil[C]//Proc. 7th US National Wind Engineering Conference. UCLA, 1993: 595-604.

[30] DAVENPORT A G. The application of statistical concepts to the wind loading of

structures[J]. Proceedings of the Institution of Civil Engineers, 1961, 19(4): 449-472.

[31] SCANLAN R H. The action of flexible bridges under wind, I: Flutter theory[J]. Journal of Sound & Vibration, 1978, 60(2): 187-199.

[32] 陈伟. 大跨桥梁抖振反应谱研究[D]. 上海：同济大学，1993.

[33] KOVACS I, SVENSSON H S, JORDET E. Analytical Aerodynamic Investigation of Cable-Stayed Helgeland Bridge[J].Journal of Structural Engineering, 1992, 118(1): 147-168.

[34] BOONYAPINYO V, MIYATA T, YAMADA H. Advanced Aerodynamic Analysis of Suspension Bridges by State-Space Approach[J].Journal of Structural Engineering, 1999, 125(12): 1357-1366.

[35] 蒋永林. 斜拉桥抖振响应分析[D]. 成都：西南交通大学，2000.

[36] 丁泉顺. 大跨度桥梁耦合颤抖振响应的精细化分析[D]. 上海：同济大学，2001.

[37] 曾宪武，韩大建. 大跨度桥梁风场模拟方法对比研究[J]. 地震工程与工程振动，2004（1）：135-140.

[38] 杨詠昕，周锐，葛耀君. 大跨度分体箱梁桥梁涡振性能及其控制[J]. 土木工程学报，2014（12）：107-114.

[39] 陈平译. 首都高速公路12号线悬索桥下部结构的设计与施工(上)[J]. 国外桥梁，1993（3）：153-160.

[40] 彭德运. 大跨悬索桥锚碇基础的设计与施工[J]. 铁道标准设计，2003（1）：24-28.

[41] 李永盛. 江阴长江公路大桥北锚碇模型试验研究[J]. 同济大学学报，1995，23（2）：134-140.

[42] 夏才初，李荣强. 广东虎门大桥东锚碇现场结构模型试验研究[J]. 岩石力学与工程学报，1997，16（6）：571-576.

[43] 李家平，李永盛. 悬索桥重力式锚碇结构变位规律研究[J]. 岩土力学，2007，1(28)：145-150.

[44] 孙钧，李永盛，冯紫良. 江阴长江公路大桥北锚碇变形与稳定研究[C]//中国土木工程学会第七届年会暨茅以升诞辰100周年纪念会论文集，1995.

[45] 任丽芳，袁宝远. 地下连续墙基坑开挖及其变形数值模拟分析[J]. 人民长江，2010，41（14）：59-61.

[46] 王锋君. 美国维拉扎诺悬索桥锚碇的设计与施工[J]. 国外桥梁，2000，4（4）：1-5.

[47] 刘效尧. 悬索桥锚碇桩式基础位移及受力分析[J]. 桥梁建设，2010（4）：47-51.

[48] 王东栋，许建聪，冯兆祥. 泰州长江大桥群桩基础工后沉降数值分析[J]. 解放军理工大学学报（自然科学版），2009，10（6）：570-574.

[49] 吉林，冯兆祥，周世忠. 江阴大桥北锚沉井基础变位过程实测研究[J]. 公路交通科技，2001，18（3）：33-35.

[50] 赵永辉. 润扬长江大桥北锚碇土体流变特性的试验研究[J]. 地下空间，2003，23（4）：417-420.

[51] 赵永辉，何之民，沈明荣. 润扬大桥北锚碇岩石流变特性的试验研究[J]. 岩土力学，2003，24（4）：583-586.

[52] 维亚洛夫. 土力学的流变原理[M]. 北京：科学出版社，1987.

[53] TRONCOSO J H, GARCÉS E. Ageing effects in the shear modulus of soils[J]. Soil dynamics and earthquake engineering, 2000, 19(8): 595-601.

[54] 周世忠. 江阴长江公路大桥北锚碇的施工与控制[J]. 国外桥梁，2000（4）：56-59.

[55] 赵启林，陈斌，卓家寿. 悬索桥锚碇及地基基础中的力学问题研究动态[J]. 水利水电科技进展，2001，21（1）：22-26.

[56] 沈华春. 吊桥设计技术[M]. 北京：人民交通出版社，1995.

[57] 游晓敏，黄宏伟. 悬索桥锚碇剪切滑移的机理及试验初探[J]. 岩土力学，2007，28（2）：336-342.

[58] 赖允瑾，吴昌将，张子新. 软岩地基悬索桥重力式锚碇齿坎效应的试验研究与数值分析[J]. 岩石力学与工程学报，2010，29（3）：593-602.

[59] 吴相超，肖本职，彭朝全. 重庆长江鹅公岩大桥东锚碇岩体力学参数研究[J]. 地下空间，2003，23（2）：136-138.

[60] 俞亚南，屠毓敏. 齿坎式路基挡土墙抗滑稳定性的现场试验研究[J]. 中国公路学报，2000，13（2）：27-30.

[61] GENNARO V D, FRANK R. Elasto-plastic analysis of the interface behaviour between granular media and structure[J]. Computers and Geotechnics, 2002, 29(7): 547-572.

[62] TVERGAARD V. Influence of plasticity on interface toughness in a layered solid with residual stresses[J]. International journal of solids and structures, 2003, 40(21): 5769-5779.

[63] 苏静波，邵国建，刘宁. 悬索桥锚碇基础的稳定性分析[J]. 公路，2005，4（4）：61-65.

[64] ALONSO E E, JOSA A, LEDESMA A. Negative skin friction on piles:a simplified analysis and prediction procedure [J]. Geotechnique, 1984, 34(3): 341-357.

[65] 李文胜，赖允瑾，吴昌将. 悬索桥锚碇结构 2D 有限元数值模拟与分析[J]. 地下空间与工程学报. 2009，5（S2）：1768-1775.

[66] SOWERS G F. Introductory Soil Mechanics and Foundations: Geotechnical

Engineering[J]. Soil Science, 1951, 72(5): 142-143.

[67] YU T U , YA Y U. Model test for sliding resistance of tenon[J].Journal of Hydraulic Engineering, 2000, 31(12): 68-72.

[68] 陈有亮. 虎门大桥东锚碇重力锚及基岩的稳定性[J]. 工程力学，1996（A03）: 142-148.

[69] 郭松峰，祁生文，李正熔，等. 云南龙江特大悬索桥锚碇稳定性分析[J]. 工程地质学报，2011，19（6）：909-916.

[70] 邓友生，万昌中，时一波，等. 特大重力式锚碇的应用研究综述[J]. 公路工程，2012（6）：93-96.

[71] 崔岗，韩冬冬，石海洋，等. 虎门二桥坭洲水道桥重力式锚碇基础稳定性研究[J]. 公路，2017（4）：129-135.

[72] 尹小涛，严飞，周磊，等. 悬索桥重力式锚碇结构-地基联合承载机制[J]. 交通运输工程学报，2017，17（2）：1-11.

[73] 余军思，吴骏，李红霞. 抵母河大跨悬索桥锚碇设计分析[J]. 中外公路，2017，5（37）：153-156.

[74] 张杰，钱冬生. 大跨悬索桥塔和锚碇的合理设计[J]. 桥梁建设，2000（4）：20-22.

[75] 王锋君. 伶仃洋东航道悬索方案锚碇设计与施工技术探讨[J]. 华东公路，2000，123（2）：39-42.

[76] Qin Q, Zhang W. Damage detection of suspension bridges[J]. Journal of Tsinghua University，1998，22（5）：75-82.

[77] 加岛聪，郝育森. 明石海峡大桥 1 号锚墩的设计与施工[J]. 国外桥梁, 1993（3）：213-221.

[78] 吴国光，张永健，等. 矮寨大桥重力式锚碇应力分析[J]. 桥梁建设，2013（6）：40-44.

[79] 邵国建，苏静波，胡强. 润扬大桥悬索桥北锚碇基础接触应力仿真分析[J]. 中国工程科学，2006，8（6）：28-34.

[80] 卞华，吴国民. 润扬长江公路大桥北锚碇三维有限元分析（一）[J]. 江苏交通工程，2001（B12）：123-129.

[81] 王浩，乔建东，何旭辉. 北盘江大桥锚碇结构应力分析及试验研究[J]. 铁道标准设计，2003，3：8-10.

[82] MORGAN A S E, NIWA J, TANABE T A. Detecting the anchorage behavior for cables of suspension bridges using nonlinear fracture mechanics[J]. Transactions of Japan Concrete Institute, 1997, 19: 405-412.

［83］陈志坚，董学武，谢和平. 复杂受力条件下重力式结构基底应力的实测研究[J]. 河海大学学报：自然科学版，2004，32（1）：46-50.

［84］王浩，乔建东，郭鑫. ANSYS 在悬索桥锚碇可靠性分析中的应用[J]. 石家庄铁道大学学报（自然科学版），2003，16（3）：53-56.

［85］张昊宇，郑文忠. 高温下 1770 级 ΦP5 钢丝蠕变及应力松弛性能试验研究[J]. 土木工程学报，2006，39（8）：7-13.

［86］范进，吕志涛. 高温（火灾）下预应力钢丝性能的试验研究[J]. 建筑技术，2001（12）：833-834.

［87］李猛. 桥梁拉索安全性能鉴定技术研究[D]. 广州：华南理工大学，2010.

［88］郑文忠，胡琼，张昊宇. 高温下及高温后 1770 级 ΦP5 低松弛预应力钢丝力学性能试验研究[J]. 建筑结构学报，2006，27（2）：9.

［89］宁波，刘永军，于保阳，等. 油罐车火灾场景下斜拉桥钢索极限承载力有限元分析[J]. 钢结构，2012（2）：68-72.

［90］陈齐风，李丽琳，郝天之，等. 斜拉桥斜拉索热分析温度场模拟方法研究[J]. 西部交通科技，2016（9）：59-63.

［91］闫金花，张兴国，李慧民，等. 消防灭火系统模型的不可靠度与误差传播分析[J]. 统计与决策，2007（4）：3.

［92］王莹，刘沐宇. 大跨径悬索桥缆索抗火模拟方法[J]. 中南大学学报：自然科学版，2016，47（6）：9.